赶考记略

GAN KAO
JI LUE

鄂忠齐 著

黑龙江人民出版社

图书在版编目（CIP）数据

赶考记略 / 鄂忠齐著. — 哈尔滨：黑龙江人民出版社，2024. 7. — ISBN 978-7-207-13323-6

Ⅰ. D630.3

中国国家版本馆CIP数据核字第20246FF028号

责任编辑：李　珊
封面设计：张　涛

赶考记略

GAN KAO JI LUE

鄂忠齐　著

出版发行　黑龙江人民出版社
地　　址　哈尔滨市南岗区宣庆小区 1 号楼
印　　刷　黑龙江艺德印刷有限责任公司
开　　本　787 × 1092　1/16
印　　张　19.25
字　　数　260 千字
版　　次　2024 年 7 月第 1 版
印　　次　2024 年 7 月第 1 次印刷
书　　号　ISBN 978-7-207-13323-6
定　　价　58.00 元

序　言

2011年10月，回到省城担任省商务厅副厅长后，本想不会那么忙了，把从县（市）带回的材料整理一下，该废弃的就处理掉，完成其使命。当与省报朋友交谈这个想法时，张老师极力建议整理后出一本书。他觉得这些手稿记载着我的思想和思路，看得出成长、成熟的过程，是原汁原味的心路历程，又充满对基层的情怀。他还讲到，不仅个人值得回望这些丰富多彩的往事，让社会也看看共产党执政的基础细胞是怎样的，由一域看全局，从一个县委书记的所思所为，可以看到共产党领导中国奋发图强的缩影，很有借鉴作用。张老师不辞辛苦，提出了编排这些资料、重新拟定标题的建议，十分专业又十分诚恳。看得出，他投入的功夫不少。在致我的信函中对我大加赞赏，他说手稿让他了解了一个县委书记是怎么当的，怎么当好的？他还建议我补充一点资料，类似回忆往事之类的内容。

岁月如歌，一晃又过去十年。由于未能静下心来补充回忆往事之类的内容，整理出书就撂下了。2022年3月，我终于完成忙得不可开交的工作使命，又一次清理从县（市）带回的材料。一边清理手稿，一边又美美地沉浸到那难以割舍的岁月之中。二十年后，再看看当年自己起草的发言、建议及论文，感慨万分，爱不释手。因为那里印刻了我奔忙前行的足迹，青春年华、黄金岁月、年富力强的大好时光（35岁至48岁）

都是在县（市）度过的。走过的三程赶考路，让我受益一生，回忆一生。有了下决心再次整理手稿的心境，回忆往事便顺理成章，那些赶考征程一一呈现，我用较短的时间就完成了张老师十年前留给我的作业。集录成书，留给自己、家人和朋友，算是给当了 13 年县官的自己画个圆满的句号。

从心路历程和情怀上，特别是那些放心不下的事，不难看出，十几年的历练让我学会了如何把党的方针政策与实际结合好。不知这是否能算得上马克思主义的看家本事？是不是不忘初心的体现？我深深懂得，事物应该是什么样，与只能是什么样，是两回事；什么叫从实际出发，实事求是？ 1981 年参加高考，有一道铭记终身的考题，就是“实践是检验真理的唯一标准”。后来感悟到，辩证法最能全面把握事物的本质，没有唯物辩证法，就无法实现对事物思想认识的统一；但把辩证法用俗了，又容易混淆是非曲直。在基层工作，时时提醒自己，如何掌握好这个度？掌握好了，就有了法宝。实事求是最重要，实事求是也最难做到位。基层和老百姓是教会这一课的最好老师。让我最知道基层缺什么需要什么，老百姓想什么要什么。老百姓的要求和期待其实很简单，但把这个简单要求做好，却不简单。老百姓情怀不能丢，平常人的心态、普通人的感觉不能丢。没有老百姓哪用得上官儿呢？当官儿就是管理社会的，不解决社会矛盾，要官儿干什么？而且应相信，再难的事一定会有办法解决，办法往往就在老百姓当中。学数学的知道，当一道题无解时，假设一些边界条件，就会找到答案。社会矛盾都是一定背景条件下的矛盾。条件发生变化了，矛盾自然就发生转变。很多时候，我们的职责就是创造解决问题的条件。正是在这样的思辨思维中，我带领当年那些老伙计们破解了一个又一个问题，在一波又一波过关中进步。每天都有闹心事，每天都有好消息。这就是无法回避的常态和真实写照。了解基层，理解基层，基层情结很浓，一想象基层的状况，满眼都是活儿，对基层的困难和问题总能保持耐心和热忱。从县（市）走出来，以后让我干啥，从未为难过。本事都是逼出来的，我知道，这些难题就是我人生的组成部分，要与矛盾相处好。

我的县官经历大体是在党的十六大、十七大时期。本着实事求是的原则，对手稿时间、事实、结果未做修正和升华，更未做任何想象与虚构，其中一些想法、做法与十八大以来的新要求有不少差距，有的做法已过时，甚至应该反对；一些感悟亦未必经得起历史检验。书中的数据，均为手稿形成时内部资料，如引用，需要相应的审核。

在整理形成书稿过程中，许多朋友给予了帮助，向他们表示由衷的感谢！由于时间跨度较大，已无法与书中部分图片拍摄者取得联系，在此一并表示衷心感谢。手稿转换成电子文档，下了很大功夫。有的发言提纲，属于那种“烂笔头子”记下的灵感、火花。事过十几年，连我自己对潦草的笔记辨认起来都有难度。

当年也是太忙了，谁会想到写书呢?

目　录

初任县官 宁安见成效

1998年3月，告别省府，走进县城。

由黑龙江省人民政府办公厅六处处长，先走马上任宁安市市委副书记，后当选市长。任市委副书记分管政法、农业农村、乡镇企业和科技工作。

临行前领导反复告诫我："堂堂正正做人，勤勤恳恳干事，清清白白为官""思想上尊重群众，感情上贴近群众，行动上深入群众，工作上依靠群众"。

满腔热情来到宁安。当时市委配任七位副书记。由于我是任职到宁安的，有一种挤了别人位子的感觉。当年宁安的办公条件很差，我暂住在办公室。从省政府走红地毯一下到了那种环境，思想准备不足，还是有些失落。每天接触乡镇和农民，市委大院时常来的是一批批上访的，涉及计划生育后遗症、二轮土地承包政策、村干部偏亲向友、农村电网改造集资……对上访的人来说都是天大的事。我是这样走进宁安城，开始体会县官滋味的。

一个时期有一个时期的突出矛盾，问题的充分暴露和解决就是工作任务。正是有了这个过程，社会才能进步。当官就是管理社会的，社会运行不停息，矛盾就不会消失。解决矛盾的方式方法是最好的教科书，而这类教科书不是从天上掉下来的，是实践中集思广益和调研思考后走通的每一步的积累。

1998 年 3 月至 2002 年 9 月，宁安改革、发展、稳定的任务主要集中在国企改制阻力很大，盘活更是步履艰难，下岗职工生活困难，出路不多；财政收入捉襟见肘，每月底都要为发工资筹措资金；农民增收面临产业结构调整和农产品市场竞争风险，农业农村工作老套路面临挑战；城乡基础设施建设欠账较多，又没有来钱道；农林矛盾（主要是村屯与森工林场）时而演变得异常激烈……

我的使命就是解决好这些问题，“自己的梦自己圆”！尤其当市长后，对社会实际情况进行深入调查了解，真正面对面触碰纷繁复杂的社会问题时，倒逼出了很多破解各种问题的办法；激发出处理各类矛盾的信心和勇气。从当年留在手稿中的那些苦思冥想印记和深刻思考痕迹，可以清晰地回想起初入县（市）主干线学习当县官的一幕幕。

我在宁安完成了学徒、出徒的考验。

落地宁安

（1998 年 3 月 18 日）

听说我来宁安工作，周围的同事都说宁安是个好地方，是鱼米之乡，人文环境好，民风质朴。“宁安”两个字都有“宀”，说明是风水宝地……有幸作为市委班子新的成员，和同志们走到一起，我感到十分高兴和自豪。同时，也感到一种责任和压力。我特别珍惜这个难得的机会。

老实说，我的成长经历欠缺许多重要的实践和磨炼。尽管在大学和省委、省政府机关工作近十四年，对宏观的东西了解一些，但对最能代表中国国情的县（市）的实际情况了解不是很多。我要在这块神奇的沃土上学习、锻炼，提高为人民服务的本领，为宁安的富裕和幸福洒下自己的汗水，贡献出一份力量。

我是怀着满腔热情到这儿来的。到这儿来不是为了镀金，而是想实实在在地做一个宁安人，也希望大家别把我当外人。

今后怎么工作？根本的还得看实际行动。我想，无论市委让我分管什么工作，我都要做到这么几条：一是多学习，尽快进入角色，学习宁安好的传统作风，学习分管战线的方针政策，向群众学习，向具有丰富经验的同志学习，虚心拜老同志为师，拜工作在第一线的同志为师。二是维护班子团结，顾全大局，心胸开阔，要把自己分管的工作有机地融入市委的总体部署之中。三是扎扎实实多办实事。尽心竭力地为宁安的建设和发展上上下下奔走呼号，有一分热发一分光，作出自己最大的贡献。

“满眼是活儿，浑身是劲儿”

（1998 年 7 月 25 日）

县（市）的规矩是半年要召开报账会，盘点干了哪些事。我到任宁安 4 个月，赶上上半年工作总结。我在汇报时说，自己感到收获很大、很充实，如果用一句话描述自己现在的状态的话，可以说，“满眼都是活儿，浑身都是劲儿”。

我是怀着走上新工作岗位的满腔热情，对待每件事、每个人。在班长的带领和同志们的支持下，紧紧围绕市委的中心工作，虚心学习、请教，对所分管的工作认真抓好督办落实，收到了一定的成效。

一、扛起保一方平安的责任，维护社会政治稳定

政法工作是关系全局的一项重要工作。我分管政法工作必须全面加强社会治安综合治理，狠抓维护稳定各项工作的落实，协调各部门及时、妥善处理好各种矛盾，化解不安定因素。

（一）坚持打防结合、预防为主的方针，狠抓社会治安综合治理。社会治安问题是群众关心的热点、难点问题之一。社会治安状况的好坏，是检验社会稳定与否的“晴雨表”。一是组织开展“严打”。从 4 月到 6 月组织开展了严厉打击侵财犯罪专项斗争，取得了阶段性成果。上半年全市共发生盗窃案件 151 起，同比下降 19.7%。针对杀人案件上升的势头，加强侦破力量，落实包案责任制。发生的 16 起杀人案件，已破获 14 起，破案率为 87.5%。根据春季盗窃大牲畜案件上升势头，全市统一开展以保卫春耕生产为目标，对盗窃大牲畜、农机具犯罪

活动进行了专项打击。二是推进社会治安防控体系建设。在110防控指挥系统具备基本硬件条件后，提高动态环境下对社会治安的有效控制和快速反应能力，发挥部门的联动作用。三是推进创安活动，提高创安工作水平。以加强“三化”（组织领导网络化、整体工作制度化、基础建设规范化）建设为突破口，切实加强综合治理基础工作。推广了范家乡派出所加强治保会建设和石岩、卧龙派出所加强警区建设的好经验，把综合治理的各项措施落实到基层，建立起多层次的治安管理和防范网络。

（二）坚持从严治警方针，全面提高政法队伍整体素质。一是组织政法部门扎扎实实开展集中教育整顿。针对群众反映强烈的执法不严、执法不公、违法办案，特别是把受利益驱动引发的办案不公、乱罚款等问题作为集中教育整顿的重中之重。坚持“时间服从质量”的原则，确保教育整顿各环节不走过场，取得实效。按要求完成了思想教育、班子考核、执法检查、组织处理和整章建制各项任务。对发现的21个方面711条问题全部进行了纠正，对有严重和较严重问题的干警进行了处理。共处理违法违纪干警29起33人，其中清除2人、待起诉2人、党内警告2人、行政记过1人、行政警告11人。二是推进“学东莱，创建人民满意的政法基层单位”活动。以社会各界认可和人民群众满意为目标，认真开展“学创”活动，牢固树立为人民服务宗旨，不断提高为人民服务的水平。涌现了宁安镇一所、宁安检察室、宁西法庭等较突出的“学创”典型，干警的形象有了明显改观。

（三）坚持依法办事，公正执法，调整和规范法律行为。市场经济是法治经济，法律是调节和规范市场经济各种行为的杠杆。先后多次协调政法委、法院、交警队对一些疑难案件进行处理，对两起久拖未解的交通肇事案件进行讨论，依法作出公正处理，保护了受害人的合法权益。多次主持召开协调会帮助一些乡（镇）村解决难题。

二、热心服务基层，关心群众，多办实事

俗话说“为官一任，造福一方”，我在工作中自觉实践这一宗旨，不论是分管工作还是其他部门的工作，只要自己力所能及的都有求必应，热心去办。

（一）发挥纽带桥梁作用，为基层跑资金、办实事。由于省里给的三江开发资金被挤占挪用，逾期未还，省农业开发办决定对宁安进行制裁，使得已经在国家立项的科技示范带扶持资金无法到位。我与时任市委主要领导多次到省农业开发办做工作，缓和了关系，取得了理解和支持。帮助宣传部、文化局到省里争取图书馆建设扶持资金。帮助粮食局到省粮食厅争取宁安粮库列入粮食储备库事宜；为宁安粮库争取大米出口加工项目。到省建委为渤海镇和东京城镇争取城镇建设资金；为桦树川水库消险到省政府和省计委做工作。为卧龙乡、城东乡从省民政厅争取维修敬老院资金；从省财政厅争取资金 20 万元。帮助虹鳟鱼场在天鹅饭店设立经销点，开拓哈尔滨市场，实现月销售虹鳟鱼 2 000 斤左右。

（二）多方施策，积极推进泥草房改造。下基层调查发现，部分村屯村民住房泥草房率较高。究其原因，除了经济因素外，与他们随遇而安的生活态度和住房习惯有关。为了加快泥草房改造，多次深入卧龙等乡镇，与乡镇领导研究探讨解决问题的有效方法和途径，引导村民转变观念。在卧龙乡推出“拆一补一”和样板房建设优惠政策，与金融部门协商，推行贷款建房政策，尝试农户以粮食为抵押贷款改造住房，加快泥草房改造速度，提高文明村建设水平。

（三）认真解决群众切身利益问题。群众举报反映，工会住宅楼动迁办事不公。我先后听取了工会和房产等部门的情况汇报，深入现场查看，查阅档案；认真核查事情真相后，对不符合条件的门市房照予以作废，并对有关责任人进行调查处理，理顺了群众情绪，化解了矛盾。

中医院小市场20多个业户上访反映城管监察大队取缔他们经营场地，使他们花几千元办理的证照作废，经济上蒙受损失。我在调查的基础上，对证照齐全的业户作出了恢复原地点经营的决定，同时坚决取缔无照业户，较好地解决了群众反映的问题。

三、勤政为民，廉洁自律

到宁安任职以来，虽然工作岗位变了，但对待工作认真负责的精神不能变。上任后我利用十几天时间，深入19个乡镇和公检法司等部门，逐个单位走访，了解情况，熟悉工作，为尽快进入角色开展工作奠定基础。

从省政府到县里工作，工作能否沉下去、蹲得住，对我是个考验。领导和同志们劝我每周回一次哈尔滨，我谢绝了他们的关心，坚持一个月左右回一次家。利用休息时间和空余时间，多走多看、多学习，全身心地投入工作。

严格按《中国共产党领导干部廉洁从政若干准则》和《关于党政机关厉行节约制止奢侈浪费行为的若干规定》要求自己，在工作、生活上不搞特殊化，不铺张浪费，住办公室，吃食堂，每餐基本上是一饭一菜，有时晚餐只吃一碗面条，并且按规定缴纳饭费。在用车上，我坚持坐火车回家或乘开会、办事之便回家，没有为回家专门用过公车。为了照顾我的生活，市委办临时给我借了一套两居室房子，进行了简单装修，事后，我如数支付了所有款项。

解放思想更新观念之差距及对比分析

——赴江苏省无锡市挂职学习考察报告

（1999 年 11 月 20 日）

根据省委组织部和牡丹江市委的安排，我于 1999 年 8 月 20 日至 11 月 20 日，在江苏省无锡市马山区挂职锻炼。其间，参观考察了小天鹅集团、红豆集团、阳光集团等近百家企业，广泛结识了政界、企业界的朋友，参与了所在区的日常工作，围绕一些项目探讨了促进双方合作问题。同时，利用事务性工作少、比较清静的时机，系统学习了中央《关于国有企业改革和发展若干重大问题的决定》《关于加强技术创新，发展高科技，实现产业化的决定》及《激活中小企业》《资产经营》《中国经济问题报告》《国有资产增值难题研究》等著述；深入思考了宁安的改革与发展问题。

百日身临其境、耳濡目染的工作生活，思想观念受到很大撞击，深受启发，收获很大。

有关无锡市经济社会发展，特别是乡镇企业发展的基本情况及经验已经形成了完整的“苏南模式”，就不一一赘述了。这里汇报的主要是我们与无锡乃至苏南地区在解放思想更新观念上的差距及对比分析。

解放思想更新观念是个永恒的课题，不同时期内涵不同，不同地区要解决的问题亦有很大差别。我们与苏南地区的差距可以定性概括为：我们还处于打破僵化、落后的思想束缚的阶段，可称为“解放思想”阶段；即使打破了束缚，脑子里也很空或很乱。而苏南地区已经或正在处于树立适应现代市场经济规范和与国际惯例接轨的新观念、掌握和运用市场游戏规则的阶段，已经是“更新观念”阶段。涉及的层面、对象也不同。我们的情况是领导干部、管理阶层需要解放思想，还没有完全摆脱各种束缚的危害；群众的滞后性自然更突出，社会氛围很沉闷。而他们需要武装头脑的主要是中下层管理者及广大老百姓。我们的对象是“重点的个体”，他们的对象则是“广泛的群体”。下面，围绕一些具体问题进行对比分析。

——*超前创新思想与慢半拍的问题*。国家改革发展的各项政策是经过不断完善的过程建立起来的。在这个过程中，走在前列的有其风险，但更有国家对实验者的宽容和偏爱。苏南地区始终处于高度亢奋状态，充满生机和活力，超前思考，大胆创新，敢于突破，尝到了甜头。他们的许多重大成功举措都是在国家政策规范完善之前完成的。而我们往往是随大流，慢半拍，准备起步时恰恰面对各种治理整顿，未分享过“擦边球”风险回报，甚至还得“吃锅烙”，只好“人家有病，我们吃药”。对待治理整顿，我们是“破车闸好”，简单操作。他们则经常用“鸡蛋怎么能站起来”的思维方式鞭策干部动脑筋想办法。拿集资问题而言，无锡是相当普遍的。现在某些集资被定性为“非法集资”，造成一些负面效应，国家已明令禁止，但从某种意义上说，其乡镇企业能发展到今天这个程度，正是得益于这些集资完成第一桶金。当初之所以能够大胆集资并制定相应政策，是有一套“理念”依据的。他们认为无论什么样的社会制度，完成资本原始积累都是一个不同寻常甚至是残酷的过程。资本主义的原始资本积累采取的是超经济的某些强制手段进行的。再比如，土地使用问题。苏南地区土地少，却办了大量开发区，道路宽阔，绿地广场很大；我们有广阔的土地却苦于动用一寸。原因何在？就是他们在若干年前申请办理了多个国家级开发区，而国家对这些开发区就有宽松政策。我们想办开发区时，国家政策又收口了。表现在发展思路上更为明显。我所在的无锡市马山区是围太湖半岛新建的新区。到达的当天，我就弄清了他们的发展思路。因为几乎接触我的每个人都把它说得朗朗上口，如数家珍。为什么？就是因为他们的发展思路简洁、明了："旅游带三产，三产兴马山"。上海也是这样，老百姓都知道"一年一个样，三年大变样""发展是硬道理"。而我们的发展思路就不同了，基本上都从贯彻落实中央、省市精神说起，形成一种定势和套话，文字长，主题不突出，不便于宣传和记忆。从这个背后可以看出观念和思维方式的差异。苏南讲思路是从"我"说起，更注重从实际出发和针对性，便于操作；而我们从"上"说起，更注重完整性和"贯彻上级要求"。如抓工业，他们提出"抓大扶小"的政策。中央是"抓大放小"，他们为什么"抓大扶小"？就是因为他们"小"的比重大，而"大"的矛盾又不是十分突出（多半是改革开放后形成的集团）。指导性政策和领导讲话也都有明确的概念和针对性。比如，他们提出企业"非规模即特色，否则死亡"的要求，不具备规模或特色优势的企业就被列入了死亡的名单。还有，走进每个企业都能看到充满新意的宣传："资本是船，名牌是帆，文化是魂，人才是本""低档产品保成本，中档产品盈利润，高档产品树声誉""宁让利润不让市场""今天工作不努力，明天努力找工作""今天不爱岗，明天就下岗""今天不敬业，明天就失业""企业再难也不难用户""创名牌是企业的长期行为""一方水土养八方人"，等等。领导班子分工也很有新意。他们认为，计划经济抓条条，抓战线；市场经济应抓块块，发挥整体功能和综合效应。因而分工中出现了"分管经济分析""资产运营""软环境建设"等远远超出部门概念的职责。

——对市场的认识。苏南人对市场的认识和理解确实比我们高出一筹。他们认为改革开放二十年，经济的发展主要是靠产业的扩张来实现的。投资者发现某个行业有必要扩大生产规模或发现某个新行业可以带来利润，而进行"补短"性投资发展。家电、三产等迅速发展都是如此。这个时期的市场定位比较直观、容易。而今后经济的发展则主要依靠产业升级来实现。买方市场的形成，已经很难找到“冷门行业”迅速崛起，发展经营的市场空间越来越小。剩余的市场空间基本上是与市场经济高度完善形态相应的、发展难度和风险都大的空间。因此，他们十分关注市场，善于研究市场。一旦找到了市场，则决不放过，义无反顾进行操作。如建设汽车厂。按理说汽车行业竞争十分激烈，再建一个小汽车厂是没有出路的。而他们下决心上这个项目是因为瞄准了小批量特种车市场。因此，以每亩地 5 万元出让金绝对优惠条件与长春一汽合作建厂，生产垃圾运输车、警用指挥车、旅游车、特长加挂车等，效益非常好。在各汽车厂家致力于标准化生产，扩大规模的大氛围里，他们却盯住特种车市场这个小小的缝隙获得大发展，真是令人赞佩！从表面上看，无锡乃至苏南地区的纺织业存在着严重的产业趋同问题，纺织厂遍地皆是。但是，他们非常精明，在竞争中不断调整和确立市场定位，有的搞最高档毛纺，有的搞混纺，都有自己的特色生存和优势发展之路。再比如，振太酒业公司在制定市场营销战略时提出，对生活必需品市场，要做廉、做优、做大，以低廉的价格、优等的品质争取市场购买力，扩大市场份额；对品尝性、礼品性消费品产品，要做精、做俏、做高，成为市场的精品、俏品，提高企业的地位和声誉。他们的许多企业正是靠类似的营销策略得到蓬勃发展。相比之下，我们对资源依赖有余，研究市场却很不够。固然，我们有资源优势，但资源优势参与市场竞争并变成经济优势，中间还有一个资源资本化的过程，而这个过程又要受到价值规律的深刻影响和制约。事实上，除了垄断性资源外，一般性资源由于大量替代品的出现等复杂原因，在其产地往往并不便宜。我们考察发现，无锡市虽然不产木材、煤炭等，但其价位并不比我们高，甚至还要低一些。在市场经济条件下，资源、人才、技术、资金等各个生产要素组合在一起形成集成优势向回报率高的方向流动。显然，只有单项优势并不能构成对整个系统的决定性影响。恐怕资源和生产力逆向分布的格局还将长期存在。我们去招商，对资源介绍得多，市场分析做得少。对投资回收期的论证分析也过于肤浅和简单。我们用的“回收期法”属“乘法小九九”水平，而他们则更深入一步地采用“净现值法”“现值指数法”等。双方一谈回收期即知不是一个谈判桌上的对象，没有多少共同语言，至于毫无市场意识、头脑发热、拍胸脯上项目的事就更不必说了。

——发展环境与管理问题。苏南地区已经形成了为企业发展开辟绿色通道，营造良好环境的大气候。政府各个部门为企业服务的意识比较强。在无锡，企业老板地位高，是“老大哥”；而政府部门被戏称为“小二”，在我们这里能管“大王”的，在那里没有市场，他们卡不了什么，也不敢卡什么。在改善投资软环境的一系列措施中，他们非常注重从清理各种收费入手，区分一次性收费、经常性收费和经营性收费等不同情况，采取不同对策。比如，定期向社会公布合并和缓征部分归口收费项目名单。合并和缓征，实际上是以变通的办法对付条条上级。政府规定，各个职能部门根据其条条上级规定进行收费必须经政府统筹确认、备案。根据各部门收费计划及文件，联合组成规费征收管理小组，向企业公布联合收费的日程表和缴费通知单。这样，有不少部门除了业务职能不变外，事实上，已经失去了直接向企业收费的职能。由每个部门单独收费变成部门联合收费。企业只要拿出一天时间认真接待一下即可。他们认为，费和税是分水岭，它既是联结企业与政府部门的一条线，又是不可越雷池一步的警戒线。与此同时，他们也强化了对企业缴费行为的监督力度。不按时缴纳应缴费用的，超过时间将按每逾期一日加收应缴款的0.2%的滞纳金。无锡市还建立了高新技术发展风险投资基金，对促进企业的发展发挥了显著作用。无锡市的整体管理水平正在朝与国际惯例接轨的方向发展，政府管理更多地体现为服务性、务实性。“打假”在苏南地区是最受好企业欢迎的事情，因为一些小企业造假现象很严重。无锡市技术监督局为了规范市场、打击假冒，逐个行业和商品进行整顿。比如，为了整顿黄酒市场，他们组织人力经常抽查市场上销售的黄酒产品的质量，然后分别在质量最优和最差厂家召开新闻发布会，公开曝光，大力支持和保护好的企业。主要领导经常强调，抓落实抓得好就是最有水平，不会抓落实就没有水平。他们很少开大会。相比而言，论证会、分析会、协调会要多一些。他们感到，政府最需要的是部门能够超越自我，打破部门利益；而要达到这个目的，在现有体制下只有利用协调会不断进行磨合。他们为企业做好服务的同时，各项要求十分严格，明确提出，发展看效益，效益看税收；不以过程看功过，只以税收论英雄，由资产管理部门和组织人事部门共同考核企业领导人。在用人机制上，改制企业实行“谁出资，谁派人，谁控股，谁管理”的原则，仍具公有性质的改制企业的经营者由过去主管部门委任转为向社会公开招聘，受聘的企业经营者一律实行风险抵押承包。无锡的优惠政策很多，但在税收方面让步的却很少。相反，税收征管比我们力度大。比如，在全市举办商业零售发票抽奖活动，以动员社会各界参与协税护票活动，鼓励消费者购买商品索取发票，实现以票控税的目的。消费者买一元钱商品也索要发票，因为有中奖的可能。报纸上经常公布中奖号码。他们对“三条保障线”非常重视，主要领导真正拿在手上。对企业主要经营者，他们的政策是“凭能力坐位子，凭业绩挣票子”。实行“年薪制”的不少。我所在区的太湖水集团老总年薪即为50万元。他们认为，社会主义初级阶段理论只是从生产力方面说清了中国社会还处于初级阶段。实际上，除少数人外，多数劳动者的觉悟程度、物质需求层次同样处于初级阶段。以人为本的管理必须注重人的需求状态，从其最需要的方面予以关心和支持。企业内部的管理除了抓好成本、财务、质量“三项管理”和资金负债表、企业盈亏表“两张表”等基本功外，多数企业强调危机感，强调末日管理——“企业最好的时候也是最危险的时候”。企业内部的鼓励政策最突出、力度最大的是针对营销人员的。如，营销人员个人开辟的固定市场，其销售额连续三年占到企业销售总额的10%以上的，可以适当确定若干股赠予其人，并可按销售额占总销售额的比重，折股参与分配。

——资产流失与增值。 无锡市对沉淀的国有资产的处理有许多创新。他们是从突破国有资产流失的束缚入手的。国有资产长期闲置，似乎实物形态的价值没有变化,但实际上已经发生着大量的“静态流失”。退一步说，在实际操作中，某些资产的市场价值即使低于其真实价值，也应以能够流动起来为最高标准。国有资产流失一点也是改革付出的代价。当然，要尽量控制这种流失降到最低程度。而我们相当一些企业的对策和态度就不同了，偶有合作之谈判，往往要价满天飞，恨不得把过去造成的损失都算在人家头上。国有企业改革总是跳不出“大的不敢改，好的不肯改，差的不会改，名改实不改的怪圈”。无锡人认为，每个企业的产品都有自己的生命周期,因而企业也势必有其固有的兴衰周期(有限责任制的设计实际就是为了处理企业死亡的)，但长期以来，人们总是想通过扭亏增盈等方式排斥这种周期，结果，周期并未消除，企业半死不活，反倒拖累了国有经济整体。必须正视这个问题。在旧体制、旧机制基础上谋求新出路，穿新鞋走老路，即进行所谓的扭亏增盈等不是可行的。这种工作只能影响资产重组。倒闭、再生、再倒闭、再启动，这是企业生存发展的规律。苏南地区目前的情况是，对于一些亏损严重或资不抵债的企业，以低于净资产值出售给经营者，有的干脆是“零资产”出售。这样，经营者花很少的钱，甚至不花一分钱就能得到一个正在运转的企业。他们这样做，一是为了激活沉淀的国有资产，二是让每个企业真正成为市场竞争的主体。他们分析，就无锡而言，市场的微观主体不必是国有经济，非国有经济能够成为更好的微观主体。与此同时，凡是能寻求到增量资本的企业，都进行股份制。企业进行股份制改造必须有增量资本，否则等于换汤不换药。一般竞争性企业都要进行法人有效治理机制，企业主要骨干都要有相当的股份，形成利益共同体。他们规定，在新组建的股份公司中，国有资产比重不宜大，不能控股，参股即可。国有资产控股，在目前国有股的股权代表缺乏足够的动力对管理层进行有效监督的情况下，国有性的不足之处很可能上升为主流，使股份制失去作用。他们在处理企业不良债务方面也有许多有效办法。各级政府普遍成立了国有资产经营公司，挂靠经委，统一负担国有企业实行资产重组后甩下来的债务、包袱、下岗职工再就业等，使企业轻装上阵，以脱壳或空壳身份与外合作，无约束启动。在实际运作中，他们把无形资本的流失与增值看得很重。有不少以无形资产激活有形资产的例子。对无形资产的保护和投入力度也很大。国有企业经过几十年经营，虽然技术、设备、机制等落伍了，但历史形成的品牌、信誉及其在当地市场上的占有份额或影响力度是与日俱增的。用无形资产与他人合作，某种意义上是拿已占有的市场份额与他人合作。作为合作方而言，兼并了一个同类企业就等于消除了一个竞争对手和增加了市场份额。他们的企业发展到一定程度后，即致力于由生产经营转为资产经营，有的已开始热衷经营无形资产。

除了上述分析外，他们在抓大扶小、技术创新、结构调整、招商引资以及精神文明建设等方面还有许多成功的经验。应当说，苏南地区已经全面步入了良好发展的快车道。相比之下，我们经济总量小、运行质量低的问题十分突出。看到这些差距，既让人感到逊色和不安，又受到强烈刺激，促使人警醒和增加紧迫感。循规蹈矩，按部就班跟着人家屁股走则步履艰难，没有出路；克服困难，创造机遇，发挥自己的特色和优势则有可能实现跨越式发展。怎样用获得的新认识再来看宁安的发展？我认为，必须在特色和优势上狠下功夫。拿旅游来说，“假日经济”的出现，宁海公路的即将建成，哈尔滨—镜泊湖旅游热线的形成，给我们发展旅游经济带来很好的机遇，旅游产业关联度大、带动性强，是人们物质生活水平达到一定程度而产生的一种特殊的精神需求。宁安初步尝到了发展旅游业的甜头，迈出了可喜的一步，在这个基础上，应该靠住镜泊湖这棵“大树”，把所有的旅游资源包装好并推出一系列的旅游产品，“旅游带三产，三产兴宁安”也不是不可能的。当务之急是对现有旅游资源进行重新策划赋之于丰富的内涵，以增强吸引力和持久力。

比如，谜中王国——唐朝渤海国的历史及文化，这是北方难得的人文资源。要抓住在部分专家学者中有争议这样的好奇心态，挖掘、演绎一些文化内涵乃至神话内涵等。再比如，发挥宁安农业基础好的优势，发展旅游农业、生态农业和现代农业等三位一体回归自然的农业旅游产品。宁安和镜泊湖应该通过某种资产纽带联合起来。应该看到，每年有大量的游客只到镜泊湖而不到宁安的景点或只到宁安的景点而不到镜泊湖的现象，实质上是旅游资源的流失。资本纽带就是某种特殊证券的纽带。可以设计一种镜泊湖与宁安两地入门的联票，让游客留下来。多停留就必然增加消费，带来效益。还应注重旅游产品的宣传和促销，深化对旅游的认识，逐步把景观旅游发展成主题内容旅游；使旅游各个景点由让人开心的地方变成讲故事的地方。组建发展镜泊湖绿色基地集团应成为一种战略考虑。镜泊湖品牌应当是宁安最有价值的无形资产。建设以绿色食品为核心的绿色基地是我们的绝对优势。我们生存空间大，污染相对小，说“纯天然无污染”有人相信。这个基地可以从优质米做起，逐步把东京城日式酱油厂、泼雪泉矿泉水公司、生物复合肥厂、北药开发公司（宁安药厂）、农用揭膜机公司（拟在农机厂分出一块来筹建）、耐寒草坪生产公司（拟与省科学院植物所合建）、渤海客土造田经营公司、东京城设施农业发展公司（振兴村）及农业发展基金公司（把现在的农业发展基金从财政拿出来企业化经营）等组合起来，力争运作几年后发展成上市集团公司。对上述公司的发展，从种植、生产到销售全过程逐个环节聘请专家策划和设计。目前，从零开始，先把米业公司发展起来，优质米开发面临非常好的机遇。我国加入世界贸易组织后，只有优质稻米在世界粮食市场上有竞争优势，出口可提高 4%。有关资料显示，大中城市居民中有 20% 的人消费优质米。因此，在诸多农产品中，优质大米的命运是幸运的。把这个“幸运儿”怎么带入 21 世纪，关系到能否把我们的优势发挥出来并保持下去。当前最突出的问题是营销和基地之间的关系。有商标会营销的没有基地，有基地的不善营销。市场份额少，优势发挥不出来。下一步应该由政府出面垄断基地并把这种垄断权作为资本，共同与有关生产企业、销售企业组成新的股份公司。否则，错过这次大发展的机遇，这个特殊资源就可能瞎在我们手里。上述两件事如果能策划好、运作成的话，有可能形成两条有龙头效应的主线。国有工业企业的改革总的看是不错的，基本上对症下了药，找到了改革的方向，只是磨合各种时机、关系的时间长短问题。国有商业企业的改革始终没有很好的思路和办法，未有什么突破。应该选择一两家企业进行大胆试验。比如商业大厦，职工上访反映最强烈的是集资款不能退还问题。既然建设资金中包含了集资部分，其投资主体实质上就是多元的，集资退不回去更属于这种情况。因此，其产权也应该是可以分解成多个主体的。按照这样的思路，可把商业大厦的一层切成若干个部分（柜台），根据集资款多少相应地分给集资者。集资者如果不愿意要柜台，可以转租并取得租金，直至退足集资款为止。教育改革也应大胆进行。超出 800 多名教师，财政不堪重负。分离出的教师，部分可以有条件（比如年限等）到乡村工作，一部分可以有偿创办各种学校等。

发展是硬道理。没有经济的发展，一切都无从谈起。必须像苏南那样，沉下心来，集中精力发展经济。这就是我在苏南 100 天学习工作生活的最大感触和结论。

大力发展民营科技企业，实现科技与经济有机结合

（1999 年 11 月）

县（市）科委工作重点，一要抓好农业科技示范带，这是提高科技显示度最好平台；另一个重中之重是大力发展民营科技企业。

实现科技与经济的有机结合，必须下决心解决科技与经济“两张皮”问题。科技行为归根结底是经济行为，不能就科技论科技；科技投入是生产性投入，是科技进步的必要条件和基本保证。大力促进科技与经济结合，形成一体化，要把二者的结合看得更重一些。县（市）的实际情况是财政很困难，没有更多的财力投入科技；先兴科技再兴经济，过于理想化，必须跳出过去“要兴经济首先必须兴科技”的思维方式。与其说我们的科学技术本身发展得不好，还不如说，我们还没有建立起一种有效的科技经济结合的运行机制。

市场经济运行的核心是：竞争刺激创新。创新，只能是科技的创新，没有不包含科技进步的创新。由于市场竞争的作用，不会存在一个永不疲软的企业或产品。一家企业要生存下去，必须不断培育新的经济生长点，而且这个新生长点一定要以科技为先导。这种科技和经济的新生长点又具有“永无止境性”。正因为存在这样的逻辑关系，才能够不断生成把二者有机结合在一起的原动力。一般而言，要想找到新的经济生长点，必须先找到其“先导”——科技成果；反之，如果一项科技成果不能嵌入经济发展过程，转化成现实生产力，束之高阁，它即刻也会被又

一新的科技成果淘汰掉。科学技术是第一生产力，但并不意味着科技成果就是现实的直接生产力。所谓“科技是第一生产力”中的“科技”，是指与经济结合了的“科技”。抓经济必须抓科技，特别是高新技术。要从科技上找出路，要把发展、振兴经济的“宝”押在科技上，大力发展民营科技企业；否则，就是不得要领。

传统生产方式的主要特征：大规模的生产流水线，以标准化、大批量生产来降低生产成本，提高生产率。但是，随着现代市场经济的发展，科技成果转化为生产力的周期的缩短，出现了批量生产的规模越大，企业对市场的适应能力就越来越低的状况，大型企业那种规模效益的优势越来越受到严重挑战。世界各国大型企业的资本收益率普遍较低。发达国家国有大企业的资本收益率为 1.7%，民营大企业的资本收益率也只有 4%。因此，现代生产方式必须解决好“既讲市场适应能力，又讲规模效益”这样一对矛盾。

民营科技企业是传统生产方式向现代市场经济运行机制转变过程中融科技与经济一体化的产物，它是顺应现代生产力发展的、能够优化组合人才各种智慧的一种新经营管理模式。每一个民营科技企业都是从市场需求出发，发挥自己的优势，充分利用可以利用的一切生产要素，进行最佳组合。他们虽然“门面”不大，但“协作面”却很大。他们把参与一件产品的开发、生产、销售以及售后服务的所有人员融合在合作之中；还普遍具有技术上高起点的特征，市场适应能力很强，不断开发与人们生产生活密切相关乃至引导现代社会人们需求的新产品。同时，围绕一个个新产品不断在互利经济关系的基础上结成新的“协作伙伴”。他们针对市场变化的调整主要体现在“协作伙伴”的调整，机制非常灵活。企业管理者与员工多是在好朋友基础上形成的利益共同体，共同置身于市场的竞争，积极进取，不断进行新的创造。

大力发展民营科技企业面临很好的机遇。中央决定的“稳住一头，放活一片”科技体制改革政策，“稳住一头”，就是把基础和前沿学科研究团队用好养好；“放活一片”绝不是撒手不管就等于放活了。放活的这一大片人当中，鼓励扶持创办民营科技企业是重头戏；让他们与各类要素进行组合，以其专利成果或其他优势产品与投资者合作。创办民营科技企业的人员，在自己的实践中体现了知识的价值和财富，又让社会的经济活动充满科技创新的细胞。东北农大、省农科院科技成果很多，但多停留于论文阶段；他们都需要把论文写在大地上，把科技成果转化为现实生产力。传统农业只有融进这样的科技成果才能走出一条致富新路。我们要在这个过程中有所作为，把这些人请到宁安，为他们创办民营科技企业提供条件。要把示范带建成承接农业先进科技成果转化的平台。这种在市场机制作用下的相互结合，比以往任何方式对人才、科技成果等配置都更合理。要认识民营科技企业的优势，要看到民营科技企业是最活跃的新经济增长点。

以务实举措提高农产品竞争力

（2000 年 11 月）

农业工作由催种、催管、催收传统模式向质量效益型农业发展转变，是对农业战线和乡村工作的重大考验，核心是面向市场需求，释放比较优势。

一、抓调整，建立“质量效益”导向

近年来，随着我国农业和农村经济发展进入新的历史阶段，农副产品的供求关系发生了质的变化，市场制约因素明显增多。从 1998 年开始，市委责成我组织实施以质量效益为导向的“151 工程”，结合“151 工程”的总结验收，还开展了“划等对号，进档升级”的农民群众性大讨论，用本乡、本村有说服力的致富典型，引导农民算账对比，增强结构调整意识，取得了较好效果。三年来，粮经比例不断调整优化，农民收入不断增加。2000 年，全市种植业粮经比例达到 6∶4，优质、高效作物超过种植面积的一半，其中，以响水大米为代表的优质水稻 25 万亩，以瓜果、蔬菜、烤烟、甜菜为主体的经济作物 46 万亩，中药材、地栽木耳、花生、地瓜等特色种植面积不断扩大。烤烟、甜菜、优质米、马铃薯、蔬菜、西香瓜等产业迅速发育隆起，形成了有宁安特色的优势产业。通过引进、开发和改良，加速了农作物主栽品种的更新换代。水稻在全面推广上育 397、富士光等品种的同时，新引进了五优稻、沙沙尼、星梦来等新品种。以色列西红柿、彩椒、茄王，台湾佳丽、无籽西瓜等优质蔬菜瓜果品种逐步成为主栽品种。全市农村经济总收入可突破 20 亿元，农民人均纯收入可超过 3 000 元。

二、抓基地，建设“绿色农业”

针对宁安得天独厚的自然资源优势和产业发育现状，经过认真论证，把宁安农业结构升级目标定位于绿色食品生产，力求用两到三年时间，建成全省绿色食品基地市。我主持制定了《宁安市绿色食品生产实施方案》，提出以绿色食品生产为主体，以生态环境为屏障，以增加农民收入为目标的质量效益型农业发展目标，做到增加农民收入靠发展绿色食品生产实现，科技示范区项目围绕绿色食品生产来安排，资金、技术投入向绿色食品生产倾斜，组织领导力量向绿色食品生产集中。今年全市共落实绿色食品生产面积 50 万亩，其中水稻 20 万亩、瓜菜 20 万亩、其他经济作物 10 万亩。设立绿色食品指导办公室，配备专门工作人员。在渤海镇江西、响水等 11 个村新建工厂化育秧棚 500 多栋，设立监测点 110 个，由牡丹江市农科所提供全程技术指导和服务，在水稻生长的每个关键环节，为农民技术员和科技示范户进行培训。每户建立一份田间档案，发放一本绿色食品基本知识手册、一张宁安市绿色食品水稻 A 级生产基地技术操作规程，确保绿色水稻生产严格按照国家制定的 A 级绿色食品生产规范操作。为 3 万亩优质米、2 万亩西瓜申办绿色食品标识证书。筹备组建绿色米业集团。5 万亩绿色水稻基地建设项目在省农业开发办竞标成功，获得国家和省级资金 520 万元。

三、抓示范，建设“科技农业”

1998 年，宁安市沿 201 国道建设的农业科技示范带被科技部确定为 7 个 A 类示范项目之一，是东北地区唯一国家级持续高效农业科技示范区。1999 年，重点启动实施了万亩石岗地客土造田、万亩经济作物喷灌、千栋日光节能温室、小流域综合治理等 10 大类 30 个示范项目，通过先进农业技术的配套组装、综合应用和典型示范，充分显示出优质高效技术创新的巨大辐射带动作用。示范区重点围绕引进优质高效品种、开展绿色食品生产、发展特种养殖基地、建设生态农业小区等内容，确定了20个重点示范项目，使科技示范园区成为最新成果展示园、成熟技术推广园、高新技术试验园。1999年，在省国土资源厅、省农业开发办大力支持下，北石岗客土造田取得成功，并引小北湖、钻心湖水进行自流灌溉。在提高劳动者素质上，在重视30%进入高等院校的升学教育的同时，更应该高度重视回到本市、本乡镇的那部分学生身上，他们是本乡本村的真正建设者。在农村中学全面开展“双证”教育，即初中生在完成九年义务教育获得毕业证书的同时，也要获得绿色证书，掌握一门农业生产技术，现在已有7 000多名学生获得了双证。每年利用科普之冬，派“三下乡”小分队，按照农民的需要，大力普及推广通俗易懂的“傻瓜技术”，培训农民10多万人次。组织19个乡镇同科研单位、农业专家、各类技术人员落实科技结良缘合同，今年有1万户农民找到了联利、联心、联手的技术后盾。

四、抓水源，建设“生态农业”

水利是调整农业结构的先导，是质量效益型农业的命脉。水的问题解决了，农民才会积极发展围水经济，优化生产结构。宁安地处丘陵浅山区， 除了以江河、水库为水源的水田外，85%的耕地没有天然稳定的水源。针对全市水资源分布不均衡的特点，采取分类指导的办法，按照市有骨干工程、乡有重点工程、村有配套工程的要求，组织农民大打水源战役。1998年以来，除投资4 000万元进行了桦树川水库消险，投资1 000万元进行阿卜干渠改造外，还筹资5 000多万元用于打井。推行“打股份井、卖商品水、灌效益田”的办法，调动农民投资积极性。共投入700多万个工日，新打各类抗旱井9 000多眼，全市可控制灌溉面积（一般灌溉和小白龙点灌）增加到60万亩，占全市耕地面积的45%。宁安镇红城村投入470万元，在3 200亩蔬菜地发展连片微喷，仅埋在地下的管网就有 5 万米，是全省规模最大、标准最高、效益最好的微喷小区。二期工程 1 500 亩果树滴灌已经启动。东京城镇振兴村 200 栋高效日光节能温室，全部实行膜下滴灌。坚持以小流域为单元进行综合治理，工程措施、生物措施、耕作措施配套实施，生态效益、经济效益、社会效益有机结合，采取封山育林、退耕还林、植树造林、依法护林等办法，坚持谁治理、谁投入、谁受益、谁管理，建立多元投入机制，不造无主林，不治无主沟。1998 年以来，全市共退耕还林（还果）8 万多亩，植树造林 15 万亩，新增水土流失治理面积 30 万亩。

五、抓销售，建设“订单农业”

买方市场初步形成的形势下，农业工作必须首先谋划农产品的流通问题。培育壮大农村经纪人队伍，引导农民发展订单农业，是解决农民与市场对接的有效措施。在我的提议下，在全市农村工作会上，大张旗鼓地表彰了在流通领域作出突出贡献的农村经纪人，起到了积极扶持、鼓励发展的导向作用。全市农村经纪人队伍已发展到 2 000 多人。马河乡农民于吉刚每年向延边地区贩牛 6 000 多头，石岩镇农民刁玉水每年销售生猪 2 万多头，范家乡农民李以森每年为村民销售窖贮蔬菜 100 多万斤。农村集贸市场是农副产品的集散地，也是农民感受市场信息的主要场所和快捷通道。重点抓了兴盛蔬菜批发市场、红城牲畜交易市场等 10 个专业批发市场。范家乡筹资 35 万元，建设宁安果菜批发大市场。全市种植烤烟、甜菜、万寿菊等“订单农业”面积 30 万亩，降低了市场风险。范家乡在全市率先接入互联网，宣传名优农产品，取得了一定效果，在网上售出草莓 750 公斤。江东乡福兴村在牡丹江信息港发布了小辣椒供应信息，全村的小辣椒被订购一空。7 月 30 日，我主持召开了由市直有关单位和各乡镇主要领导参加的农副产品流通工作培训会，要求市直农口有关单位和各乡镇学习掌握现代流通知识及手段，对干部观念更新和工作方法转变起到了积极作用。

发展质量效益型农业，实现农民增收是一项突出的政治任务

（2001 年 1 月 11 日）

经过二十年的改革与发展，农业和农村经济已经进入新的阶段。由于农业综合生产能力的提高，农产品由短缺转向年年有余，出现相对过剩情况；农业的发展由受资源约束转向受资源和市场双重约束；许多农副产品的品种结构已经不适应人们需求多样化的现实。农民收入出现递减的趋势，已经影响了农村的稳定和发展。通过“三讲”教育使我感到，必须下大力气推进质量效益型农业的发展，尽快实现农民增收；并把它作为维护和发展农民群众根本利益的一项突出的政治任务。

一、要在优化和调整结构上狠下功夫

农业结构调整，从根本上说是农业的改革与发展向深度和广度进军的过程，是科教兴农、提高农民素质，实现农业由粗放经营向集约经营的转变，从而适应市场经济新体制的过程。农业结构调整的最终目的是增强农产品的市场竞争力，解决好制约农业发展的“五大突出矛盾”。即农副产品生产季节性强，集中上市或收储，与人们对农副产品日常均衡消费构成的矛盾；农副产品结构调整周期长，与市场对农副产品需求变化快构成的矛盾；工农业产品价格剪刀差的扩大，与市场经济等价交换的原则形成的矛盾；农业结构调整要承受自然风险、市场风险、政策风险，与广大农民承受三大风险的能力不强构成的矛盾；一家一户的生

产体制，与国际国内的大市场构成的矛盾。在农业结构调整中，不仅要针对当前的主要矛盾，大力调整粮食作物与经济作物的种植比例、优化相应品种结构；还应十分注意在调整中形成适应市场需求的主导产业。总的想法是，从2000年起粮经比稳定在6:4，水稻和经济作物占耕地的50%。其他耕地发展经济作物受耕地禀赋、水源等限制，调整的余地不大。本着这样的格局，应当重点扶持形成五大产业链。一是设施蔬菜瓜果产业。要鼓励“路边”“城边”区位的农民向兰岗村、振兴村学习，大力发展蔬菜瓜果生产，直接进入市场销售。人们总是要食用新鲜瓜菜水果，这块市场不会疲软。关键是一定要时时刻刻盯住市场的变化，在“名特优”冷门效应上狠下功夫，要有精品大棚。按一般规律，瓜菜生产面积达到30万亩就形成规模优势，批发市场就可形成。全市现已有15万亩蔬菜，初步形成了教育村、振兴村等批发市场。应当顺势利导促其发展，以进一步带动周围村屯的蔬菜生产。在推动这类特色经济作物发展时，要掌握好典型推广的“度”，切忌一哄而上。市场经济的微观基础是各具特色的不同竞争主体。竞争主体越趋同，竞争越激烈。用农民的话说，大家都发展什么，什么就臭。要发挥专业协会在协调种植计划、科技培训方面的作用。蔬菜瓜果生产最具宁安市特色，最能反映宁安市农业水平和实力，是最有发展潜力的产业链条，如果在创品牌、重营销上再有一些突破，大力推进清洗（清洗本身就是一个很大的产业）、分送、粗加工、精加工、保鲜（保嫩和保质）、包装、储运等的发展，就可以形成一个很长的产业链。二是把烤烟、甜菜作为主导产业来发展，要引导和教育农民，这是发展“订单农业”最为现实的选择。要认真总结吸取近几年烤烟、甜菜生产大起大落的经验教训，切实把“基地”乡（镇）村和“产业户”建设好，要落实好烤烟、甜菜生产双八万亩的任务。要用近三年综合盈亏情况引导说服农民。要建立三年综合绩效评比奖励制度，以调动两个“产业户”继续生产的积极性和预期心理。三是高档优质稻米出口基地。要盯住日本、韩国及南方大城市市场，把我们独特的石板米资源优势做俏做大。除了抓好20万亩水稻绿色基地建设外，要本着“一切从实际出发”“发展是硬道理”的原则搞好与“响水米业公司”的合作，充分利用其营销优势和品牌效应。“响水米业公司”应在宁安完成缴税任务。同时，与韩国、日本合资的两家企业要做好信息网络、销售渠道工作，一旦时机成熟，则全力打入国外合作伙伴市场。四是建立专品专用粮食生产基地。宁安的农业离不开旱作农业，离不开粮食生产。粮食的用途主要有三类：一类是人们直接食用，二类是做工业生产的原料，三类是做动物的饲料。第一类需求量已经不大了，而且对品质、品种的要求越来越高。因此，我们应当针对第二、三类需求，搞好玉米、小麦和大豆的生产。无论是含高油还是高淀粉，都要以需定产，人家需要什么品种，我们就生产什么品种。粮食生产再搞“大路货”，混种、混收的简单循环已经没有出路，必须适应“优质优价、专品专收、特品特价”的市场挑战。五是建立乳牛、肉牛生产基地。抓住水土流失小流域治理的机遇，规划建设退耕还草、还牧经济小区。在规划修复的十几个小流域中，重点建设几个“山上退耕还林，山沟退耕还草放牧”的休耕式畜牧小区，打造绿色畜牧基地。五条产业链的建设和发展，必须坚持绿色食品生产标准和品质定位，突出效益观念，按生产环节进行质量和成本逆控，实现节本增效。通过“六等农民”大讨论和实施“151工程”，使农业结构优势、结构效益进一步释放出来。初步测算，1998年宁安市平均的生产水平是，经济作物平均亩收入1 500元，粮食作物亩收入495元，经济作物同粮食作物相比，1亩等于3亩，133万亩耕地，经济作物比重每提高一个百分点，可以增加农民收入1 330万元。由此可见，仅调整粮经比一项就可以获得明显的效益。要挖掘山多、水多的潜力，促进蜂、蚕、山野菜、冷水鱼等多元农业发展，要发挥旅游资源多的优势，发展旅游农业、观光农业等。

二、加强以水利工程为重点的农业基础建设

水利是农业的命脉，是调整农业结构的先导工程。经过多年的努力，宁安市水利工程（一般灌溉和小白龙点灌）控制面积达到60万亩，约占总耕地的45%，其分布构成是以三个灌溉区为主线的水稻生产区域和以万眼大小井为中心的围水经济小区，以及依托上述水源工程和牡丹江流域形成的点灌作物区。宁安市农业的精华基本都在这里。要高质量完成桦树川水库消险工程，要加快推进渤海大坝维修加固工程。渤海大坝相当于宁安的“三峡工程”，一旦出问题，渤海灌区自流灌溉和控水灌溉及几个电厂的发电都将受到致命的打击。同时实施灌区的防渗和配套工程建设。民办水利还应进一步活跃起来，打“股份井，卖商品水，浇效益田”的经验应在各乡镇大力推广，水利“五小工程”“卖租包”改革应继续推广。把“围水小区”模拟为项目实体。本着“农民的土地折股，市里以争取来的打井资金入股，科技人员定效益分成”的原则，策划好“围水小区”投资管理体制，从根本上扭转资金被乡村挪用和井具管护不力的现象。今后一律不打无主井。继续抓好水田灌溉制度改革试点。“浅—晒—浅”灌溉模式不仅节水，降低成本，而且可提高有效积温。要组织力量搞好水利工程项目编制论证和储备，争取进入国家和省的“项目库”。按国家和省规定今后不进入“项目库”，就不可能争得水利资金的支持。生态环境建设要加大力度，持之以恒，实行小流域综合治理，治理目标方案要纳入市人大监督检查内容。继续推进杏山梁家、马河西沟、卧龙罗成沟等流域治理。去年秋天挖的鱼鳞坑，今年春天一定要选好树种栽满栽活。实行建管结合，不造无主林，不治无主沟。谁治理，谁开发，谁受益，谁管护。建立耕地档案管理制度，全面推行“三三轮作制”（一年深松整地，一年耙茬整地，一年平翻整地），建设土壤水库。农业基础设施投入，除了一部分是钢筋、水泥、设备等，大量的则是劳动力的投入。一些国家发展历史表明，他们的基础设施建设都是在农业劳动力

廉价且需要转移的时候完成的。农业发展进入新阶段后，势必出现大量剩余廉价劳动力，我们应当抓住这个机遇，在用足用好“两工”的同时，要研究制定促进农民增收，推动基础建设良性循环机制。可以考虑设计这样的循环链：农民拉土方、砂石，修路筑坝可以换回红砖、水泥等，用以建造砖房或温室大棚，促进农村住房砖瓦化或温室大棚建设。这种需求可以刺激砖厂、水泥厂的生产，市里的税收也可以增加一块。市里把争取来的资金不直接投到项目上而是帮农民买廉价、批发价的砖、水泥等建材，这种循环可以带来综合效益。要明确基础设施建设目标，加大力度向上争取项目资金，比如渤海大坝维修加固工程、渤海灌区二支干工程、牡丹江护岸工程、兰岗喷灌小区、红城滴灌二期工程、小流域治理等水利资金，南石岗客土造田、蜂蜜脱水等农业开发资金，持续高效农业科技示范区资金，省财政厅科技成果应用示范县（市）资金，省农牧渔业厅水稻绿色食品生产基地资金及省农科教结合项目资金。

三、大力推进农村社会化服务体系建设

农村土地承包制度的确立，决定了农民由土地的生产者转向其所承包土地的经营者。因此，农业工作重心也必将由为生产服务转向为经营服务。农产品增值的潜力，虽然在生产环节通过提高单产水平可以挖掘出一部分，但相比之下，流通中的利润比这个更诱人。据测算，农产品流通中的利润大约在30%。许多好的农产品不仅是种出来的，更是销出来的。不仅如此，事实上，如果不能解决农民进入市场的有效形式和途径，农民即使增产也未必增收。这样的例子多不胜举。有人说，中国的农民要过两个关，一个是市场关，一个是民主法治关。现在看，过市场关显得更为急切一些。农民往往不会跟着市场走，而只会随大流儿跟着人家走，或者跟着上年的市场走，慢半拍。用“什么来钱种什么”指导农民已经不够了，农民需要知道的是“什么来钱，怎么种”。农民对市场信息、科技知识的需求比以往任何时候都强烈。应该围绕产前、产中、产后服务，

尽快拿出一些重点措施，要实施农村经纪人带动工程，不能歧视或小看发挥市场中介作用的“倒蛋大王”“倒猪大王”等，他们不仅促进了农副产品流通，也给农民传递了不少信息。凡是有一批经纪人的村，都能稳定发展致富。凡是没有经纪人的村生产则大起大落。舆论导向和政府奖励要由过去侧重于“高产大王”转向“效益大王”“经纪人大王”等。要创造条件，扶持一批像兰岗西瓜协会那样的农民专业协会发展壮大；它是农民进入市场的有效载体。将来的发展趋势是，农民的经济活动跟着农村各种经济组织走，经济组织跟着市场走，村党支部、村委会重点承担计划生育、退耕还林等带有政府职能性质的那部分工作，这样也可以解脱一下村级组织在方方面面的矛盾地位。农副产品信息服务的方式要有所突破。可在市农办组建“市农副产品信息服务协会”。对内叫“中心”，对外以民间组织形式出现，叫“协会”。作为民间组织，专门从《农民日报》、有关报刊和信息网络上搜集各种农副产品市场信息，通过“大篷车”等形式，利用各村的赶集日或者有线电视举行信息发布活动，让各种信息直接与农民见面。逐步组织有兴趣、尝到甜头的农民加入“协会”。目前的信息传递方式效果并不好，往往是市里把信息传到了乡镇，乡镇再传达给村干部，信息越来越少、越来越晚，等传到农户时就没什么东西了。科技示范区内的乡镇都要加入农业信息网。要用示范区建设专项资金予以适当补贴。要启动市农业技术推广中心等涉农事业部门改革，借鉴山东“科技服务110”的做法，走技术服务承包的路子。市政府每年要下达新品种培育引进、新技术推广等方面的任务指标，完成各项指标，市财政下拨基本工资；完不成任务扣发相应的工资。奖金、福利等通过直接为农民服务创收解决，内部分配打破事业单位现行的工资模式，资金跟着项目走。

实施集团化运作，着手策划组建“镜泊湖绿色食品基地集团”，把分散的优势组装起来，包装好，以增强市场开拓和竞争能力，努力实现跨越式发展。在整个市场营销运作中，要注重发挥和保护独具宁安市特色的商标品牌等无形资产作用；要解放思想，更新观念，学会使用市场经济的营销手段和游戏规则，力争把集团发展成一个上市集团公司。

四、抓好农科教结合，提高新一代农民素质

农民是发展质量效益型农业的主体，是农业结构调整的主体。没有农民综合素质的提高，吸纳先进适用的科技信息和适应市场竞争都不可能。经过多年摸索，宁安市在农科教结合方面形成了许多成功做法，应该把这些做法作为“双证制”改革后的基本教育内容确定下来。要提倡兴华乡办大教育的做法，各乡镇要在素质教育改革上有所突破。要逐步树立教育投入回报概念。用财政收入的绝大部分办教育，回报怎么样？过去往往用升学率，特别是考出多少大中专学生来衡量教育的质量。这种以考出去代替一切的教育发展理念是不够的。30% 的学生能考出本县（市）、乡（镇），这不能成为办教育的全部目标。作为县（市）、乡（镇），更应该把着眼点放在回到本县（市）、本乡（镇）的那部分学生身上，他们才是本乡（镇）、村的真正建设者。开展“科普之冬”活动是变冬闲为冬忙，变冬季劣势为优势的一个有效举措。应该把我们十几年“科普之冬”活动中积累的带有规律性的东西，用类似法律的形式固化下来，在今后机构改革定岗定编时作为有关部门的重要职能之一。要进一步借助省内外大专院校和科研院所的力量开展科技结良缘活动，这是促进农业科技进步的一条捷径。当前没有形成利益联结的、互相需要的内在机制仍然是这项工作不能深入持久开展的根本症结。应该在聘请专家、支付报酬方式上有一些探索。可以采取三种形式：一是请专家进行指导，开展培训活动，参照其在本单位上实验课每小时报酬额度付给咨询费。二是定效益分成的办法。专家与农户合作，并商定预计实现的效益目标，超出部分归专家，遇到自然灾害等情况效益减少部分由保险公司赔偿农户。保险费以农户交付为主，市科技三项经费适当补贴。三是买断专家的专利、成果。要密切与东北农业大学、省农业科学院的

合作关系，围绕持续高效农业科技示范区项目建设，重点引进和培育、推广一些新品种，从源头上解决品种不适合市场需求、品质不过关问题。要抓好几支科技队伍建设，扭转专业结构不合理，偏长于“四大作物”，而缺少“名特优”蔬菜瓜果等方面技术人才的局面。科技培训要注重实效，农民要发展什么，需要培训哪些内容，就培训什么内容。科技培训的方式要切合农民的实际接受能力，力求使先进复杂的农业科学技术知识简单化，通俗易懂。农民需要的是“傻瓜技术”。今年要重点抓好水稻、瓜果、绿色食品生产的培训和甜菜的增产指导及烤烟模式化生产技术的强化。11 个村 110 个监测户的水稻绿色食品生产要确保通过省绿色食品办公室的检测和验收。要继续保持国家和省的农科教结合试点县（市）的地位，做好项目储备及资金争取工作。

发展质量效益型农业是一项系统工程。农业工作的方式和手段必须发生相应转变。要建立一套以效益目标为主体的农业工作评价考核体系，主要应当考核农业增加值、科技贡献率，单位面积产量和效益及农作物复种、套种指数，水利工程有效控制面积，保护地栽培面积等，还应考核参与各种协会、中介组织的农户比例；反映农村经济货币化程度和农民有效购买力的农民人均纯收入，能够反映农民富裕程度的高于或低于人均纯收入的比例，等等。涉农有关部门和乡镇要进行大胆改革，鼓励和分流一部分人员办实体、办基地，变管理农民为服务农民，利益均沾，风险共担，你中有我，我中有你，与农民一起致富。考虑到我们北方农业工作季节性忙闲差别比较大的实际，可探索实行乡镇机关部分人员阶段性就业，即农忙时期上岗，农闲时从事办实体、办基地等第二职业。要下决心改革那些应付上级“拉练”、检查评比等形式主义、做表面文章的做法，减少对乡镇干部不必要的干扰。

不负众望，不辱使命

（2001 年 3 月 14 日）

各位代表，同志们：

非常荣幸当选为宁安市人民政府市长，这是各位代表和全市人民对我的信任、支持和重托。在此，我向全体代表表示衷心的感谢！

市长，既是一个光荣的职务，更是一份神圣的职责。让我担当这个重任，我唯一的选择就是勤奋敬业，恪尽职守，竭尽全力，贡献出自己的心血、智慧和力量，甚至付出代价！用良好的工作成绩报答党的关怀、代表的信任、人民的重托。

我就任于新世纪开元之年，肩负着承前启后、继往开来的光荣而艰巨的使命，深感责任重大；既有压力，又充满信心。说有压力，是指由于多方面的原因，我们在解放思想更新观念、立市项目建设、提高社会保障能力等方面还存在不少问题，而且某些现实困难还比较突出，破解这些问题必须付出更大的努力、艰辛乃至代价。说充满信心，是因为我们有很大的发展潜力，具有明显的资源和生态优势，工作基础好，干部骨干队伍比较强。只要始终坚持发展是硬道理，坚定不移地加快经济发展，埋头苦干，持之以恒，就一定能够战胜困难，实现“兴工强农、建设名城”的战略目标。

在今后工作中，我要坚持做到以下几点：

一是坚持在市委领导下创造性地开展工作，抓好市委各项决议、决定的落实；自觉接受市人大及其常委会的监督，主动听取人大常委会的意见和建议，依法行政；认真完成市人民代表大会确定的各项任务；及时处理好人民代表的议案、批评和建议；认真接受市政协的民主监督、人民群众的社会监督和舆论监督。

二是履行“三个代表”职责，牢记为人民服务的宗旨。加强党性修养，廉洁自律，以身作则，取信于民。堂堂正正做人，勤勤恳恳干事，清清白白做官。努力做到思想上尊重群众，感情上贴近群众，行动上深入群众，工作上依靠群众。不做表面文章，不摆“花架子”。

三是发挥政府班子整体功能，调动各位班子成员积极性，依靠集体智慧科学决策。班子成员之间要多通气、多商量、多交心，要善于带领政府一班人，增强班子的战斗力，形成顾大局、讲团结、讲风格、互相支持的好风气。要加强对市直各委办局工作的部署、检查和督促，集中力量，形成合力。要增强工作的魄力和推进落实力度，看准了、决定了的事情，要锲而不舍，一抓到底，切切实实地抓出成效。

各位代表，宁安这片土地人杰地灵，英雄辈出，让我们引以为豪的马骏、张闻天、李荆璞等革命先烈给我们留下了宝贵的精神财富。几十年来，历届领导班子艰苦创业，为宁安的建设和发展作出了自己的贡献。作为新世纪第一任市长，必须把建设名城事业的接力棒传递得更快、更好，延续发扬宁安的优良传统和作风，珍视人民赋予自己的权利和义务，实实在在干一番事业，实现人生价值，不虚度年华。请全市人民放心，我一定把大家的支持和鼓励当作自己不竭的工作动力，不负众望，不辱使命，用实际行动回报 44 万宁安人民！

谢谢大家！

宁安的事，就是我的事

（2002 年 1 月 10 日）

当市长是真忙、真累！毫不夸张地说，每天等待向你汇报的人，总是一个接一个，有时连上个厕所的时间都没有。我曾开玩笑说，当市长肯定丢不了，你上哪儿去？干什么去？一刻不少有人惦记跟踪。当主官的那种使命感油然而生，仿佛宁安的事都是自己的事！当市长第一年下来，收获不小。2001 年，宁安市地区生产总值达到 29.8 亿元，增长 6.1%；固定资产投入达到 2.6 亿元，增长 9.4%；全口径财政收入达到 1.3 亿元，按可比口径增长 5.2%。

一、强化自身学习，努力提高决策水平

怎样引领一个城市的发展？很大程度上取决于市长的知识和视野。要做一名合格的市长，必须加强学习，提高素质。一是认真学习马列主义、毛泽东思想，特别是邓小平理论和江泽民总书记“三个代表”重要思想；研读重要篇目和章节，掌握邓小平理论的精髓及“三个代表”重要思想的深刻内涵，从中吸取丰富养分，开阔工作视野。二是系统学习市场经济理论知识，重点学习市场经济运行规律、资本运营、政府在市场经济中角色等方面的知识，增强驾驭政府整体工作的能力。三是加强对法律、法规的学习，重点学习宪法、刑法、经济法、行政处罚法、行政诉讼法等，进一步增强依法行政意识。加强 WTO 规则相关知识的学习，以适应经济全球化的国际竞争需要。还学习了一些历史、科技方面的知

识。注重理论知识与具体工作实践结合，做到学有所用。对重大问题，努力做到科学决策和民主决策，保证决策的高质量、高效率。一方面，经常深入基层调查研究，倾听广大干部群众的诉求和呼声，密切与人大、政协的联系，听取人大代表和政协委员的意见和建议，集思广益；另一方面，建立政府决策咨询机制，注意向经济和社会专家、学者请教，以正确发展理念指导决策。

二、积极推进改革，增强整体活力

政府是否有为，很重要的体现就是抓改革。改革是经济社会发展的永恒主题，只有不断改革创新，发展才能富有活力。在企业改革上，坚持一企一策，稳步推进，对北凤酒厂等 3 家企业实施股份制改造，将力生药店等 4 家流通型企业整体出售，推动钢铁有限公司等 3 家企业依法破产。推进行政事业单位改革，调整政府机构部门设置，合理划定工作职能，精简政府所属部门 5 个，人员精减 26%。推进事业单位人事制度改革，实行评聘分离，竞争上岗。结合机构改革，建立了宁安城区街道办事处，进一步明确街道管理职责，解决了多年街道管理职责不清问题。

三、用心用力，推动经济发展

一是认真总结招商引资的经验教训，进一步明确了企业在招商引资中的主体地位，以资源深度开发和启动存量为突破口，围绕支柱产业，在牵动力强的大项目上搞突破，培植财源。把向上争取政策资金支持作为重点，争取资金 5 474 万元，仅火山口地下森林公园旅游路建设就争取国家旅游债券 1 000 万元。全年实现 4 亿元的招商引资目标。二是面向市场，突出宁安特色，按照质量效益目标，依托产业化，引导和支持农民提高农产品市场竞争力，努力增加农民收入。通过增加烤烟、甜菜种植面积，在局部受灾情况下，仍为农民增加收入近 1 000 万元。三是大力发展旅游产业，提出了“旅游带三产、三产兴宁安”的工作思路。

在具体打法上，充分挖掘宁安旅游自然资源和历史文化潜力，聘请国内著名专家指导，完成了新一轮《宁安市旅游发展规划》，大手笔、高起点、大力度做旅游文章，推动旅游资源开发和利用。今年旅游业收入达到7 000万元，接待游客近100万人次。四是促进农副产品流通，注意加强营销渠道建设，对自发形成的专业批发市场进行完善，开辟了宁安范家果菜批发市场和红城牲畜市场，积极引导发展农村经纪人队伍，搞活农副产品流通。在政府财力十分紧张的情况下，拨出专项资金，利用政府网络平台，建设农业信息网，兰岗镇、宁安镇的西香瓜实现了在网上交易。

四、增强群众观念，努力为民办实事

把"为官一任、造福一方"作为自己的行为准则，从百姓关心的问题入手，努力为群众办好事、办实事。在2001年市人大三届五次会议上向全市人民承诺办好的实事如期完成。加快城市改造步伐，去年新开工建筑面积22.8万平方米，其中竣工面积达到18.3万平方米，使城区居民人均住宅面积达到11平方米以上。树立经营城市理念，通过土地置换、出让建设用地等投入300多万元启动了新区中路建设。积极向上争取社会保障资金，强化社会保险基金收缴，各项保险基金的收缴率都创历史最高水平，保证"两金"及时足额发放。继续实施最低生活保障制度，为1 265名居民发放最低生活保障金。

五、坚持勤政为民，加强廉政建设

始终把自己当作宁安人，一心扑在宁安，全身心投入到宁安的经济和社会发展中。投入大量时间几乎走访了全市所有企业和村屯，贴近百姓，了解他们的诉求。推行市政府领导每周工作日程报告制度，成立市政府督办室，强化督办、催办，提高工作效率，一大批久拖不决的问题得到有效解决。每月我都腾出3至5天时间，专门处理群众上访问题，带着感情认真听取群众的意见，遇到矛盾和问题不躲、不推、不拖，即使遇到个别缠访、无理取闹的，也不急不火，耐心沟通和解释。每月处理群众上访问题20件以上。注意发挥市长公开电话作用，责成专人催办、督办落实，件件有回音、有结果。在自身廉政建设上，严格要求自己，不该伸手时不伸手，不该拿的不拿，不该吃的不吃，不该去的地方不去。同时，认真履行市政府廉政建设第一责任人的职责，对政府系统党员干部的违法违纪问题敢抓敢管，从不袒护迁就。

埋头苦干，情浓宁安

我 38 岁当上宁安市市长，可以说把最好的年华献给了这个岗位。每天满腔热情，完全进入了大干一番的状态。干部群众接纳我、鼓励我，把我推上市长的位置，感觉良好。曾开玩笑说，有点儿像 xxx 省委副书记。自己不想镀金，满眼是活，浑身是劲。住在办公室，是老旧办公楼，还透风；松动的木地板吱吱作响。楼内没有卫生间。洗的衣物无法晾干，白天收起来，晚上再继续晾。冬天都得戴帽子睡觉。几周回一次哈尔滨，带回大包待洗衣服。市委书记逗我说，把宁安的好东西一包包往家拿。

每天都下乡，向乡镇干部学习，告诫自己要实实在在，不要装，越装越不像。我分管的农口干部，多为老乡镇干部，经验丰富，有影响力。有一次下乡到卧龙乡，时任党委书记接待我。赶上在朝鲜族村民家吃午饭，四个菜，一瓶酒。他以为我刚从省城大机关下来，不会那么放开。结果，由于我过于实在，弄得菜不够吃，酒也不够喝；后又找了两瓶酒，没有一样的。农民家里，有几瓶同样酒的少。就是这样实实在在和他们朝夕相处，后来都成了终身好朋友。

有一年，卧龙乡西岗子村与林场因为采松子发生纠纷，双方械斗，相互都有伤害。我第一时间赶到现场，与乡镇和市公安局的同志在现场工作了四天四夜，逐户做工作，以致后来老百姓家的狗都熟悉我们了，不再咬叫了。后来我经常要求干部到老百姓家做工作，要和老百姓熟悉到人家的狗都不咬叫的程度。

宁安农民种地水平高是出了名的。我抓农业再唱四季歌（春天干什么、夏天干什么、秋天干什么、冬天干什么），肯定没有多少意义，就下功夫抓农业协会、节水灌溉等。比如，东京城镇振兴村温室大棚发展得好，全力支持他们争取省农业开发项目资金；又成立全市的温室大棚协会，提高组织化程度，实现蔬菜生产规模发展。红城村的滴灌设施建设当年在全省也是一流的，发挥了示范作用，促进了农民增收。

宁安是老县城，过去发展基础好，中心大街通江路建成比较早，在全省也算最早几个有水泥大马路的县城之一。但城市建设仅围绕这条路发展已经不够了。我当上市长后，第一件事就是力求把城市框架拉开，修建与通江路并行的第二条大马路，也就是新区中路（宁古塔大道）。这条路设计修建了地下综合管廊，不会再刨开路面铺设管线。财政没有钱，就走置换的路子，把原市委市政府办公楼改造、江滨小区整体开发和打通新区中路（宁古塔大道）统筹考虑，包装成大盘子换建。同时，停止单位集资建房，叫停围着主要街路“扒皮开发”的做法。实行区域综合开发，把规划、建设、管理、经营城市统筹起来。应该说，这一招棋为后来推动城市快速发展迈出了第一步。修建新区中路（宁古塔大道），动迁600多户，这一条主干路是从居民区中拆出来的。采取货币补偿办法，但是没有老百姓上访。每天都有很多人到施工现场看热闹，盼望早日通车，形成了众心所向的氛围。至今想起来，仍然时常感动。

宁安是宁古塔古城，建好了会很有特色和影响力。为此，我聘请曾为深圳做过城市发展规划的老专家为宁安编制城市发展规划，虽然那几个老专家还用手工绘图，但留给宁安的真传和指点是非常有价值的。诸如“旅游带三产，三产兴宁安”，旅游景点建设坚持“开门大自然、关门现代化”等思想就是那时候形成的。

做镜泊湖文章，利用镜泊湖吸引眼球，也是我的主打和最爱。支持宁安的诸多企业注册冠名镜泊湖，更多利用这个无形资产，逐步进行资本运作。宁安市和镜泊湖景区管委会一直存在管理体制矛盾，都想整体管好这块资源。管理体制几经调整变化。总的看，当时的体制没有剥夺宁安更多既有利益，但把未来开发利用潜力让渡给了牡丹江。对此，宁安的干部群众意见很大。在牡丹江市委常委会讨论理顺管理体制会议上，我据理力争，毫不隐瞒自己的观点，全面陈述利弊关系和干部群众的呼声，弄得时任牡丹江市委书记很为难。他说，手心手背都是肉，不能以牺牲宁安的利益研究镜泊湖的发展。这件事也得到了曾经在宁安工作过的老领导的支持，他们认为我敢讲真话，有志气。后来在宁安干部群众中又演绎成鄂市长在牡丹江市委常委会上舌战群僚，诸如此类。当官真是验证了那句话，即屁股指挥脑袋。后来，我也进了牡丹江市委常委班子，讨论问题时多了几分大局观念。

宁安响水大米曾作为贡米举世闻名。如何把它做大，也是我动脑筋比较多的。整合品牌就比较难，因为这种原产地证明性商标不同于工业产品商标那么好管理，一一对应，商标和生产者关系单一。时至今日，也没有彻底解决好这个问题。农产品商标都存在这类问题。一个区域出产的产品质量标准差不多，但归属多个生产者，统一起来困难很多。一个时期，真假响水大米遍地都是，真假难辨；客观上降低了响水大米的价值。每每想起此事，还是存有很多遗憾。为了多生产响水大米，在省国土资源厅支持下，实行客土造田，就是把另一处的土（客土）运到石板上，打造与响水大米同样的生产环境。造石板田取得很大突破，但核算下来，生产响大水米的成本高了一些。

省交通厅特殊关照，支持宁安在全省率先实现乡镇公路硬质化。修路资金，厅里给补贴一部分，其他由县乡村解决。乡村的筹款筹劳后来出了问题，农民上访要求退回集资款。中央支持乡村公路建设政策出台后，当时的做法备受争议，但是我想，毕竟宁安的老百姓提前几年走上顺畅的致富路。

有些事情我们还得往前着想，算好综合账，否则对历史上的事情无法评价。回想起来，这类事儿我经历了不少，正像人们编的那套嗑儿，刚刚学会了，又说不对了。二轮土地承包，宁安也是试点县市。当时没有中央、省的文件，我们根据宁安乡村实际，确定了责任田、承包田“两田制”，这也是广大农村村民的主意；还有一些“动账”不动地的做法，等等。但后来中央文件规定不允许这样做。一翻“烧饼”，农民又开始上访，驾驶农用四轮车，打着横幅到市委讨说法。我作为分管农业的副书记，压力很大，感到很为难；但是，时任市委书记一句话让我很受触动，并战胜了自己。他半开玩笑地说，你怎么处理不了这样的上访呢？你也是正处级，言外之意，你有困难就找书记汇报，市委书记也就是你这个级别。跟随班长的几年，永生难忘，他有意锻炼我，给我压担子。同时，他又经常批评乡镇书记，不能把矛盾推给鄂书记。每到关键时刻，矛盾复杂时，他都会默默地支持帮助我，让人心生感动，倍增无穷干劲。

宁安市领导班子在书记、市长带领下，风气正，有干劲，团结，负责任，有真事儿，没有轰轰烈烈，但有天长地久。我庆幸从省直部门一头扎下来，来到这样一个好的集体。下去之前，很多人都提醒我，县里情况复杂，勾心斗角。实际上我没有感受这样的情形，更多的感慨是，班子好，比什么都好。当地条件不在好坏，能干事及干事的过程最重要，不顺心则闹心。班子内部闹矛盾，想调班子比打离婚还难。班长有带班子的无穷义务，却没有调班子的权利，班子出问题往往又是“一把手”的责任。时任市长配合书记，一心一意，服服帖帖。他常说，我们这种体制，党政班子分工侧重有所不同，但实质上是一个班子，不是两个班子。我记住了这句话，当市长后也牢牢按此把握。有一次市长办公会，研究一个比较重要的事情，我觉得这件事应该请示书记后再决定比较妥当，但在会上直接这样说，让大家感到市长办公会没有权威，我借故上厕所，中间出去给书记打电话请示，继续开会、决策、拍板时我有了底气，大家也对我的权威有了新的认可。

我这个人性格比较温和，不要权威，立足于成事想办法。主张市委、市政府办公楼换建时，班子成员认识不一致。有人认为，宁安当前的主要矛盾不是办公楼破旧问题。我就逐个沟通自己的想法，征得理解支持，大家看到我不图任何利益，只是想干一番事业，所以，对我的主张，各方往往都能接受。

国有企业改制，当时是最头痛的问题。上面没有更多的政策，下面基本上采取可汤吃面的办法。即企业资产多，就多为职工缴一些养老保险，企业资产少，就只能缴够几年的养老保险。资不抵债的企业职工安置没有着落，天天到市政府上访，要求不高，就是希望政府给饭吃，能养老，能治病。出售企业资产的资金全部转到养老保险基金账户还不够，财政打欠条安置了一些，对上又争取了一部分资金。对工业企业职工安置得差不多，但商业系统企业多数资不抵债，净资产少得可怜，而且商业系统职工身份复杂，安置中困难重重。好在分管的副市长经验丰富，想了很多办法，使上访群众控制在一定范围；但也有去牡丹江上访的。对带头煽动闹事的也依法依规处理了几个，这样总算度过了那个困难期。企业不改制已经维持不下去了，国有资产像冰棍一样一天天缩水。改制后，有的企业焕发了青春，有的企业资产几经倒手，没有多大起色。一卖了之肯定是不行的。省里当时提出企业改革抓大放小。宁安根据自身实际，采取了抓大扶小的政策，企业改制方案必须经职工大会表决通过。所以改制中基本没有什么猫腻，也没有人趁改制一夜暴富或穷困潦倒。宁安的国有企业规模很小，但数量多，国企职工多。国企职工转身份付出了不小的成本。对于这些企业职工，我保持了极大的耐心。几乎每天都有这类人员堵在我办公室门口上访。我先是一般性接待，见个面，然后告诉他们，因为事先不知道大家来上访，所以今天安排了其他工作，请大家先回去，我利用周日或周六接待大家。另外，对大家反映的情况，我也需要让有关部门研究提出解决意见之后，再接待大家才有实效。我这样说完，多数人都能离开市政府，按约定时间再来。在县域范围内，一般问题市长出面基本可以解决，实在解决不了的事，我也会如实告诉他们，这个事别找了，到我这儿基本到头儿了。我会反复给他们讲这样的道理，有对有错才是历史，历史就是历史，都对就不是历史了。有的人当初从教育部门调到供销系统，现在供销企业改制了，提出回教育系统，这样的诉求肯定办不到。教育部门当年不如供销系统好，而今教育部门吃香了。

提到教育，我是问心无愧的。大学毕业后留校工作多年，父母又都是从事教育的，我的教育情结很深。宁安教育基础好，高考成绩在牡丹江排在前列，但总体还属于那种“苦读”“备考”型的教育教学模式。硬件也需要改善，搞基建，买设备，以跟上先进教育的步伐。建设宁安一中体育馆，我下决心给予财政支持。宁安一中要打造塔牌学校，我支持他们建立名师制度。高考取得优异成绩时，我亲自到学校祝贺并颁发奖金。还下决心集中财力改造了其他几所学校，把“再穷不能穷教育”这句话落到实处。宁安职业教育起步早，有特色，以宁安兰岗西瓜协会为代表的农科教结合成绩显著，为本地农民致富培养了带头人。县级教育投入具有很强的外部性，教育办好了，考上大学的多，走出去的学生多，但基本不会再回本地。重视教育就算为国家做贡献了。过去往往过于重视这一块，面对不能升入大学的那一块重视不够。我提出更应该重视留在宁安继续发挥作用的这一大块，一定意义上，他们才是宁安的真正建设者。推进职业教育健康发展可以解决这个问题。

我当市长，坚持务实高效低调。我在抓落实上动了不少脑筋，强调抓落实是“1”，开会、讲话、发文件都是后面的“0”，没有落实，一切都是零。省政府办公厅曾转发过我的这个观点。讲落实容易，真落实必须从我做起。作为市长，必须对为你负责任的人负责。否则攻坚克难也就说说而已。我要求每个市长向全市报告每天的工作动态，每天干了什么，要让全市知道，不干事确实报不上账，没有压力就没有责任。批评各位副市长及委办局负责人毫不留情，告诉他们，工作抓不好，其他的再好也不算好；工作抓好了，其他的差一点我也不太在意。我经常讲，我是你们的好朋友，但市长要履行市长职责，恐怕就对不起啦。对部署的事，件件要反馈，亲自督办；并专门成立了亲自领导的督办室。我们的体制、外部监督机制就不太强硬，内部监督如果缺失的话，效率、效果无从谈起。县里工作既有决策也有落实，但更多的是抓落实。我常常动脑筋考虑，怎么能把一件件事促成；要求自己亲自部署，并亲自推进落实，亲力亲为。实际上，很多时候决策容易落实难。这里边有三种情况，一种是决策超前量比较大，有脱离现实的原因，定的时候就没有论证怎么操作的问题，是根据大气候需要倒逼出来的产物，这类不能落实的问题占比很高，而且有越来越高的趋势，连乡村都会讲若干战略工程，个个都是战略吹鼓手。其原因十分复杂，有一点是肯定的，报喜不报忧，莺歌燕舞；表功表政绩甘愿这么做。第二种情况，职责权利不对等，根本不属于其分内的工作，落实不落实与自己并不相关。上面有许多摊派的任务，往往超出基层政府职责范围，上面只讲顾全大局，强调讲政治，干也得干，不干也得干。从全局讲有道理，从局部讲又以牺牲基层利益顾全大局。希望政治上主动一些的干部，不惜一切代价去完成落实；理性多一些的干部，不跟着刮风，也不会顶风，掌握分寸尺度，保持过得去的水平。一般而言，抓落实还得和利益责任挂钩，否则缺少内生动力。当然，涉及全局的重大战略部署，需要方方面面形成合力，就又是一种情况了。也有的事，负责落实的责任人根本不具备这个职责权利。也就是说，他没有本事去落实，强加给他任务，又不赋予其权利和资金，勉为其难。第三种情况，干部执行力有问题。抓落实是个苦差事，把矛盾和问题掰开吃透，协调方方面面，求爷爷告奶奶，才能弄出头。没有把公家事当自己事那种精神，遇到困难就退缩，肯定一事无成。有短期行为的人不会下这个傻功夫。抓落实受益的是老百姓，做标志性的政绩，受益的往往是领导干部。抓某件事之前就设计好了，怎么总结出什么经验，怎么吸引领导的注意力？我有一个感悟，在新的政治体制改革，特别是强有力的监督机制未建立之前，主要领导不仅要出主意、用干部，还应抓落实，重点是抓住抓落实的人。讲实话，较真章儿，把一件件实事办成办好，政府才能有威信。老百姓越来越不愿意听你讲了什么，更多的希望看到你干了什么，干成了什么。

当市长还有一个考验，就是和驻宁安的中省直部门打交道。这里学问也不少。由于复杂的原因，经过几轮上收垂直管理，市里能起杠杆撬动作用的职能权力都被上收了，自己能定的事不多。大家说最好把信访办上收了。一大堆责任，却没有对应的权力，当主官要花费很大精力协调平衡这些部门的制约。我的做法是，尽量往好了处，多争取其上级主管部门的理解支持；但也不能把政府拆分得不成整体。多数中省直部门识大体、顾大局，积极支持配合地方政府的工作；但也有个别部门强调管理，有理有据，服务地方经济发展，轻描淡写或做表面文章。对此，我主要采取两个手段，一是利用好舆论工具，二是利用好法律武器。否则，在当时那种政治生态环境下，市长再敬业想干事也无能为力。当然，市长必须坚守住底线，那就是不干坏事，多做好事，少做错事。

一个市不能总是死水一潭，必须要有精气神，提振士气，一个时期总要有一些大的举动，让媒体和社会的注意力关注宁安，但不能大起大落，不能有负面传闻，整体必须平稳可控。在借助媒体表达意图、树立自己威信方面，我也下了一定的功夫。不是要表现自己，更多的是增强对政府的公信力。一定意义上对市长的信任，也就是对政府的信赖。有什么打算计划，尽量直接面对话筒说出去，多用同期声；可能没有播音员讲得好，但老百姓毕竟更想看到市长的真面目。原汁原味，老百姓愿意品味；能让人们听进去就是胜利。各种讲话，我基本上都讲自己的话、讲短话，超过 40 分钟的讲话基本没有。向人民代表大会作政府工作报告，我尽量用平常用语，少用标准用语。听起来很亲切，讨论起来都有话可说。我讲过，在基层过于讲标准话、讲官话，还不如让播音员去念这个稿子。播音员念的稿肯定比我念得好听。当选市长后，我脱稿讲了一席话，把我的信心讲透了，引起很大反响。电视反复播出，深得人心。有的局长和夫人感动得兴奋了好几天，以后见面常提及那一次的当选讲话。不仅我这样做，我也要求局长们这样做。想抓啥事？针对老百姓的不理解，甚至骂声，局长要面对话筒直接告诉大家。话语权掌握在我们手里，不珍惜，不懂得好好利用不行。北京奥运会申办成功那天，电视突然中断，老百姓纷纷打电话到我家。我指挥广电局尽快排除故障，同时也非常严厉地批评了广电局局长。批得颜面全无，老泪纵横。以后有重大事件转播时，宁安都保证了信号畅通。

宁安的自然生态条件在全国也是好的。植被覆盖率高，土壤条件好，但防火防汛任务很重，小北湖林场是防火的重中之重，每到防火期，我都必须下到关键部位检查防火工作，一丝不苟，决不含糊。桦树川水库是病险水库，是“文革”期间群众身背肩扛建成的；争取省水利厅专项资金进行了帷幕灌浆除险加固，维修加固后险情有所缓解，但仍未从根本上排除病险因素。沿牡丹江干流的村屯防汛也时有叫急的情况发生。近些年浅山区、半山区水土流失问题突出后，受泥石流危害的情况也比较严重。宁安沙兰镇严重灾害，致使 100 多名孩子失去生命。灾害发生后，我率穆棱救援队到达抢险现场，有不少老百姓还认出了我。当时，失去孩子的老百姓情绪极不稳定，就像干柴烈火，一点就着。但对我没说更多的怨气话，我也只好安慰他们。

宁安工作四年半，也留下了不少遗憾。满心煞下心来，在宁安干到底，但好景不长，我和时任市委书记同时被调离，我本人想不通，干部群众也不理解。我想不通的是，我本身就是交流干部，刚熟悉情况，进入角色，进入状态，现在又交流了。对不起“手把手”教我的师傅们，更多的是自己一整套打法刚刚开始就要止步了。那时候当书记的愿望并不十分强烈。还有，那个时候，我在宁安的人脉及威信达到了高峰。大家对我非常信任，寄予了厚望，自己整天处于亢奋状态，也感染了志同道合的一大批骨干，他们为我负责，我也真心为他们负责。当时确定的目标是，比拼赶超海林市，我所有的工作安排都把海林市当标杆，把吉林的敦化市作为参照系。宁安曾经是全省十强县，也是牡丹江地区的排行老大。不断落伍的原因，有宁老大转型错失机遇、抓发展不够得力等多方面原因，也有宁安人保守、老守田园、小富即安等问题。宁安的日子过得很殷实，大家都不愿意调离家乡，塞北江南，鱼米之乡的幸福感满满。宁安的农业受上面关注多，是方方面面的典型。因而，从工作投放精力上说，对农业的投入比对工业要多。诸如文明村建设等等，各乡村都下了很大力气。就群体财源项目来说，与海林、穆棱差距并不大。但他们都有烟厂作为支柱产业，一俊遮百丑。遗憾的是，当时没有像后来那样，紧紧抓住招商引资工作，推进项目建设突破不大，没有形成牵动全局的大项目支撑。

主政穆棱
开创新局面

主持一个县（市）的全面工作，既要贯彻落实上级部署要求，又要决策县（市）域范围内的重大事项。当书记定事，不能仅凭权力，更不能瞎指挥。须学习领悟上级的要求，掌握支撑决策的方方面面知识。一个县（市）域范围的问题，相当于中观经济学研究的对象，要靠发展经济学指导，需要科学的发展战略。谋划的发展思路必须坚持优势生存、特色发展，有所为有所不为的原则。主导产业的确立必须符合市场竞争规律，要么在稀缺性生产要素、细分市场份额、产业链条完备的相关产业等方面有竞争优势而打造自己独具特色的产业集群；要么走配套的路子，靠大靠强、做精做细零部件加工业，将本县（市）产业嵌入到大集团、大公司生产经营体系中，成为其中的一个生产环节或一个部分，甘愿做下游，倾心创建中间产品基地。

2002年9月至2006年12月，作为穆棱市委书记，我思考最多的是，如何在贯彻落实科学发展观中加快发展；就任伊始即研究穆棱比较优势，找突破口；确定“环境、项目、落实”六字方针，以此统揽各项工作。这样的定位是集体智慧的结晶。值得欣慰的是，路子对了，一直没有改变；以后几届班子仍在叫响“环境项目落实”发展理念……

这个时期，我还下功夫研究了新农村建设投入问题，并形成论文，一有机会就向上呼吁建立县域发展投入机制。这篇论文也成为我中央党校在职研究生学习的毕业论文。

当书记，因为是指挥中枢，各种信息汇总到你那儿是必然的，不以问题为导向都不行；各类矛盾到了你这儿，怕不得，躲不了，跑不掉……必须倒逼出破解的办法。还真是“车到山前必有路”，有困难，同时一定有解决困难的路子，这也是客观规律对有信念有信心的人的恩赐、奖赏。不学习、没悟性，恐怕很难具备“总揽全局，协调各方”的本事。这一时期的讲话、思考可以印证获得这样的本事，我是付出巨大努力的。穆棱市，让我倾注了更多的心血，融入了我更多看待事物、解决问题的思考，承载了我更多的希望。

做打基础、利长远的事，不搞短期行为，说起来容易，做起来不容易。每个书记各领风骚三五年。不作出成绩，政治前途打水漂。各种考核压力很大，横向竞争压力也不小，每年没有进步和变化那是过不去的。实际打法，长期、短期都得有，光干长远的事，远水解不了近渴也不行；只搞短期行为，必定遭到骂声。抓生态建设，治理水土流失，抓教育改革，提高办学质量……其中有苦有乐，值得品味。

统班子带队伍，建设良好政治生态，作为共产党的任何一级书记，则是丝毫不可懈怠的、重中之重的职责。组织好党内政治生活（民主生活会、中心组学习……），为了统一思想，把队伍带好，我花了不少时间精力。

关于加快穆棱经济发展的思考

（2002 年 12 月）

回顾总结十年来穆棱经济社会发展取得的成绩、经验，查找发展中存在的问题，用发展的经验激励自己，乘势而上；用落后的教训警示自己，迎难而上，进一步明确“十五”期间穆棱经济加快发展的思路措施。

一、十年来工作简要回顾

1992 年，邓小平同志发表南方谈话后，改革开放进入崭新发展阶段。过去十年，是穆棱市改革开放不断扩大、经济综合实力逐步提高的十年，是社会各项事业取得明显成效的十年。十年来，地区生产总值从 6.35 亿元提高到 24.17 亿元，年增 14.3%；一二三产业由 27 : 37 : 36 调整到 12 : 50 : 38；基本建设投资完成 2.8 亿元，年增 10.6%；全口径财政收入完成 14 584 万元，其中地方财政收入完成 5 846 万元，年增 5.6%；城镇居民人均可支配收入 4 345 元，年增 13.66%；农民人均纯收入从 913 元增长到 2 665 元，年增 11.3%；城乡居民人均储蓄存款余额由 975 元提高到 5 347 元，年增 18.5%。全省县域经济综合评价结果位居第十二位。回顾过去的十年，经济发展经验可圈可点。

（一）持之以恒抓财源。历届领导班子始终如一以增加市、乡两级财政收入为目标，大力培育财源项目。从发展“两黄两黑”到壮大“烟牛电”三大主导产业，“全市保烟厂，烟厂保全市”的口号深入人心。投入 2 800 万元，取得了 3.5 万大箱生产许可指标，使卷烟厂远离了生死线。从国家、省争取技改和亏损补贴 5 000 多万元，银行贷款和财政投入 6 000 多万元，对卷烟设备进行了大规模改造，产品质量大幅度提高。针对中、低档烟比重过大、产量与效益不匹配的实际，鼓励卷烟厂进行科技创新和产品结构调整，开发了摇钱树、一类宇宙等高档卷烟，大大提高了产品附加值，卷烟单箱税率提高 10%。宇宙牌香烟成为全省知名品牌和全国烟草行业优质烟。十年来，卷烟厂缴税额始终占全市全口径财政收入的 60% 左右，最高时达到 70%，是穆棱市经济当之无愧的“擎天大柱”。电产业运作卓有成效。三年来，风力发电项目共投入前期资金 450 多万元，完成了省计委立项审批、省物价局电价许可、省电力公司入网批复。整个项目总投资 10 亿元、装机容量 10 万千瓦，达产后可形成产值 1.94 亿元、利税 9 000 万元的规模。风电项目正在进行积极有效的运作，建成后将是继卷烟厂之后的第二大财源支柱企业。牛产业已有十余年的发展历史，2001 年以来，推进力度进一步加大，工作措施进一步完善，“金牛富民工程”取得突破性进展，为促进农村经济结构调整、农民增收探索出一条成功路子。

（二）大力推进国退民进。1992 年以来，适逢党的十四大确立市场经济体制目标，十四届三中全会提出多种经济成分与公有制长期并存、共同发展。国有企业的退出步伐加快，个体私营经济飞速发展。采取股、卖、破、并、租等手段，33 家国有工业企业全部完成改制任务，光义煤矿、热电厂等改制难点近期有突破。国有经济的退出，为发展民营经济提供了广阔的空间。个体私营经济工商税收由 1994 年的 644 万元增长到 2002 年的 1 601 万元，占全口径财政收入的 11%，年均增长 12%。2001 年，9 个乡镇工商税收为 905 万元，占乡级财政收入的 51%，首次超过农业“四税”的规模。

（三）重建生态走可持续发展之路。20 世纪 70 年代末，由于无序开垦严重，生态被毁，水旱灾频繁，全市水土流失面积达到 230 万亩，被列为全省水土流失治理重点县之一。1994 年，在全省率先推出拍卖

“五荒”使用权举措，极大地调动了群众治山治水的积极性，水土流失治理以每年 15 万亩的速度推进。1998 年，实施“五林”工程，采取“五子”措施，取得了明显成效。2000 年，穆棱市被列入国家退耕还林试点县（市），坚持退耕一次到位、逐年分步还林、长期实施管护的原则，2000 年一次退耕 18.4 万亩，三年累计造林 20.6 万亩，通过了国家林业局的核查验收。目前，全市累计完成水土流失治理 123 万亩，占总流失面积的 53.4%。进行了母亲河保护工程、保卫城鸡铁路大动脉等生态建设。

（四）构筑比较完备的城镇保障体系。基本养老保险、基本医疗保险、失业保险、工伤保险、生育保险五种社会保险逐渐完善，职工基本养老金实现按时足额社会化发放。2002 年，全市发放五项保险金 2 299 万元。全面实行城镇居民最低生活保障。

二、关于下一步穆棱加快发展的构想

党的十六大报告明确指出，21 世纪头二十年是我们必须紧紧抓住并且可以大有作为的重要战略机遇期。按照全面建设小康社会的基本标准，人均国内生产总值要达到 3 000 美元。目前，我国人均国内生产总值 1 000 美元。国际经验告诉我们，人均 1 000 美元是一个国家经济发展非常重要的关口。在这个关口上，有的国家跃起腾飞，有的国家则长期徘徊。从 1 000 美元到 4 000 美元，美国用了整一百年，日本用了七十年。

到 2005 年的主要预期目标是：

——地区生产总值达到 41.3 亿元，年增 9.2%；人均地区生产总值 14 460 元，年增 9%。其中，第一产业增加值 4.13 亿元，年增 5.7%；第二产业增加值 21.07 亿元，年增 11%；第三产业增加值 16.1 亿元，年增 10.2%。三次产业比调整到 10∶51∶39。

——城镇居民人均可支配收入达到 5 768 元，年增 6.5%；农民人均纯收入达到 3 910 元，年增 6%。

——全口径财政收入达到 3 亿元，年增 11.1%；地方财政收入达到 6 767 万元，年增 5%。

（一）深化市情认识，立足穆棱优势，选准加快发展的突破口。过去十年，穆棱经济建设和社会事业发展取得明显成效，但也存在许多不容回避的问题和矛盾，我们应比认识成绩更清楚地认识不足。一是经济增长后劲不足。抓后续项目效果不明显，新经济增长点发育缓慢。由于卷烟厂“一俊遮百丑”，存在着依赖和懈怠情绪。大项目抓不来、小项目又不愿意抓。抓项目的侧重点不准。2002 年，投向生产领域的项目仅占 33%，对经济、劳动力转移的牵动力不强。二是“三农”问题难点突出。城乡差距呈扩大趋势。以城镇居民人均可支配收入与农民人均纯收入的倍数计算，1992 年为 1.3 倍，2002 年扩大到 1.6 倍，差额为 1 680 元。农村有贫困人口 4 579 人，占农村人口的 2.5%。农产品深加工能力弱。大部分农产品“原字号”出售，没有形成市场—食品工业—农产品生产的产业链。三是工业企业难突重围。目前，原市属工业企业正常运转的只有 16 家，缴税额由最高时的 1 600 万元下降到 2002 年的 570 万元。从规模看，生产能力普遍较小。从产品看，技术含量低，品种单一，缺少知名品牌。从设备看，多为 20 世纪六七十年代的老设备，近几年赢利大部分用作分红，设备更新、技术改造投入少。从体制看，因股权平均导致的新一轮大锅饭消减了第一轮改制的动力。从成长性看，水泥、化工属国家关停的“五小”企业，工业污染等问题影响着企业的成长性。四是城镇化水平偏低。从户籍统计上看，1992 年农村人口为 18.5 万人，2000 年为 17.8 万人，十年来减少了 6 847 人。但是，穆棱、八面通两个森工局和煤矿、林场等人口虽然在户籍上算城镇人口，但很多人仍然从事农业，并没有真正实现区域和产业转移。1995 年，穆棱市集中办理了一批农转非，又造成户口在城镇、人在农村的“空挂户”，达 15 627 户、41 447 人。在改革城乡分割制度方面仍然没有迈开实质性步伐。农民进城务工，却融不进城市社会，在就业、公共服务、子女教育等方面受到政策性歧视。五是政府职能存在不到位、错位问题。政府履行指导、服务、监督的职能不到位，没有致力于为经济发展建造“孵化器”，仍存在用行政命令包办经济工作问题，表现为有的过之、有的不足。所谓过之，比如要求镇、村大上乡镇企业，导致盲目上项目，投入大、效益低，甚至有的乡镇企业从建厂到倒闭根本就没有效益。目前，在村级债务中，由于办企业集体负债 1 792 万元，占 18.8%；1997 年至 1999 年，举债搞文明村镇建设，欠款 2 423 万元，占 25.8%。所谓不足，就是遇难而止，虎头蛇尾，没有一抓到底。比如以豆美丝为龙头的大豆产业化建设，工作上缺乏长远打算、远景规划。再比如，财政投资建设的东山宾馆没有很好利用起来。六是财政供养人口增长过快。十年间，财政供养人口由 8 111 人增加到 11 820 人，占总人口的 3.79%。财政供养能力有限，导致出现乱收费、乱罚款、乱摊派现象。一些权力部门为供养超编人员，巧立名目创收，把职责内的业务变成收费项目，形成部门利益化、利益合法化的逆市场经济运行规律行为。

要加快发展，关键是选准比较优势，选准发展的目标和方向，人无我有，人有我精，与众不同才能脱颖而出。穆棱的比较优势，主要集中在七个方面。一是人文优势。人气很盛，没有太多传统的、封闭的、保守的东西。二是区位优势。紧临绥芬河、东宁口岸，301 国道贯穿全境，可以发展对俄贸易。三是养殖业优势。山多地少，适宜发展以肉牛为主的养殖业。四是加快城镇化优势。乡镇相对很规整，但村屯零散，近两年山东移民陆续回老家，退耕还林后有些村已无耕地，这都是将来并村的基础。五是风力资源优势。风速、风量达到标准、要求。作为清洁能源的风力利用潜力很大。六是发展绿色食品优势。生态环境优良，农业生产标准化程度高，境内没有污染源。七是冬闲时间长。可以变冬闲为冬忙，对农民加强培训教育，提高文化素质。

这些优势中，最根本的、潜力最大的是区位优势。依托 301 国道和绥芬河、东宁口岸，可以建设对俄进出口商品集散地和生产加工基地，必须紧紧抓住千载难逢的机会，在对俄加工贸易中抢占一席之地。

（二）围绕农民增收，缩小城乡差别，实现小康目标。建设全面小康社会，重点在农村，关键在农业，核心问题是增加农民收入。近年来，过去对农民收入有明显拉动作用的因素，越来越弱化，如肥料、农药的作用，农产品的价格，承包经营对农民积极性的调动等。需要寻找新的拉动因素及突破口。

——以绿色食品生产为核心，培育农民增收新渠道。一是抓住肉牛产业不松劲。肉牛存栏达到 11.4 万头，并且取得了无公害肉牛生产基地的标志。努力培育专业户和专业村，实现规模化和规范化养殖。提高饲养水平，降低生产成本，大力推广饲料的种植，建立完善的饲料供应体系。2005 年，实现肉牛存栏 17.4 万头，出栏 5 万头，改良率 100%，实现以肉牛产业为主的畜牧业“半壁江山”；对牛的皮革、内脏、骨等深加工进行研究和论证，建设肉牛加工企业，提高肉牛产业附加值。二是扶强永昌食品公司。永昌食品公司作为农业龙头企业之一，现生产 20 多个品种的“瑞多依”牌系列食品，拥有玉米碴、玉米粉两个绿标和大豆的无公害食品标识，年加工能力 1 万多吨。永昌的发展模式，代表了农业产业化的发展方向。这种发展模式对于提高主要农产品质量，解决农民销售难，带动订单农业发展，都具有积极的意义。要全面支持其发展壮大，到 2005 年实现产值 6 000 万元、利税 300 万元。三是继续做好大豆文章。借助“大豆振兴计划”的契机，做好高脂肪、高蛋白大豆优质品种的推广。着力建设福录乡、下城子镇、马桥河镇、兴源镇四个优质大豆生产基地。抓好下城子大豆批发市场建设，到 2005 年建成年交易量 20 万吨的全省东部大豆集散中心。四是抓好绿色蔬菜生产基地建设。着重发展反季菜种植，建设马桥河镇、磨刀石镇、八面通镇绿色蔬菜生产基地。同时，改善包装、保鲜能力，提高耐储、耐运性，辟建对俄果菜出口基地。

——以劳动力转移为重点，努力增加劳务收入。我市农村人口比例为59%，大约有3万劳动力需要转移。一是加强引导。引导农民更新思想观念。探索农村高中毕业生直接转变为城镇居民。进一步完善土地流转经营机制，引导农民向非农产业转移、向乡镇企业转移、向大城市转移、向发达地区转移。每年转移农村剩余劳动力5 000人，其中出国劳务人员1 300人。二是加强组织。加大培训力度，增强劳务输出人员的就业能力。发挥各类劳务中介组织的作用，提高劳动力转移组织化程度。三是加强服务。搞好信息、法律、信贷等服务。维护外出务工人员的合法权益，要认真执行土地承包法，让农民在外有出路，回来有退路。

——加强农业基础设施建设，为农民增收提供物质保证。加强生态环境建设。大力开展退耕还林、封山育林、植树造林，探索林地所有权制度改革，严厉打击毁林开荒和复耕现象。到2005年，水土流失治理面积达到150万亩，占应治理面积的65%。加强水利基础设施建设。增加控制水土流失的工程建设投入，力争实现旱能浇得上、涝能排得出。鼓励水利工程投资主体多元化。

（三）项目兴工，抓大扶小，走新型工业化发展道路。紧紧抓住国家实施“老工业基地战略”有利契机，用足用活各项政策，立足市域比较优势，走科技含量高、经济效益好、资源消耗低、环境污染少、人力资源优势得到充分发挥的新型工业化发展道路。

——壮大支柱产业，做强主体财源。一是继续扶强烟产业。全力帮助企业做好与哈尔滨卷烟厂的托管工作，确保企业托管后生产经营、技术改造、销售等不滑坡，不断提升企业素质和发展后劲，年实现税金1.7亿元。二是做强“三电拉动工程”。风力发电项目已同华能集团正式签约，一期工程投资4.3亿元，装机容量5万千瓦；二期工程投资9.46亿元，装机容量11万千瓦。总投资6亿元、库容3.15亿立方米、装机容量0.72万千瓦的奋斗水库项目争取国家立项，力争2005年开工建设。热电厂出售后，要加快推进扩建工程，到2005年，完成投资8 600万元，新增装机容量 1.2 万千瓦。到“十五”期末，“三电拉动工程”全部投产后，可实现税金 8 168 万元，成为支撑穆棱经济发展的第二财源。

——加快群体项目建设，培养后续财源。抓好三个梯队项目建设。一是抓好市级领导包扶的 16 个重点项目建设。各位市领导要切实把包扶工作抓在手上，年末敲钟问响，达产达效。目标任务要具体。投资 1 000 万元的曲木家具项目要在 10 月末投产，年生产能力 3 000 立方米，创税 20 万元；投资 1 500 万元的铅笔板加工项目要建成投产，年生产能力 1 万平方米，创税 120 万元；六合公司要实现销售 1 000 万元，创税 100 万元；奋斗水库要完成国家立项；下城子大豆批发市场要建成使用，年交易量 10 万吨，创税 600 万元；投资 700 万元的琉璃瓦扩建项目要投产，年产量 800 万片，创税 40 万元；钙塑装饰板项目要完成扩产，年产量 100 万平方米，创税 25 万元；化工厂通过协调降低电价、化解企业债务、技术改造等措施，重新运营启动，创税 100 万元；热电厂水膜除尘系统和热渣冷处理项目年内要完工，二期扩建工程完成省级立项；永昌公司引资 1 200 万元建设的玉米系列制品深加工项目要投产，年产量 1 万吨，创税 234 万元；风电一期工程要实现部分机组发电；光义煤矿的省投 1 255 万元井口改造工程要完工，年产量达到 21 万吨，创税 75 万元；高级面巾纸项目要竣工投产，年产量 1 000 吨，创税 50 万元。二是结合老工业基地改造，抓好具有较好工作基础、“十五”期间可建成投产的 20 个大项目建设。实行处级后备和科级干部重点包扶机制，加大项目建设推进力度。到 2004 年，粉煤灰烧结空心砖、珍珠岩制品加工、灰兰洞石板材、纤维板改造、室内系列装饰材料、轿车万向节生产线、EVA 膜袋、聚乙烯隔离膜、5 万头肉牛加工等项目投产，完成投资 39 283 万元、创税 6 280 万元；热电厂二期扩建、岩棉系列制品加工、新型预分解窑干法水泥生产线、大口径电站阀门技改、膨化大豆粉加工、绿色食品深加工、穿山龙北药精粉加工、西洋参种植及深加工等项目开工建设，完成投资 1.29 亿元，到 2005 年全部建成投产。三是抓好群体项目建设。以数量求总量，百元不嫌少，千万不嫌多，只要投资穆棱，不论市域内外，不论投资大小，不论实力强弱，不论行业类别，一视同仁，全力扶持，努力形成同谋项目事、共唱招商歌的良好氛围。

——优化结构强化管理，提高企业市场竞争力。一是调优产品结构，实施名牌战略。搞好名牌产品的定位、包装、推广和保护，通过政府招商网站、哈洽会、招商会等多种方式，扩大企业产品知名度。重点培育宇宙牌香烟、EVA 膜袋、硅钙钡、酒仙白酒等一批名牌产品，其中，宇宙牌香烟争创国家名牌。到 2005 年，烟草、电力、木材加工、煤炭、建材企业要有 5 个以上省级名牌产品。二是调优股权结构，增强企业活力。推行企业股份制改造。通过大户收购、职工转让、内部股份奖励、集体股份出让等方式，鼓励和引导企业经营者与科技骨干持大股，实现股权相对集中，消除人人持股、股份平均现象。三是完善管理机制，推进管理创新。按照现代企业管理制度要求，重点在管理理念、管理体制和管理手段上开拓创新，强化战略管理、决策管理、成本管理和人事管理，指导企业转变经营观念，不断提高企业的管理水平和整体素质。

——找帅当兵，靠大联强，借助外力寻求发展。电站阀门、六合通过挂靠联营、资产重组，较好地解决了企业发展过程中融资难、技术弱等问题，实现了资本结构的优化、经营机制的转换和整体实力的提升。要借鉴这些成功经验，坚持不怕吃亏、靓女先嫁，靠大联强、同业重组等原则，扫除障碍，争取外嫁一批、重组一批、搞活一批。瞄准大企业、大财团，寻找合作伙伴，从根本上解决经济效益不佳、发展动力不足、竞争能力不强的问题。

（四）以提高城市服务水平为目标，加快发展第三产业。第三产业是拉动经济、社会就业的重要途径。国民经济的增长，在贫困阶段，主要靠农业推动；在温饱阶段，主要靠农业和工业推动；在全面建设小康阶段，主要靠三产推动。20 世纪 90 年代以来，全国第一产业增加值平均每增长 1%，减少 126 万个劳动力；第二产业每增长 1%，能创造 26 万个就业岗位；第三产业每增长 1%，能创造 100 万个就业岗位。目前，我国第三产业平均每增加一个从业人员，需要配置 2 万元资金（固定资产和流动资金），而工业需要配置 7 万元资金。第三产业无疑是国民经济中投入少、吸纳劳动力就业多的产业。

从省对县（市）21 项考核指标来看，三产份额，尤其邮电业务总量十分重要。第三产业的发展将在小康社会建设中起到愈加重要的作用。第三产业的快速发展很大程度上取决于城市化进程。就穆棱现状而言，单纯谈增加三产对 GDP、财政收入的贡献率，显然很乏力。必须突出解决好如何扩大人流、物流这个根本性问题。突出围绕“流通规模化、服务特色化”总体思路，逐步优化产业结构，扩大消费需求，着力提升第三产业整体素质和服务水平。到 2005 年，全市三产增加值实现 15 亿元，占地区生产总值比重达到 37%，年增 8.7%，其中，交通运输、仓储、邮电通信业占三产比重达到 21.3%，年增 8.6%；批发和零售餐饮占 20.8%，年增 8.9%；社会服务业占 3.5%，年增 10.2%。

——建设流通型产业区。重点开发建设下城子边境工贸区。发展以工贸型经济为主，以餐饮、服务、娱乐业为辅，到 2005 年使其成为投入多元、服务配套、功能完善、设施齐全、政策宽松的封闭式管理、开放式经营的现代化特色小区。推进下城子大豆批发市场建设。促成牡丹江铁路分局完成大豆专运线建设，力争 2005 年实现下城子大豆批发市场成为辐射穆棱市及周边和虎林、密山的大豆流通集散地。年大豆流通量 50 万吨，税金达到 3 200 万元。加快配货运输中心建设，重点是大豆、蔬菜、五金等中短途货运业务。服装批发市场建设方面，要瞄准俄罗斯服装市场，完成项目招商规划、评估论证，力争新上服装加工企业。磨刀石产业区，要以果菜批发、农副产品流通、经纪人服务为重点，开拓牡丹江市场。

——优化三产发展结构。一是巩固基础行业。交通运输业要以 301 国道、206 省道为中心，优化运网布局，改善运输结构，促进市域交通基础设施与周边市（县）连接成网，不断加大综合运力和运量，形成铁路、公路共同发展的快捷、畅通的综合运输体系。建设八面通到林口二级白色路面，实施穆棱镇至奋斗水库和巨丰至十文字道路改造工程。到2005年，公路客货运周转量达到8 800万吨公里，铁路客货运周转量达到82 800万吨公里。邮政、通信业要打造数字穆棱，拓展网络化建设载体。发展重点从电话、电报、邮政传统业务向DNN、宽带等数字业务转移。到2005年，固定电话用户达到6.5万户，宽带用户达到2 200户，光纤用户200户，完成税金130万元。进一步加强政府信息网建设，充实、完善政务信息系统、社会服务信息系统、电子商务操作平台建设。2005年，手机用户数达到7.3万人，经营收入达到4 800万元，税金达到200万元。批发零售、餐饮业重点围绕连锁配送，发展专卖店、货仓式商场、百货超市，发展特色餐饮。2005年，引资新建一两座集休闲、娱乐、饮食、文化等功能于一体的大型服务中心，新建三四座大型食品超市。二是加快新兴行业发展。房地产业要适度开发经济适用房，简化个人购房抵押贷款手续，提高住房交易变现自由度。完善物业管理向社会化、专业化、企业型、经营型转轨。社会服务业要发展中介组织，成立行业协会，重点加强投资论证、资产评估、市场调研、决策咨询等服务。金融保险业要拓宽业务范围，发展代办、代收、代付等代理业务。

——大力发展特色旅游业，规划建设一批重点项目。完成“一轴三线五景区”整体规划设计。“一轴”即以八面通中心旅游区为轴，把东山宾馆改造成旅游服务中心。“三线”即规划三条旅游路线，一是把六峰湖、十文字景区纳入牡丹江大旅游路线圈内；二是打造苇子沟生态农业区—红星朝鲜风情园—红豆杉森林公园—六峰湖—清河水库—十文字原始森林生态三日游；三是组织凉台山革命遗址—李范五陵园—四方台古城遗址一日游。“五景区”即重新规划六峰湖山水生态观光度假区、十文字“幽谷碧溪”旅游区、八面通休闲旅游区、苇子沟瓜果生态园区、清河休闲度假区五个旅游项目。六峰湖要完成两个建设重点。山上重点完善山鸟类保护区、东北农家风情园、花卉园、湿地植物园、健身滑雪场、弓弩狩猎场建设；水上重点建设游船码头、垂钓、野营帐篷区、水上娱乐城建设。谋划建设红豆杉森林公园。到2005年，年游客达到18万人次，旅游业创收1 800万元。

三、学习浙闽经验，营造鼓励发展的环境，为经济发展提供保障

浙闽经验的核心是解放思想，本质是发展为大，关键是优化环境。我们与浙闽在发展民营经济上的差距，很大程度上是发展环境的差距。可以说，抓环境就是抓发展，改善环境就是保护和发展生产力。要努力使穆棱市成为发展机遇多、投资成本低、社会信誉好的经济发展环境优良市。

（一）强化基础设施建设，为经济发展创造硬件优势。一是完善规划。北方园林城市规划要突出产业布局、生态环境建设。八面通镇要完善详控规划。制定下城子镇、马桥河镇区域发展一体规划，工贸区发展、棚室蔬菜产业发展要形成规模。严格执行规划，规划一经确定，即具有法律地位。建立规划听证制度，凡市区内进行的住宅楼、广场、绿地、公益设施等建设行为，都要进行公示。二是经营城市。要经营土地。土地是最大的国有资产，经营土地是经营城市的核心和关键，对土地资源实行市场化配置，最大限度盘活土地资产。企事业单位建设用地一律实行使用权转让、拍卖。搞好土地置换，将污染企业置换出市区，鼓励机关事业单位置换出市区黄金地带，用以发展商贸业。防止国有土地资产流失，禁止在机关、学校、企事业单位院内建住宅楼，杜绝国有土地资产变相转化成个人补贴。要经营产业资本。可以拍卖城市供水、供热、供气、公厕等公共设施经营权、投资权。对道路、桥梁等投资较大的项目可采取BOT（建设—经营—移交，即由投资方建设，在协议期内拥有、运营和维护设施，并通过收取一定费用回收投资和获取利润，

协议期满后，将设施所有权无偿移交给政府）和 TOT（移交—建设—移交，即把已经投产运行的交通设施移交给投资方，凭借该设施在未来若干年内的收益，一次性从投资方融得一笔资金建设新的项目，特许经营期满后把设施无偿移交政府）的方式进行。实行房地产开发与基础设施“捆绑式”经营。要经营无形资产。拍卖城市道路、广场、基础设施的冠名权，出售市区广告经营权。三是从群众关注的问题入手，加快基础设施补短板。提高城市品位，扩大广场、绿地面积，建设标志性建筑物和花园式住宅小区。完善城市功能，市区供热面积达到 120 万平方米，城镇热化率达到 50%；完成供水二期扩建，日供水能力达到 4 万吨，实现市区内深水井并网，补充供水不足；建设中心路（火车站—西环路），八面通镇区内主次干道全部实现硬覆盖；建设 2 处垃圾中转站，实施生活垃圾无害化处理，实现垃圾日产日清。四是加强管理。发展物业管理公司，统一标准，统一收费，提高管理档次。加强社区服务职能，实现社区自我服务、自我管理。五是加强小城镇建设。发展小城镇是带动农村经济和社会发展的重要切入点，是推进农村城镇化进程的必由之路。小城镇要找准自己的优势，因地制宜，科学确定支柱产业、特色产业。重点建设工业型的八面通镇、木业型的穆棱镇和边贸型的下城子镇。供水、供电、通信等部门应加大对小城镇工业小区的倾斜力度，主动进入小区。合理加快并村、并校步伐。积极探索将生态脆弱区退耕还林资金用于鼓励奖励林农交叉地区村屯、林场合并或搬迁。

（二）转变政府职能，规范市场经济秩序。一要减少行政审批事项。凡是能让市场解决的问题都要由市场解决，特别要砍掉一些“含金量”较高的审批事项，推动政府经济工作从“审批”转向“监督”。二要提高行政效能。建设政务超市，实行集中办公，做到一个部门受理、一条龙服务、一站式解决问题。加快推行服务承诺制、首问负责制、限时办结制等制度，对民营经济多服务、少干预，多帮忙、少添乱，多设路标、少设路障，在信用担保、信息咨询、科技服务、财政贴息、法律保护等方面多为民营经济开绿灯。三要推进依法行政。规范政府行政行为，做到有法必依、执法必严、违法必究。解决“收费养人、养人收费”问题。四要维护良好的经济秩序。依法维护市场秩序，增强各类经济主体的契约和信用意识，提高市场经济运行效率，降低商务成本。严厉打击假冒伪劣、欺行霸市等非法行为。

（三）健全和完善社会保障制度，维护社会稳定。参加养老保险的人数由1995年的10 400人下降到今年的5 600人。如果不加大收缴力度，到2005年，只能收到500万元左右，而支出则多达2 000余万元，必将增加市财政压力，引发不稳定因素。一是要增强保障意识。企业养老保险制度是国家的一项福利制度，是按照劳动法规定执行的。劳动和社会保障部门要探索加强收缴的新路子，企业要增强依法保障的责任感，从业人员要增强自我保护意识。二是要协同作战。政府有关部门要形成合力，不为职工缴纳养老保险金的企业，应在办理证照、税票管理等方面给予有力制约。三是努力拓宽保障范围。加大医疗保险、失业保险等社会保障的宣传力度，动员中省直单位参加失业保险，扩大保险覆盖面，提高保障能力。

（四）领导干部要保持一流的工作状态，做经济发展的先行官。切实做到聚精会神搞建设，一心一意谋发展。一是思想观念更新。思路决定出路，观念决定政策。要敢于走前人没有走过的路，实实在在地谋划促进发展的新办法。二是政策措施更活。努力为投资者提供优良的投资环境和政策，必要时可采取“程序倒置”的办法，让投资者提条件，我们按要求去想办法兑现。三是工作力度更大。一切工作都要体现出追赶和跨越的要求，以不甘人后、敢为人先、奋发有为的精神状态投入工作。四是考核评比更严。领导班子、领导干部工作实绩考核要看量化的工作成果，看百姓的满意程度。

发挥金融的核心作用，促进县（市）域经济发展

——中国农业银行挂职锻炼总结报告

（2002 年 11 月）

根据省委组织部的安排，我于 2002 年 5 月至 11 月参加了由中央组织部、中央统战部和国家民委组织的西部地区和其他少数民族地区干部到中央、国家机关挂职锻炼的有关活动。除了参加“两部一委”组织的统一培训外，半年时间主要在中国农业银行房地产信贷部学习和工作。其间，我参加了中国农业银行房地产信贷业务评估培训班、政策性住房金融业务座谈会，年中分行行长会议暨营销工作会议，房地产信贷工作（广州）现场会等，先后到河南、广西、青岛等地参与了调研或项目考察论证工作。积极帮助黑龙江省分行争取县以下住房公积金的办理权。阅读了《货币银行学》《金融管理学》《投融资管理教程》《证券学导论》《会计学基础》《中小企业入世发展战略》等金融方面的书籍和资料，广泛结识了农行系统的领导和朋友。通过挂职锻炼，开阔了视野，拓宽了抓好经济工作的思路，增强了发展本地经济的紧迫感。通过半年时间的接触和思考，对如何发挥金融的核心作用，促进县（市）域经济发展有了一些新的打算和办法。收获很大，感触很深。

（一）

深刻感受到金融对现代经济发展的重要作用。金融是现代经济的核

心。只有了解和掌握金融在现代经济生活中的这种特殊地位和作用，才能不断提高对经济工作的领导能力和水平。金融发展和信贷结构影响经济发展的速度和结构，对宏观经济调控发挥着重要的“杠杆”作用；金融机构作为“信用中介”，通过经营货币资金和信用可以按市场需求迅速黏合各生产要素，催化形成新的生产力。信用机制是现代经济运营的基础。市场主体之间的交易、合作一刻也离不开货币和信用。金融是保持经济正常运行的血液。金融部门，也只有金融部门才是各个国家法律规定的专门经营货币、信用的部门。经济和金融联系如此密切，只有金融安全才能保证经济安全。金融稳定健康发展，就会增加对经济的有效投入，为社会提供良好的金融服务，促进经济增长。金融对县（市）域经济发展更具有特殊意义。东北的县（市）域经济基础相对落后，其发展对金融的依赖程度就更高，对资金的需求量更大。短缺经济时期，南方的县（市）抓住了卖方市场的有利机遇，通过发展乡镇企业初步走过了资本积累阶段；即使存在这样或那样的问题，但毕竟形成了一大批存量资本。遗憾的是，东北的县（市）域经济发展没有跨过这步。东北的县（市）域经济以农业为主导，促进农业产业种、养、加依次升级亦需大量的资金投入。道理很简单，发展养殖业比传统种植业一定要具备更多的设施、条件；发展加工业投入就更大了。但唯有农业产业依次升级，县（市）域经济发展才会有根本的增长点。

了解了金融运行的基本情况，掌握了不少金融知识。通过学习我了解到，我国的金融机构，按其地位和功能可分为四类。其中有两类银行最为重要。第一类是货币当局，也叫中央银行，即中国人民银行。第二类是银行，包括政策性银行（国家开发银行、中国进出口银行、中国农业发展银行）和商业银行。商业银行中除股份制商业银行，城市合作银行以及住房储蓄银行外，四大国有独资银行是金融体系的主体，即中国工商银行、中国农业银行、中国银行、中国建设银行。商业银行是以经营存、放款（负债、资产业务），办理转账结算等中间业务为主要业务，以盈利为主要经营目标的特殊金融企业。1994年，原国家专业银行的政策性业务划分出去，成立了几家政策性银行，专营政策性服务。四大银行是由国家专业银行演变而来的银行，专营商业性业务。四大银行的业务相互交叉，传统专业分工淡化，都面临着重新“洗牌”、建立新的客户结构的挑战；他们都注重营销，下功夫争取优质客户。过去是客户请求银行支持，现在这种关系发生了根本性变化，双方力求建立合作、平等关系。四大银行均实行一级法人，其分、支行都不具备独立法人资格；实行统一经营、统一管理，对各分、支行，根据其经营业绩和资产状况，分类管理并相应授权。内部实行严格的资产负债比例管理，确保资产的安全性、流动性。对每一笔贷款都要执行规定的流程，前台部门（客户部门）与后台部门职责分开，相互监督，前台部门主要是做好优质客户营销，搞好调查；后台部门主要是履行审查责任，经过调查、审查后，须提交贷审会讨论并以无记名方式投票表决。四大银行已经建立了一整套防范风险的内部监督机制。为了提高决策效率，他们正在试图进行扁平化管理改革，减少经营层次、环节，并逐步取消一部分没有效益的基层机构和网点。各家商业银行的金融产品不断创新，其金融工具逐渐与国际惯例接轨。计划经济乃至专业银行时期，金融产品单一，也就是货币的借贷经营，基本上谈不上金融市场；而现在，金融工具及其衍生的金融产品层出不穷，有什么样的金融需求就可以有相应的金融产品及其服务。在一些发达地区，商业银行的中间业务收入可以达到其总收入的40%以上。过去到南方考察，看到有的银行买设备租给企业用，觉得他们胆子大；通过这次到银行的学习和工作，才知道这属于银行的金融租赁业务。我们脑子里金融知识缺乏，不知道提出这种金融需求，实际上，所谓的金融租赁业务也是一种资金的融通，即由租赁公司用自身资金代替企业购买该企业所需的机器设备，然后将之出租给该企业使用，定期向作为承租人的企业收取租金；租赁期满后，根据租赁公司与承租企业事先约定，租赁公司既可以收回机器设备，也可以由承租企业向租赁公司支付货价而取得该机器设备的所有权。在参与具体项目的评估中，利用掌握的金融知识初步学会了分析判断市场风险、法律风险及如何考虑设置限制性条件的思维方式和办法。对一些专业技术很强的问题也有了切身体会和认识。如，怎么计算一个项目的投入产出账？对一个企业的财务报表怎么分析？对一个项目的资金管理模式怎么设计？等等。过去看一个项目，多习惯于用描述性的概念去评价，缺乏银行专业人员分析认识经济问题的良好思维习惯和科学严谨的手段。

借助银行掌握的宏观经济信息资源（尤其是客户资源），与有关企业和部门建立了广泛的联系。农业银行掌握全国的农产品加工、农业产业化龙头企业方面的优质客户资源。县（市）域经济发展，招商引资的主要目标应当盯在这些优质客户上。通过农贷部、内蒙古分行、深圳分行同事的帮助，基本明确了发展穆棱市肉牛产业敲门招商的重点企业名单，并取得了初步的联系。利用在北京半年的有利时机，广泛接触了财政部、国家计委、水利部、建设部、国土资源部等有关部门的负责同志，一些重点项目的资金支持有望取得实质性的进展。多次参加了在北京举办的全国性招商引资或经济技术交流活动。

（二）

东北地区各家商业银行的经营授权均处于较低管理类别，其配置资源的能力除受市场约束外，还要受到各家银行总行的严格管制。由于承担了计划经济时期的某些特定任务，加之重工业、军事工业、传统农业、煤炭、森工等基础产业的拖累，东北地区各家商业银行的资产状况是不容乐观的，各家总行实行分类管理并相应授权是完全可以理解的。东北地区产业结构的形成有其历史原因，是为国家作出突出贡献的；可以说没有东北地区的工业基础，就没有我们国家“一五”“二五”时期国民经济的发展。因为作出贡献而背上包袱，再因为背上包袱而继续付出代价。如果不能改变这种资源配置上的恶性循环，东北经济难以走出困境；

且不说东北本身存在不少难以克服的竞争上的劣势。可以预料，市场机制越完善，商业银行运行机制越健全，这种挑战就越大。

县（市）域经济，特别是东北的县（市）域经济发展的融资渠道单一，没有资本市场，直接融资工具受限，也不能指望外资银行短期内涉足县（市）域经济。从1997年以来，四大银行强化了一级法人经营管理体制，实行了严格的授权授信管理制度，其业务开始向大中城市和大型优质客户集中。这些做法是完全符合商业银行运行规则的。银行对大客户的贷款风险小，相当于做批发业务，而对中小企业贷款风险大且管理成本高。目前的情况是，县（市）级支行除清收不良贷款和吸收存款外，已基本上不再发放贷款，县（市）域资金大量外流，信贷资金投放总量下降。商业银行已经或正在退出农村经济，农村经济发展和生产经营将难以从商业银行得到贷款。银行资金具有乘数效应，越不能投放信贷资金，整个金融业务越是萎缩。县（市）域企业主体可享受国家优惠政策和直接扶持的很少。县（市）级政府资源配置能力十分有限。县（市）域经济怎样走出困境，重现活力？这是一个根本的挑战！

随着金融产品的不断创新，银行的信贷结构已发生了很大变化，真正贷款到实体性工商企业的直接生产性投资的比例在下降。而通过一定渠道注入到“基金”“证券”“房地产”等资本市场上的资金在增加。这种变化，对实体性经济发展的拉动、引导是不利的。市场经济条件下，各种要素都向回报率高的方向流动，资金更是如此。发达地区可以顺应这种变化，调整经济发展模式，从资本市场上直接融资。欠发达地区上市企业很少，很难跨上资本运营平台。

（三）

半年时间的耳濡目染，身临其境的学习和工作，收获是很大的，回到本地后怎么能把这些收获转化成实践？这是我思考得更多的问题。

在建设良好的金融环境上下功夫。按照四大银行分类管理，黑龙江省国有商业银行基本都是C、D类行（即排在后面的），其经营权限受到很大限制。全国各地都在力求建立金融安全区，积极改善金融环境。我们应当把改善金融环境作为改善招商引资环境的重要内容。改善金融环境的核心是建立诚信合作的基础。信用不仅仅只属于道德范畴，它已成为一种资格，成为进入市场的入场券，也成为能够交换的信息，并且最终还将成为一种可以估价的财产。不讲信用的地方不仅银行不敢介入，外来投资者也不愿投资。政府通过支持守信行为，及时打击、抵制和惩戒失信行为，回报市场主体对政府寄托的信赖。要加大宣传力度，结合“四五”普法活动，强化诚信教育。结合这次挂职体会和收获给干部群众、企业负责人作一次报告，强调良好金融环境的重要性。制定《金融安全区建设方案》，并开展一系列专项活动，依法支持银行清收不良贷款，公布一批恶意逃废债务的“客户黑名单”。铲除那些以非信用甚至反信用形式谋利的空间和土壤。同时，组建“市资信有限公司”，积极推荐资信良好的企业申请评定信用等级并进入全国范围内的诚信管理网络，把这项工作作为树立良好政府形象的大事来抓。使信用成为我们的品牌、财富、生命。

采取相应措施，积极顺应金融改革发展趋势和要求。“协调贷款”，除了少量政策性贷款业务外，已经成为过时的政府不当介入的行为。得到金融支持不能以行政行为在“协调贷款”上花费无用之功。而应当正确理解金融运行的规律，用市场经济的观念和办法去顺应金融改革的内在要求。要设计和选择好项目融资模式。大胆探索无形资产资本模式、BOT模式、回购式契约模式、产业投资基金模式、项目上市模式、银团贷款模式等。世界各国的金融机构发放贷款，一般的准则都要求承贷主体有合法、有效足值的抵押。不解决抵押难、担保难问题，可以说，无从谈起贷款。解决抵押担保难问题，一方面取决于银行信贷政策的倾向性，即其不支持的行业、产业、项目往往要求苛刻；另一方面，政府应对其重点支持的项目“有所为”，从“贷款协调者”，进入担保协调者，对认定的项目承担起必要的风险。这样有利于增进银行的信心。组建中小企业担保公司是各个发达地区采取的较为成功的做法。只要在控制风险（道德的、市场的、法律的……）上不出大的问题，就能起“四两拨千斤”的作用，摆脱中小企业贷款难的窘境。利用银行“闲贫爱富”的心态，与金融部门一道培植优质客户也是一项根本措施。共同举办融资担保辅导班，帮助借款企业了解贷款必须具备的条件和程序，应该如何正确评估自身的财务状况、资产质量和财务管理水平，以缩短跨入贷款门槛的距离。各家银行普遍存在资金积压，有资金没有好项目的问题。也存在个别人员由于离市场远、离客户远，对目前经济环境下中小企业经营的特点和规律分析不够，为了控制风险，简单将企业拒之门外的问题。他们过去把竞争的功夫用在了拉储蓄、拉存款客户上，但是光有储蓄仅仅是负债业务，贷不出去是净亏损的（支付利息），所以，他们普遍都在加大贷款营销的力度。主动上门研究项目贷款的可行性，这是个好的兆头。利用好政府的权力资源，采取招标办法调动金融部门的积极性也有很大的空间。比如住房公积金、社保资金、机关事业工资等政府性资金专户放在哪家银行，这里有一些学问。可以把银行支持地方经济发展的业绩等各个因素考虑进去制定具有明显引导性的招标方案进行招标，哪家银行业绩（贷款规模等）突出，这些政府性资金基本账户就开设在哪家，以起到杠杆作用。这符合用市场经济的办法研究问题、解决问题的根本趋势。商业银行基层机构应当增强危机感、紧迫感，要明确营销定位，不能因噎废食，因为有风险就不主动营销贷款。经营风险是永恒的。要向发达地区学习，进一步明确重点，接近市场，提高效率，大胆开办商业汇票贴现业务、仓单质押、品牌质押、收费权质押以及设备抵押、股东个人保证等业务，努力实现贷款手续最简化、担保方式多样化。

舍得前期投入，做好项目库。地方与金融部门往往对一个项目存在很大分歧，地方认为好的项目，金融部门认可度却不尽一致。根本原因在什么地方？在于对项目评估规律认识不同。从一般规律而言，政府主张的公益性项目贷款，必须和合法的收费权质押或者政府经人大批准的承诺相对应。银行最关心的是收费权合法不合法？收费期限内的收费额度？收费资金管理运行模式，即所收费用应保证作为还款第一来源等。政府支持的资源开发性项目贷款，银行首先关注项目所属行业是否符合国家产业政策，把资金投放到不受国家产业政策保护的项目上，风险就太大了，国家下令治理整顿或关停破产，银行贷款资金就落空了。其次，要分析项目的可行性报告，主要分析其比较优势在什么地方？对比较优势的认识过程也是对其进行市场定位、找准切入点的认识过程。在夹缝中获得生存和发展，必须充分研究自身能力和比较优势，善于发现空缺点。要寻找和发展有较大成长空间的能够发挥比较优势的项目。重复建设或上来就排在全国同行业后边，是不会得到支持的。依独特资源建立起来的全国独家或者在某个细分市场上有一席之地的，获得支持的可能性就大。再次，项目的评估必须具有专业水平。主要基于两点考虑，一是金融部门内部已改变了由某个人审批的做法，项目行不行不再由某个人说了算，避免个人风险；而是借助中介组织去评估。这是一个重要环节、程序。二是中介组织进行独立的科学真实的评估或估价有一整套办法，而我们的项目策划、包装、评估水准与此相差很大。对资源资本化，对与此资源相联系的细分市场的分析认识，投资回报率计算等需要专业咨询公司完成。要舍得这方面的投入，项目前期投入过程也是无形资产的积累过程。否则，寸步难行，你会发现银行不断要求补材料，争取贷款的时间很长，最后还不一定能获贷审会的通过。穆棱市肉牛产业发展具有一定基础而且发展潜力看好。在品种改良、饲料基地建设、存栏规模等方面都有明显的优势，应下力气谋划深加工龙头企业建设。

咬定招商不放松

（2002 年 12 月）

浙闽两省经济发展水平位居全国前列，源于他们千军万马大上经济、千家万户齐奔富裕、千辛万苦谋求发展的艰辛创业。浙闽经验是一部博大精深、发人深省的创业史。自始至终紧扣发展主题，篇篇创新、页页精彩，时时让人感受到新旧思想的猛烈撞击，感受到不进则退的强烈危机。

他们敢为人先的创新精神值得我们学习。浙闽人勤于筑路，敢于开路，善于抢路。没有人的地方能走出路来，人流拥挤的地方能抢出路来，超前思维，抢先突破，始终比别人快半拍。

他们艰苦创业的实干精神值得我们学习。创业之初眼低手勤，从蝇头小利赚起，从社会最底层干起，创业之后眼高志大，虽立潮头仍孜孜进取，目标直指世界 500 强。

他们共谋发展的服务精神值得我们学习。变“审批型政府”为“服务型政府”，大张旗鼓地为民营经济撑起放开、放手、放胆发展的保护伞。政府和企业目标一致，思想相融，合力推进民营经济的积累和扩张。

他们与世界同步的开放精神值得我们学习。主动与国际先进技术和集团接轨，走出去，请进来，敢于登高望远，与巨人携手。“好风凭借力，送我上青云”，高起点上开放合作必然实现高水平的加速度发展。

学习浙闽经验，根本在于据实、务实、求实、落实。借鉴经验，立足实际，穆棱坚持以经济建设为中心就是要以招商引资作为中心，以咬定青山不放松的韧劲，抓好环境建设和项目建设两个重点，具体要做到

"三个一"：一是确立一个导向——以企业为中心，纳税人至上。优化环境实质就是如何处理企业和部门间的关系，因此，必须树立起以企业为中心、纳税人至上的思想导向。通过开展"学习经验、找差距、促发展"活动，扩大宣传，强化监督，更新观念，转变职能，增强"环境就是生产力""我就是穆棱投资环境""投资者发财我发展""厂长经理坐中堂，方方面面坐两厢""唯发展是举"五种意识，使各职能部门站在企业的立场上看问题、想问题、处理问题，做到部门利益服从企业利益，部门职能服务企业发展。二是突出一个重点——依托优势谋划项目。项目是发展的基础，是招商的凭借。要进一步研究穆棱的比较优势，在发展形势和市场变化中对穆棱进行一次重新认识，找准自己的优势，谋划、包装一批新项目、好项目、大项目。充分利用一切可利用的关系，凭借一切可凭借的条件，勇于说小话、说软话，靠真诚和执着求得信任和合作。把招商政策的制定程序倒过来，让投资者先提条件，按投资的要求给政策、给扶持。三是提供一个保障——建立政策性措施办法，把清理收费作为优化环境的切入点和发力点。召开厂长、经理座谈会、领导干部会和执法部门座谈会，进行全面动员部署，制定了《清理整顿收费秩序的通知》，10 月 8 日开始，实施"休克疗法"，全市各项行政事业性收费全面停止，利用两个月时间集中查摆和整改。在摸清收费底数的基础上，以规范收费为重点，实行重点企业、纳税大户保护制度，确定重点企业、确定收费项目，执行最低额度，每年分次交清后，收费部门不得再进入企业。同时，开展企业评政府活动，企业在"为经济建设服务最佳最差部门"评议活动中的所占比例要达到 60%，每年召开一次由职能部门和外来投资者、市属企业厂长（经理）及个体私营大户参加的评议会，由外来投资者、市属企业厂长（经理）及个体私营大户投票选出最佳和最差部门。加大惩处力度，把"你砸穆棱的饭碗，穆棱人就砸你的饭碗"的思想贯彻下去，坚决杜绝有令不行、有禁不止和"小鬼挡道"的现象，推动环境建设取得突破性成效。

那一年答卷总成绩

（2004 年 3 月 2 日）

主政一方，每一年都要向上级和全市人民报告工作和思想，给自己画个像，作出交代。想了、干了，想好了、干成了，自然到年底时就有底气。我是这样报告的：

（一）能够坚持总揽全局、协调各方，认真贯彻党的方针政策，做到大事不糊涂，亲自抓反复抓。有对社会、对人民、对上负责的态度。认真执行民主集中制，团结带领一班人，以加快穆棱发展为主线，激发干部群众干事创业热情，努力形成加快发展的势头和精神状态。进一步明确和强化加快发展的思路和措施，提出以经济建设为中心，结合穆棱实际就是要以招商引资为中心，调动县域内森工林业局等的积极性，创造促成事的氛围；注重发挥比较优势，强力推进支柱产业发展，形成外抓招商、内抓民营，抓大扶小等一系列观念和导向。坚持“环境、项目、落实”六字方针，经济发展环境明显改善，受到牡丹江市委的表扬并发出专门文件号召全市向穆棱学习；项目建设取得了阶段性明显成效，投资 10 亿元的风力发电项目、投资 5.5 亿元的肉牛产业化系列项目都取得重大突破，财源结构单一的局面可望得到解决，同时为农民奔小康奠定了基础。其他各项经济指标均完成了年初确定的任务。

（二）不搞短期行为，敢于破解影响和制约穆棱长远发展的深层次矛盾和问题。全力推进国有企业改制，以热电厂为代表的 40 多户企业彻底改制到位。把彻底解决自来水问题、消除水泥厂污染源问题、理顺体制加强城市管理问题、强化社区建设问题等紧紧抓在手上。

在全省率先进行了教育人事制度改革，热心支持教育事业，推动一中提高教育质量。向上争取资金，消除农村学校危房，狠抓农村学生控辍工作。组织会战，打好水土流失治理、生态建设硬仗。

（三）关心百姓疾苦，从思想感情上亲民爱民。不摆官架子，不装腔作势。时刻提醒自己“不要得意忘形、高高在上”，“有没有权威不在于装成什么样子，越装越不像”。“永远保持普通人的感觉，平常人的心态。”“以理服人，不要以势压人。”凡是来信都能做到件件亲自拆封批阅，重要来信来访都列入督办内容。下狠心处理与民争利的案件、破坏经济发展环境的案件！对漠不关心群众疾苦的干部敢于批评。能够坚持走访农民并住在乡镇更多地与他们交流沟通，体察基层的艰辛。组织动员市直单位修建背街小巷活动受到老百姓好评。能够抓住 25 项利民行动不放，一件一件为老百姓做实事、做好事。

（四）坚持公道正派选人用人，扩大干部工作的参与权、知情权、选择权、监督权。不搞暗箱操作，不在干部问题上夹杂非正常渠道的影响和干扰。旗帜鲜明树立干部选拔导向。我本人喜欢说实话、办实事的人，从内心对那些拉拉扯扯、无所用心、无所作为的干部看不上，也不愿沾他们的边儿。通过干部公开竞职等措施初步解决了干部工作中的一些问题，逐步实现用科学的规则选人，而不是以哪个领导个人好恶选人。

（五）不断通过检查、督促、协调和改进工作方法等措施推进各项工作落实。把干部的落实能力看得很重。能够从实际出发，注重打开工作局面的切入点和结合点。计划经济抓条条，市场经济抓块块，淡化分工，突出重点工作，实行市级领导包重点企业（项目）、包乡镇制度，对重点产业、重点项目，一个产业一名市级领导，一套人马，一个政策，一抓到底。出台限制开会检查的一系列办法，把全市的会议分成三类，要求班子成员多主持召开贯彻落实类的会议，多开能够解决实际问题的现场办公会、推进会、协调会，强化了督办反馈机制。不允许泛泛地喊口号，讲战略、工程，从能做的事做起，一件一件突破，多想实实在在的招、解决问题的有效措施。反复强调，自己最大的思路就是抓落实。

（六）自己有较强的敬业精神，全身心投入工作，能够做到廉洁自律，夹着尾巴做人，时刻警钟长鸣。坚定过好忠诚与诱惑关，以身作则，做一个共产党的好干部。努力为官一任、造福一方，把事业成就作为自己的追求。能以良好心态和境界对待职务级别升迁，不刻意追求个人发展目标，顺其自然，相信老实人可能吃眼前亏、但最终不会吃亏的道理。立志一步步实现完美的人生和保持个人品格，保持务实、高效、低调的个人形象。坚持学习不放松，一个阶段必须认真读一本反映当前市场经济知识、信息量大的书，不断吸收先进理念，不断启发自己的创新思维，不断思考用市场经济的办法解决发展中的困难和问题，比如谋划建设政务超市问题。自己的每次讲话都是经过动脑思考后自己起草的。

由于工作求速心切，有时对班子成员和中层干部要求过高，使大家感到有点跟不上。我经常在家里思考工作，想好了当夜就给某个同志写封信部署任务。这些想法变成可操作的实际办法需要有一个过程。工作有时抓得过细，可能有脱离实际的问题，有时候批评干部有过头的问题，耐心细致的思想政治工作做得不够，对干部的关心也不够。

谈“三个代表”与核心竞争力

（2004 年 12 月 16 日）

通过“三个代表”重要思想的学习，我对“三个代表”重要思想形成的时代背景、实践基础、科学内涵、精神实质和历史地位有了比较系统的理解；更加深刻地领会到贯彻落实“三个代表”重要思想，关键是与时俱进，核心是保持党的先进性，本质是执政为民。同时，对“三个代表”重要思想全新话语体系有了进一步的认识。

一、一脉相承与丰富发展

“三个代表”重要思想与马列主义、毛泽东思想、邓小平理论是一脉相承的。“始终代表中国先进生产力的发展要求”，与唯物史观关于生产力和生产关系、解放和发展生产力的科学理论是一致的。“始终代表中国先进文化的前进方向”，与唯物史观关于物质和精神、经济基础和上层建筑关系的阐述是一致的。“始终代表中国最广大人民的根本利益”，实质是唯物史观关于人民群众观点的体现。既然“三个代表”的内容过去就有，为什么说它是一个理论创新？站在执政党提高核心竞争力角度看，与唯物史观一般的阐述相比，“发展要求”“前进方向”等新概念政治词汇具有“主动适应”“积极调整”等深刻内涵。把党对环境的适应性定位在“三个要素”上。强调“发展要求”，那就不能仅就生产力来谈生产力，必须从中国现有的生产力与生产关系、经济基础与上层建筑的矛盾运动出发来理解“发展要求”。要通过对生产关系和上层建筑的改革，坚决突破一切妨碍先进生产力发展的思想观念，坚决改变一切束缚先进生产力发展的做法和规定，坚决革除一切影响先进生产力发展的体制弊端。如果说马克思主义给了我们判断生产力与生产关系相适应的原理的话，上述“发展要求”的内涵标准应该是判断二者关系的进一步阐释。事实上，每十年左右世界产业结构就要按照比较优势进行一轮迁徙，这种迁徙的趋势是寻找更能满足先进生产力发展要求的国家和地区。面临重大战略机遇期，谁能满足先进生产力发展要求，谁就有竞争力，谁就能在生产要素大规模跨国界流动及优化组合中占据主动；谁就有可能有效接受世界范围内新的产业转移和迁徙。邓小平理论侧重于解决当时情况下解放生产力的问题，讲得比较多的是物质文明。而“三个代表”对应的是“三个文明”。“先进文化”是大文化的概念，属精神文明范畴，不仅包括理论、科教、精神动力、智力支持等传统范畴，而且更侧重于增强中国文化在世界多元文化竞争中的渗透力、影响力等“软实力”，成为主流价值观；强调通过壮大文化产业的发展，输出中国的价值观念、精神理念……这是中国参与21世纪国际竞争必不可少的内容。我们有灿烂辉煌的历史文化固然重要，但绝不能沾沾自喜于此，停留于对传统文化的欣赏、学术研究、保护。必须致力于培育文化竞争力做好文化体制改革、大量培养外国留学生等工作。日本商品在中国媒体做广告，多用儿童配音，吸引儿童的注意力；目的在于不仅影响这一代人的价值取向，还要争取下一代。“代表中国最广大人民的根本利益”，与毛泽东“为人民服务”的思想亦有所区别。这里讲的“人民”不仅包括具有政治属性的“人民”，还包括了公民（法律属性）、国民（社会属性）；意在扩大党的群众基础。同时，使执政党领导的政府提供的公共产品、公共服务更具有广泛性。这是政治文明建设的必然要求。我们党最大的优势是密切联系群众，党执政后的最大危险是脱离群众。把实现好、维护好、发展好最广大人民的根本利益作为一切工作的出发点和落脚点，关系人心向背，这是党的最高价值观。“立党之本”“执政之基”“力量之源”，这里的“本”“基”“源”，说到底是党执政的合法性基础问题，即能否得到广大人民支持和拥护的问题。改革开放二十多年，我国的社会阶层、社会结构发生并将继续发生深刻变化。社会阶层由原来的“金字塔型”逐渐转向“橄榄型”。作为执政党必须适时强化整合，集成社会的意识和功能，创新对社会的管理和服务方式，不断探索“橄榄型”社会的发展和管理模式。要让人们从实践中切身感受到，共产党不局限于为工人阶级服务，而确确实实是全中国人民根本利益的忠实代表。某些人攻击我们未经“大选”不具有执政的合法性。实际上，如果我们真正做到了“代表最广大人民的根本利益”，真正代表了民意，那么，不用“大选”胜过“大选”，“大选”无非是表达民意的游戏规则罢了。

二、三个要素与社会发展规律

“三个代表”重要思想不仅仅是三句话，它揭示了由“经济效率、社会团结和可持续发展”组成的稳态社会发展结构的最重要的三个要素，揭示了社会发展规律和趋势，阐述了当今人类社会的进步归根到底是生产力发展、社会文化变革以及人民利益实现方式发生的巨变。代表先进生产力的发展要求目的就是要有较高的经济效率，代表先进文化前进方向就是要有持续健康发展的价值观念和文化，代表广大人民的根本利益就是要社会团结。三句话的论断虽然各有侧重，互有区别，但是它们是互相联系、互相贯通的具有统一核心价值观的有机整体，是同时指向一个方向的三个要素的平衡组合。比如，生产力有了大的发展，与此相对应的应该是适应生产力发展的价值观念和文化氛围，不能再沿袭“不患寡而患不均”的陈旧观念。如果三个要素不能同时指向一个方向，出现失衡了，社会发展就要出问题了。当前，我们坚持效率为主兼顾公平的原则，生产力发展取得明显业绩；但也出现了某些不平衡的问题。比如，收入分配差距拉大，环境资源面临巨大压力。对此，必须进行有效的调整，否则，“社会团结”可能要出问题，不能重演某些南美国家的悲剧。

树立和落实科学发展观是“三个代表”重要思想的应有之义，是坚持可持续发展先进文化的内在要求。“三个代表”重要思想的形成，表明我们党对共产党执政规律、社会主义建设规律和人类社会发展规律的认识达到了新的理论高度，开辟了马克思主义发展的新境界。在新的历史方位上，面对世界竞争格局，怎样使我们的党、使我们的国家更具有竞争力？“三个代表”重要思想为我们找到具有鲜明时代内容和时代特征的答案提供了广阔的空间。因此，我们应当站在加深对“三个规律”认识的高度，领会和理解“三个代表”重要思想的深刻内涵。

三、思维模式与创新空间

“三个代表”重要思想理论表述并没有为我们今后解决前进中遇到的一切问题提供现成的答案，它给了一种判别是非的世界观、方法论和认知标准。用动态的、开放的理念和思维方式提供了一套全新的话语体系，是对传统政治理念的突破。这种思辨方式可以使我们摆脱束缚走向新的认识领域，为理论创新留下了巨大的空间。仔细体味，每个论断中都蕴含着这样的精髓。比如，“始终”二字，把党的性质、纲领和宗旨定义为一个动态的概念和开放的科学体系，既坚持了传统的价值观念，又为发展创新预留了接口，使我们在新世纪有了全新的思维模式。再比如，在“解放思想、实事求是、与时俱进”等含义界定中，就哲学命题而言，实事求是是党的指导思想的核心价值。要推动全国上下树立这样的价值观，就必须冲破惯性，打破旧的束缚。“解放思想”就是要求全党把思想从当时形成的“左”的、脱离实际的僵化的状态中解放出来，回到实事求是的正确轨道上来。解放思想是实事求是的前提，它是为实事求是服务的，立足于“打破”。随着改革开放进程的不断推进，该破的已经破得差不多了，现在需要更新观念，树立一整套新的立场、观点、方法甚至原理等。“与时俱进”正是在这种背景下应运而生的。“我们要突破前人，后人一定会超过我们”，它要求的是不断进行新的征程的精神状态，永远探索的科学态度，体现时代性、把握规律性、富于创造性的无止境的不能停顿的过程。坚持与时俱进，就能摆脱“历史周期率”，以自身的“变”确保执政地位的“不变”。适者生存，不适者淘汰。不仅在党的指导思想中蕴含着新的价值体系，在判别社会发展认知标准方面也渗透着这种思维方式。“三个代表”用与“三个有利于”同样的思维方式给定了判断“三个文明”乃至“三个规律”的认知标准。革命党时期，往往用“非此即彼”，要么对要么错，要么是敌人要么是朋友，这是单向可能性的简单判断模式。而用“三个代表”判断，什么都可以大胆创新，只要能体现“三个代表”，具体的内容都是为“三个代表”服务的。比如，保持党的先进性问题。过去看党是不是先进，只要看它的性质、成分、指导思想就行了；现在则必须具体地、历史地、动态地看，不能停留在静态上。先进和落后是相对而言的，关键看实际业绩，看驾驭社会发展的能力。因此，党的成分要为党在不同时期完成不同任务服务，为党的“代表力”服务。中国共产党不仅是工人阶级的先锋队，而且是中国人民和中华民族的先锋队。这里不仅有前文提到的扩大党的群众基础，执政党领导的政府提供的公共产品、公共服务应具有广泛性的需要，也还有长远战略考虑应对“大选”假设的需要，只要共产党始终把最优秀的中国人吸纳到党内来，并且代表最广大人民的根本利益；不管面对什么样的假设，都将永远立于不败之地。因为中国最优秀的人都在共产党内，任何其他组织都无法与之抗争。也许从事“三个文明”建设的劳动者的先锋队更能代表先进生产方式，将来能够成为党的主力！这需要在实践中探索和检验。回顾过去，没有“三个有利于”的判断是非的思维模式，就难以探索出市场和计划都是手段的结论，就不会发现所有权和经营权可以分离，就不会看清公有制为主体不在于公有制企业的数量，而在于其控制力的道理……这种判别是非的思维方式开拓了人们对发展模式、制度设计等大胆创新的视野，启迪了思想。

我们的发展和创新要与世界接轨并具有自己独特的竞争力。这就要求我们，理论创新不仅要学会扩展、综合、注释、挖掘前人的论断，更重要的是进行原生性（态）的创新，真正找到人类“三个文明”发展的真谛，达到新的境界。让原始创新具有的核心竞争力更好释放，正是“三个代表”重要思想的科学态度和创新精神之所在。

换届中应当突出的几个导向

（2005 年 10 月）

今年是省、市（地）、县（市）、乡（镇）四级党委换届年，干部调整量大。在这次换届中，统筹考虑并突出干部使用导向是应引起重视的一个重要问题。

一、应充分尊重民意

去年，在全省范围内考核确定了一批地（厅）级后备干部，这是省委进一步树立正确的干部使用导向的基础性工作。严格从后备干部中选拔使用干部，历来是我们党成功的经验。但是，一个时期以来，我们省在这方面坚持得不好，选拔使用干部随意性大，干部任免时常爆冷门，甚至出现了不少腐败分子，教训是深刻的。公众口碑怎么样，基本上可以看出干部的业绩和素质。除特殊情况外，应把群众推荐意见看得重一点，甚至可以就得票率定一条硬杠。可能在民主推荐中存在“拉票”问题，但绝大多数干部是不会轻易受其左右的。不能把对某个人的提拔使用，完全建立在某一位领导人或某一级组织主管或主要负责人的推荐、举荐上。任何人的推荐意见必须建立在群众公认基础之上。

二、干部使用的提名权应当更科学规范

社会上议论比较多的是，xx 怎么会成为 xx 岗位的人选？以至猜测、议论，是与 xx 领导有关系，xx 领导给说了话。实则亦不尽然。组织部门是在统筹考虑的基础上提出名单意见的。但这个过程让人感到透明度

不够，引发不必要的不信任。我建议，探讨公选制与委任制有机结合的方式，在委任制中吸收公选制的好做法。比如，允许后备干部自荐成为某个岗位的人选，即公开向后备干部告知，现在有哪些岗位空缺、本人可以申请竞职。这样可以扩大一个岗位多种用人可能，既增加了透明度，又扩大了遴选范围。在这样的基础上，组织部门全面权衡，统筹考虑确定干部使用名单会更好一些。

三、应加大干部交流的力度

特别是上下交流、重点部门和其他部门的交流、跨市地交流。这几年，公选出的干部文化理论素质高，有强烈的干事业愿望，但缺乏基层工作经验，缺少对基层的切身感受和沟通，协调能力也欠缺一些。应当选拔一批优秀者到主干线工作。主干线的干部有较丰富的经验，体察民情，善于协调处理复杂矛盾，但宏观意识、大局观念不强，对现代知识学习掌握得不够系统，招商谈判、接人待物有时显得层次和见识不够。他们到省直工作有利于为基层服务，有利于从实际出发决策、做事。对重点部门负责人的任职期限应有一个明确规定，一般不应超过五年；超过期限就应交流。否则，从事某个工作时间过久，难免陷于复杂的人际关系的干扰，也会产生惰性，不利于创新。对组织部长、公检法三长要严格实行异地任职制度。

四、优化领导班子的素质结构

市（地）班子副职中不宜过多配备担任过县（市）区主要负责人的干部。有这样成长背景的干部有其能带班子，指挥千军万马经验丰富的优势，但也有独立性过强，习惯各把一摊，不善于同级之间横向协调沟通的一面。实践证明，全部由这类干部搭成的班子，整体功能并不一定优。政府班子中要配齐配强分管经济工作和社会管理工作的领导成员，要优先培养选拔有这方面经历、经验并取得突出实绩的干部。发挥班子的整体功能，必须注重知识、年龄、经历等综合素质结构的优化，而不搞简单的“女、少、非”等的搭配。担当主干线正职的应当具有同级两年以上副职经历，切忌干部经历过于单一，不顾牺牲一方事业只强调锻炼干部。下派干部、异地交流干部和本地干部在同一个班子中要有合适的比例，这样既有利于淡化地方局部意识，又有利于调动地方干部的积极性。

谈中央党校学习收获

（2005 年 1 月 12 日）

本人能够在最短时间内实现“三个转变”，进入学习、生活状态，自觉遵守学校各项规定。珍惜时间，刻苦读书，动脑思考。认真准备每次发言提纲累计万余字。按计划学完学校规定的全部必修课和选修课内容。在阅读教学计划内书籍的同时还阅读了大量其他政治理论读物。参加了中央党校在职研究生考试和学习。完成有关“三个代表”重要思想学习体会、加强人才队伍建设方面的论文两篇。积极参加支部组织的各项活动，认真负责地做好学习组长工作。赴革命圣地西柏坡、延安、井冈山等地接受党性教育。到浙江、江西等地进行民营企业发展状况调查。能够虚心向同学学习县（市）域经济发展经验。

通过理论学习和党性教育活动，提高了马克思主义理论修养，坚定了理想信念和政治追求，开阔了视野。比如，对辩证唯物主义和历史唯物主义的基本立场、观点、方法有了系统的掌握；结合新民主主义理论的学习，归纳整理了新民主主义社会与社会主义初级阶段之共同点和差异，并在支部大会发言；对什么是社会主义，怎样建设社会主义有了更深的认识。资本主义不是人类最好的制度。完全私有化会失去国有经济控制力，会失去执政资源，会动摇执政基础。对社会主义与市场体制的内在联系性，按劳分配、按要素分配与剥削的关系，如何进一步丰富和拓展对剩余价值规律的认识等进行了探讨和研究。结合切身体会，就“三个代表”重要思想与中国特色社会主义信念建设问题提出了自己的看法。对建设什么样的党，怎样建设这个党进行了深入思考和领悟。对加强党的执政能力建设的重要性、迫切性有了清醒的认识。结合自身工作实践，对如何提高县（市）委班子整体的执政本领〔特别是作为县（市）委书记怎么提高执政本领〕，如何进一步推进科学、民主、依法执政，建立一整套按规律办事、按制度办事的体制机制，如何改进执政作风，真正做到立党为公、执政为民等有了一系列设想和谋划。通过当代世界经济、政治、科技、法制、军事、民族宗教等课程的学习，初步了解了当代国际社会、世界经济等发展的动态和趋势。

这次党校学习，不仅掌握了知识，增强了做好下一步工作的本领和信心。同时增强了党性修养，陶冶了情操，这是我人生的一次重要转折。与二十年前满怀热情向往从大学校门走向社会不同，在即将结束学员生活时，感受更多的是沉甸甸的政治责任和完成工作目标的坚定意志。在党校学习一次总要有一些收获、有一些进步。但是，对照“六观”“三常”及党的领导干部提高五种能力的要求，自身还存在不少差距，应当继续努力。一是要进一步牢固树立马克思主义的世界观、人生观、价值观，正确对待权利、地位和利益。自己在县（处）级岗位工作已有八年时间了，但坚决不搞跑官要官的事，而是把更多心思用在为老百姓多干一点实事、好事上。二是在树立科学发展观、政绩观，全面提高执政能力等方面，缺乏辩证的全局性认识。觉得本地刚刚有了点发展势头，中央即采取宏观调控措施，限制了建设项目用地，对欠发达地区不利。通过学习讨论感到，这里有一个如何用联系的、辩证的观点看待宏观调控的问题，也有一个如何对待自身政绩的问题。发展并不意味着每个地方都上加工型项目。执政能力也绝不仅仅局限于上工业项目的能力。欠发达地方应解决好如何在加快发展中坚持科学发展观问题。三是在坚持实事求是方面有差距。能不能坚持实事求是不是一个理论问题，而是一个实践问题；不愿意讲真话，不敢讲真话，实际上是明哲保身，好人主义的不良心态，是党性不纯的表现。四是要用廉洁自律有关规定严格约束自己。本人是牡丹江市十大廉洁从政标兵，口碑在所工作过的地方还一直不错；也有自己的几条“警诫线”：卖官的事坚决不干，送钱一律不收……永远要夹着尾巴做人。参加党校党性教育活动，特别看到发生在身边的一系列腐败案件，使自己更加警醒和警钟长鸣。回去后继续向干部群众进行廉政承诺，说到做到。同时，作为第一责任人要抓好本县（市）的反腐倡廉工作，带好队伍，促进党风、社会风气的根本好转。

接受党性教育、提高党性修养、加强党性锻炼是一个党员领导干部终生的必修课。我要按照“常修为政之德，常思贪欲之害，常怀律己之心”的要求认真反思，深入检查，坚持“执政为民，艰苦奋斗”，使自己努力成长为政治坚定，清正廉洁，有能力、有本事，符合时代要求，能担当重任的领导干部。

新农村建设投入问题研究

（2006 年 5 月 1 日）

建设社会主义新农村，是包括生产力、生产关系、农村上层建筑在内的经济社会变革、发展、进步的系统工程。其中，大力发展农村生产力，不断积累和创造物质基础，是推进新农村建设第一位的、最根本的任务。而加大投入，并建立符合统筹城乡发展的投入机制，则是创造新农村建设物质基础的关键。现在，有了“少取”这个前提，下一步“多予”是重点。可以说，搞好新农村建设制度性安排的关键是加大投入。

本文所述投入问题，包括两个方面的内涵。一是指各级政府财力资源的投入，也就是政府“花钱”做的事，即如何正确履行政府公共职能，矫正对农村社会公共服务的误区，重新确立各级政府在新农村建设中的财权和事权关系；二是指制度创新，政府不需“花钱”，但要下决心通过法律、政策的调整，形成有利于新农村建设投入的政策和利益导向，用市场的力量为新农村建设配置资源，吸引和刺激社会投入。政府投入是处于主导地位的投入，社会投入（当然包括作为新农村建设主体的农民的投入）是有效益支撑的发挥原动力作用的持续投入。

一、问题的提出：为什么要加大新农村建设投入

“投入”历来是体现国家发展战略的重要工具。实施社会主义新农村建设，国家建设的投入要更多地转向农村，这是发展中国家实现工业化进程一般规律所决定的。纵观一些工业化国家的发展历程，在工业化初始阶段，农业支持工业、为工业提供积累是带有普遍性的趋向；但在

工业化达到相当程度以后，工业反哺农业，城市支持农村，实现工业与农业、城市与农村协调发展，也是带有普遍性的趋向。新中国成立以后的很长一段时间，为了建立工业体系，不得不实施工农产品“剪刀差”政策。据专家测算，至改革开放前，累计形成“剪刀差”达 6 000 亿元。应当说，农业和农民对形成今天这样的工业格局和体系作出了巨大贡献。当时的历史条件下这也是必须的，或者说也只能如此。当前，我国已初步具备了加大力度扶持“三农”的能力和条件。中央根据我国社会发展的阶段性特征，作出了对农村“多予、少取、放活”以及“城市支持农村、工业反哺农业”的战略决策。从我国经济社会发展的全局来看，新农村建设的投入是增强广大农村造血功能的投入，可以激活农村巨大的潜在消费市场，有力、持续地拉动内需，从而进一步推动全局的加快发展，形成良性循环。事实上，这几年农村购买力不旺，收入和消费增长不快，占总人口 60% 的农村居民只购买了不到 1/3 的消费品。依靠投资和外贸拉动苦撑的局面应当尽快扭转，否则，整个经济发展将面临产能过剩等许多问题。

历史和现实表明，投入不足直接导致基层政府（指县、乡政府，下同）履行基本公共服务的欠账。广大农村不能均等享受公共财政的阳光。农业难以得到其功能和地位所需要的特殊支持。如农村饮水安全问题依然很突出，饮用苦、咸等不安全的水导致疾病发生率不断上升。农村教育作为最基本的、又是极特殊的公共产品，本应由政府提供，但长期以来基本上由农民出钱办农村教育，结果必然是办不好，反倒让基层政府和农民背了一身包袱。乡村债务中有相当一大块是由当年“普九”造成的，教师工资欠发、办学经费难以保证等现象较普遍。交通原本就是公共交通，但乡（镇）以下的道路（没有哪个法律规定乡以下道路只能农民通行）又要“人民修”，给农民平添了必须履行的“义务”。医疗资源配置本应该体现公共、公益性，但乡（镇）以下医疗卫生设施几十年如一日，发展变化不大；农民看病难、看病贵，因病致贫、返贫现象比较普遍。社会保障和农民基本不相干，农民依然是“自己的梦自己圆”，游离于社会保障制度之外，处于边缘化状态。不能仅仅说农民有钱不花、观念陈旧，其实农民是不敢花他们几十年的积累，必须留下“看病养老钱”和“过河钱”（指渡难关的钱）。这种状态严重制约着拉动经济增长的“三驾马车”之一的消费增长。农业生产的基础设施欠账更多，农民粗放经营，广种薄收，开荒种地，造成水土流失欠账，已经时常危害着农民的正常生产生活，每年都会因自然灾害给农民造成大量损失。人民公社时期，农民出义务工干了不少水利工程，确实看到了“人多力量大”“可以集中力量办大事”的优势，但是，那种“一平二调”的做法已经严重受到“一事一议”民主规则的限制。怎样最有效地利用好当前充足而廉价的劳动力资源，大力推进与农民生产生活有关的基础设施建设，这又是一个大课题。做好了，可以事半功倍；做不好，以后可能就要事倍功半了。

造成上述情况的根本原因是基层政府承担的责任与其支出能力不相符。我们国家大，农村的情况千差万别，不同地方的经济发展条件，可能形成的财力资源差别很大。但无论哪里的基层政府，其必须履行的职责是相同的。要求基层政府做什么，必须怎么做，上面说得很清楚，但有没有这个能力完成任务，无人去认真研究。农村各种与经济社会发展相适应的公共开支缺少相应的税收来源，必然导致非理性投资、不惜一切代价上项目，这不仅干扰和影响了市场对投资的内生性正常需求，还出现了一些违背科学发展观的错误做法。如当年大办乡镇企业，结果负债累累。再如，现在国家进行宏观调控，但基层政府却极力招商引资大上项目，甚至重复、盲目上项目。在我国五级政府框架中，基层政府的财政能力最为脆弱，而它们承担的面向生活着 9 亿人口的农村地方公共服务责任却最大。基层政府必须支出超过其自有资源的收入，这在中西部地区是普遍的事实。要解决这种财政失衡的问题，要么增加转移支付，要么减少基层政府的职责。如何确保基层政府获得与其承担的支出（服务）责任相称的财政能力？除了基层政府必须因地制宜大力发展地方经济、增加财政自给能力外，也有一个如何解决好中央在税收格局中收得过多、过度集中的问题。基层政府可能随着国家财力的好转和新农村建设进程的加快得到更多的转移支付，但基层政府过多依赖转移支付也不是一件好事，不能激励其“自食其力”，不符合“效率”原则，不利于加快发展。

2003 年，中央政府对地方政府的转移支付总额占中央政府非债务总支出的 52.7%，2004 年这个比例达到 55.3%。转移支付规模过大，证明税收重心过度上移，而支出重心又过度下移。基层政府在这个过程中处于不利地位，一方面，中央对地方的转移要经省级财政重新“打捆”再向下转移支付。这个过程缺乏必要的公开性和科学规范的标准，分配上带有很大的主观性（自由裁量权很大，特别是专项资金）。另一方面，省和县级财政关系需要重新理顺。1994 年分税制以来，省对县在实行了分税制的同时，还继续沿用原包干上缴体制。因此，县级财政体制实际上是分税制和包干上缴体制“双轨运行”。1993 年核定的收入基数，把包干体制中形成的不均衡状况和不合理问题带入了新的财政体制。省级通过拿“增量”的办法集中一部分财力外，又对共享税进行再次分成。

二、钱从哪里来：增加投入的制度安排

建立新农村建设投入增长的长效机制，应当调动政府、市场、农民三方面积极性，形成多元化投入的格局。进一步明确投入责任和功能定位，大力实施财税政策创新，逐步形成有利于新农村建设的资源配置机制。

（一）进一步理顺各级政府的财权、事权。财权和事权的划分，既要有利于维护国家利益，有足够的能力实施宏观调控，履行国家职能；又要从实际出发，因地制宜调动地方的积极性，保证履行其承担的职责。切忌财权层层上收，事权层层下摆，财权与事权不对称。事权的确定要

科学合理，便于问责制的操作，要努力解决辖区间的外部性（溢出效应）问题。

根据公共财政理论，每级政府都要为自己辖区提供公共产品服务，同时，要遵循获益原则。比如，基础教育是一个最基本的、必需的公共产品，但它是一个不受辖区限制的外部性很突出的公共产品。这种公共产品与地方建设发展有关，又涉及整个国家的未来，它不仅属于地方财权、事权范围，也与中央财权、事权有密切关系。这种公共产品的事权就应由国家承担为主，地方政府参与为辅。目前，县级政府 50% 以上财力都用于办基础教育。且不说有没有这个财政能力，即使有这个能力，办好了基础教育对县域经济社会发展有什么直接益处、回报？基层政府认识到，考出去的学生越多，对自己的回报越少；渐渐发现考不出去的那部分学生才是县域经济社会发展的真正建设者。新农村建设应把解决基础教育问题作为突破口，明确办好基础教育、提高国民素质的国家行为，绝不能因为基础教育功能的缺失，使农民的“能力贫困”向下一代传递。国家办基础教育，投入有保障，应把它作为提供给人民的第一位的公共服务产品。应当进一步强化中央支持基础教育的职责和投入力度，真正将基础教育发展特别是农村基础教育发展摆在国家财政分配的重要位置。本应由中央承担的事权，如果不能从实际出发，即使通过法律要求下级政府承担，实际上也难免落空。通过硬预算要求地方政府保证法定支出的事不少，但实际运作并不理想。比如，要求地方政府“教育支出增长要高于可用财力的增长”“科技三项费支出要达到总支出的 1%，并且要适当增长”“文化事业费支出要达到总支出的增长”“农业支出要高于经常性财政收入的增长”“计划生育经费……”等等，出现了保正常支出与法定支出的矛盾。中央部门要抓好的事本应由中央级财政保证其实施，但事实上存在着“上级出政策，下级买单”的问题。一旦超出了基层政府的实际财政能力，预算编制也只能是“空转”。法定支出太多，也肢解了预算。

而不该由中央承担的财权、事权，也不宜由中央包揽。新农村建设，国家要加大投入力度，但其中许多事权不宜归中央，即使投入也不宜以“中央名义”操作，以免农民产生过分的依赖心理。如农村道路、饮水安全、中小型农田水利工程等，从公共服务角度讲，至多是县级政府的事权，由基层政府来操作，以它们名义投入好处很多，可以密切基层政府与农民的关系。农民一直认为，中央和国家是最关心支持他们的，但是到了县、乡什么都不行。这种状况不扭转，农民对中央和国家的好感也不扎实，维持不了长久。本应由基层政府承担的事权，由基层政府来操作有许多优势。基层政府更了解当地人民的公共服务要求和意愿，也更了解大多数公共服务的成本及其变化，也比中央更能对当地需求和意愿及时作出反应。中国这么大，中央很难为各地量身定制符合当地需要的服务。现在的问题是，事权与财权划分不统一、不对称。基层政府往往有事权而无相应的财权或入不敷出。这个问题应该通过科学的、规范的中央政府对基层政府的转移支付来解决。要把好事办好，避免上级政府越位，中央有钱也不能越位直接办基层的事。否则，一是国家太大，各地农村情况不一，中央确定的目标和偏好尽管建立在充分调查研究的基础之上，但也很难与农民的需求相一致。由中央确立的提供公共产品的品种和数量，很难真正反映农村社区多数人的需求意愿和当地实际。如果真要这么做，地方政府也会很欢迎，也会表现出极大的积极性去多争取项目。过去这种事很多，项目落地了不中用，不解决农民的根本问题，带有浓厚的“扶贫助贫”色彩，实验示范现场会过去了，项目的使命也就完结了。立项、争项目都说注重其效益，实则上下都不负责，也无法问责。二是中央直接做基层政府事权范围内的事就要发挥职能部门的作用，以实现其政策意图，把钱用在刀刃上，专款专用。实际上，由于渠道过分分散，中间环节又多，公共资金容易被一层一层“过滤”。现行管理模式下，项目资金条块分割，各自为政，有限的资金难以形成整体合力。各部门都掌握一块资金，都有资金分配权，不利于资金的统筹安排和使用，也必然出现“重资金分配，轻资金管理”的现象。这种用专项资金支持的办法提供农村公共产品，又往往要求地方政府安排配套资金。这笔资金难以真正落实，要么弄虚作假，要么越贫越要不来项目。这里还有一个对政府投入起主导作用怎么理解的问题。引导资金要起到“振动源”的作用，用这种投入刺激带动再投资。它和投资比例没有必然关系，不能认为某个项目100%由政府投资就是包揽，有重要功能作用的项目就是要100%投资，要看项目的功能作用，而不应以投资比例机械地判定“主导”或“引导”。可以判定，即使基层政府调整财政支出结构，努力安排配套资金，也跟不上中央不断加大投入的力度和进度。项目资金缺口肯定要导致一系列问题。上级政府部门拥有较大的分配专项资金的权利，也容易滋生腐败等问题。最好的办法就是测算好基层政府承担的事权及所需财力，中央政府逐步通过以“均等化”为目标的一般性转移支付保证其相应的财力。国家财力分配应真正体现“人均”“公共”概念和惠及广大农民，支持和壮大直接为9亿农民服务的基层政府的财权。要明确和规范支出责任、收入来源以及转移支付的种类、数量和分配方式，及时和足额地将转移支付资金划拨到最终使用者手里用于正途，避免截留、挪用和延滞。应大大削减专项转移支付及其配套要求，除了特殊关注的事项外，新农村建设要办的事不搞专项转移支付支持的项目，让基层政府做其应当做好的事项。

（二）开辟新的资金渠道。要改变农业和农村在资源配置和国家收入分配中的不利地位，除了在现有格局和增量中调整支出结构外，还应该更多地在盘活潜在资源上做文章。这方面潜力大，又不会过多地侵害和影响其他群体的既得利益。中央已经提出，开辟新的资金渠道，逐步提高土地出让金用于农业土地开发比重，并集中使用；提高耕地占用税税率，新增税收主要用于“三农”。

土地的增值收益应该更多地以直接或间接方式留给农民和农村，让农民以土地作为资本直接参与工业化和城镇化，分享土地增值收益，可以从城镇化和工业化的进程及其成果中，取得相应的原始资本积累，实现其占有资源的资本化。土地作为主要的生产要素，其有效流转是生产力发展和社会发展的客观要求。推进新农村建设，特别是推动农业产业化经营、城镇化进程、城乡二元经济结构的改变，都涉及土地流转问题。这步棋走好了，可以一举多得，尤其可以取得可观的资金用于新农村建设。可以探讨成立土地信用合作社，推动土地使用权的交易。这里不能过分强调对农户的直接补偿。由于许多复杂原因，目前农民占有土地资源从大的方面看是公平的，但具体矛盾很多，远未达到均等化和“均田制”。他们占有资源的起跑线并不完全平等，不宜把这种不平等进一步带入新一轮资源资本化过程中。可以通过耕地占有税的调整，将土地收益间接地、均等化地投入到新农村建设之中，为新农村建设提供巨额、持续的资金来源。土地对农民的基本保障功能也只有在这种流转中才能发挥出来并逐步放大。

在改善税制结构方面，应该探讨实行新型销售税，并把它作为地方税主税种。销售税税基广泛，对销售和使用产品征税，把商业交易行为作为征税的机会和载体，谁消费谁纳税，随价格和收入的增加而自动增加，这种设计有利于增加地方税收收入。有一定人口就会有一定消费，有一定消费就会形成一定税收，这样可以不必都去追求增值税而不顾客观条件办工厂，片面理解和追求工业化，从而淡化增值税对地方经济发展的过分影响。一个县几十万人口总是要有消费的，可是在现行税制体系下，这种消费只能拉动发达地区的生产发展，为他们创造更多的增值税，不能以当地消费市场换来税收。实施这种新的销售税政策，也可以抑制盲目上项目、建工厂，有利于具有不同资源禀赋的地区发展不同的产业，形成各具特色的产业格局，并得到相应的回报。购粮者到粮食主产区购粮，向当地支付销售税，有利于粮食主产区发展粮食生产。发展旅游业，吸引人流到旅游资源丰富的地区，这样的地区即使一个工厂没有，也能形成财力资源。应把它作为落实科学发展观，从根本上改变考核地方政府绩效的一项重要内容。当然，消费从根本上还得靠生产来支撑。在整个税收体系当中如何用销售税发挥上述导向作用，又不影响消费拉动内需，这需要专家科学地论证；不过有一点是显见的，就是地区之间 GDP 的差距远大于社会消费品零售总额之间的差距。如果以消费品零售总额为基本参考标准建立税收体系，GDP 差距很大的两个地区的税收收入将会大大缩小。以购买力论英雄而不是以 GDP 论英雄，恐怕是我们今后工作第一位的价值取向。不管是否发达，有没有工厂，培育了相应的居民购买力，也就等于培养了财力资源，就应该取得相应税收。

创新金融产品，大力支持新农村建设，也有巨大的潜力。比如政策性银行支持改善农民住房等基本生产生活条件，可否实行“父借子还”的长期贷款？另外，金融政策也应体现对生态价值的认可。“青山绿水”都是有价的，仅停留在“绿色银行”口号中是不行的，它们都应该得到科学估价并成为相应的信贷抵押物。这样做有利于保护生态系统，为新农村、新林区建设挖掘出丰富的财富。没有广大农村的生态屏障，城市的健康发展就会成问题，应该从这些有城乡共同利益的事情着手，建立一整套统筹发展的机制，土地流转权抵押贷款、土地使用权作价入股等等，都应大力提倡。要鼓励农村金融机构支持新农村建设的经营行为，凡是此类贷款一律免交营业税，而对农村资金外流或不发生贷款经营行为的，则要相应课税，以此抑制农村资金外流。定向发行新农村建设国债，既可以筹措资金，又可以增强新农村建设的信心。

（三）推动市场化运作。新农村建设的目的或成果最终还是发展农村先进生产力，推动建立先进生产方式。而当前差距大的还是农业生产的组织化程度低，农业经营的规模小，农业生产的标准不高，农产品的市场化不够。如何突破这些深层次的体制机制制约？我认为应该从两个方面寻找突破口。

一是通过大力扶持龙头企业带动农民增收。应当牢固树立支持龙头企业就是支持农民的思想。龙头企业是农业组织化、经营规模化和产业化链条中的关键环节。在农业产业化中，龙头企业是投资的主体，科技创新的主体，建设生产基地的主体；没有龙头企业带动，很难实现农产品的规模经营，形成基地；没有龙头企业的推动，标准化很难从根本上得到解决。要实行规模经营就必须采用标准化生产方式，反过来，标准化的农业生产只能建立在规模经营基础上，不可能建立在一家一户的、分散的小生产基础上，也只有龙头企业才能延伸农业产业链。要增强农产品的市场竞争力，归根到底还是靠一批有竞争力的企业。通过利益联结机制，让从事家庭生产经营的农民跟着龙头企业走，这要成为新农村基本的生产经营方式。千家万户的农民对付千变万化的市场肯定不行。中国是农业大国，实行家庭承包和基本的“均田制”，可以解决“吃饭”问题、温饱问题，但不能解决小康和致富问题。从“打土豪、分田地”到党的十一届三中全会，我们历来重视解决土地问题，从农民没有土地给土地，到给了土地但给得不到位，又进一步以“承包”形式彻底给到位；下一步，再从土地因素调动农民积极性促进增收的潜力已经不大了。那么给什么还能促进农民增收呢？“种粮直补”无疑也是一个不错的办法。但中国农民多，对农民直补成本大，人均、户均得到的补助又不多，不起根本性作用（在一定意义上又不利于减少农民数量）。这不同于发达国家，给仅占百分之几的农民发直接补贴。我认为，给一个致富的产业（实际是给市场，市场经济条件下给市场最重要），投入龙头企业进而带动农民增收可能更持久。产业化经营的龙头企业，它可以联结产前、产中、产后而延长产业链，又联结着农村一二三产业而形成产业体系。一个龙头企业就可以发展带动形成一个主导产业，尤其从事农产品加工的龙头企业，是联结工业和农业、城市和农村的天然纽带，是集中体现城乡统筹、工业反哺农业、城市支持农村的重要载体和手段，是扩大农民就近就地就业、发展农村支柱产业的重要领域，也是新农村建设中生产能否得到根本发展的重要标志。一个中等县，每年发给农民的补贴 1 500 万元 ~ 2 000 万元，这些钱分到农户头上每人不过 200 ~ 300 元，这种增收只是输血式的、一次性的增收。但如果选择扶持龙头企业，就完全可以形成一个稳定的增收渠道，每年都增收200～300元，甚至更多。二是力争形成县域经济产业链的良性循环。我主张，新农村建设投入要多给物、少给钱，实行“以物代资”“投资参股”等形式。比如，要扶持农民建房，可以设计这样的模式：组织农民为道路等基础设施建设出工出力，可以挣到所需要的砖、水泥等建筑材料。这类产品的大量消费会拉动这类产业的发展，这类产业大发展而形成的税收势必要增加，把这些增加的税收再投入到上述的循环中，可以不断扩大投入规模、扩大扶持范围，这需要精心策划、设计和科学论证。总之，我们一定要把资金投入到促进产业发展的关节点上，投入到有利于形成良性循环的机制上。

新农村建设中有些基础设施的建设也可以引入市场机制。浴池、卫生所、便民店等，可以统一规划，列入综合服务中心总体建设方案中，实行统一建设出售出租；也可以按总体规划招标自建，土地等费用适当减让或政府适当补贴，完全可以把这些准公益性事业办起来。现在的问题是农村这类事业标准低、不规范、隐患多，经特许经营才能办的事情没有管起来，该管的没管到位，本应产生或显化公共价值的资源非资源化了。比如，规划就是资源，通过规划可以逐步理顺这些内在关系，搞好了就是一大块投入。

新农村建设还有一个深刻的用意，即指望通过提高农村购买力解决城市的问题。其实，这里更需要城乡“良性互动”，或者说更需要通过城市购买力的引导和支持解决农村的问题。政府机关、企事业单位陆续都在开展新农村建设帮建工作，大家考虑更多的是捐款，协调有分配资金权力的部门为其帮建村倾斜一下，等等。其实，这不是长久之计。如何在“良性互动”上多下一些功夫，可能更现实、更持久。比如，为了推动农民绿色食品生产，帮建单位就可以和所帮建村签订购买合同，并监督、支持其进行绿色食品生产。自己看到生产过程，一定会比消费其他渠道生产的产品更放心。这样做，既推动了农民绿色食品生产，帮建单位又有了健康消费的渠道，一举两得，这是大有文章可做的。要想改变农民的生产方式还必须改变收购方式，比如，如果按重量收购“笨猪”，那“笨猪”肯定不会“笨”，农民肯定喂添加剂饲料，因为重量决定价格。但如果按头数或饲养时间收购，“笨”猪就会真“笨”。“良性互动”中也有深刻的发挥市场机制作用的道理，这是帮建单位容易做到的，又是有优势做好的事情。

三、资金往哪里投：投入方向和重点

投入政策的设计要力争发挥导向功能或者要配有相应的导向功能，形成引发再投入的激励机制，引导各类资本投向农业和农村，真正发挥四两拨千斤的作用。新农村建设既是一个长远的工作方向，又是现实的紧迫工作任务，必须立足当前、着眼长远，注重解决农民最关心、最迫切、也容易见效的问题。

（一）从政治层面考虑。要致力于解决影响农民价值判断的事情，真正体现立党为公、执政为民。印度国大党这方面教训极为深刻，他们在城市建设、工业经济发展方面取得了显著成绩，但农村发展缓慢，欠账太多，引发占其人口大多数的农民及弱势群体的不满而下台。中国社会的主要群体还是工人、农民，无论如何要防止主要群体弱势化乃至边缘化的趋向。在过去价值体系单一的环境下，农民很容易满足，为他们做一点好事他们就会说共产党好、社会主义好！但今天的情况就有很大不同了，受利益多元化格局的影响，他们的价值观念也在发生着深刻的变化，不再只有单一、纯朴的感情，选择意识不断增强。上访的农民甚至提出这样的问题，村委会是我们多数人选出来的，村党支部是少数人选出来的，为什么少数人选出来的党支部说了算？党支部的核心地位直接受到挑战，这涉及党在广大农村的执政基础。其根本原因在于，这些年有相当一些村党支部基本上处于无所作为状态，过去靠收费对农民有一个制约关系，存在着特殊的“威望”和影响，在“收”的过程中给一点“关照”就会换来感恩，现在什么都做不了了，过去意义上的“资源”支配权都没有了，农民反映吃水难、行路难甚至日子过不下去也无能为力，买不买他们的账也就无所谓了。中央决定加大农村水、电、路、气等的投入是非常重要和及时的。当然，在这个过程中还要高度重视农民的教育问题，通过培训（这也是农村教育的一个组成部分）提高他们的素质，成为遵纪守法的新农村建设的参与者、推动者。这种“软件”建设方面的投入是不可缺少的。

（二）从经济层面上考虑。应注重促进农民增收，同时还应当考虑通过新农村建设形成新的经济增长点，促进县域经济良性循环。促进农民增收首要的是发展现代农业，传统农业对农民增收能起到的作用和潜力已不大了。现代农业建设不像传统农业那样是一个自发演变的过程，而是政府按照农业发展规律，采取加大投入等强有力政策引导和推动的一个自觉提升的过程，政府是现代农业发展的组织者和推动者，现代农业与工业的利润率是基本接近的，生产要素在农村和城市之间得到合理配置、有序流动，而不是土地、资金等一些要素不断从农村流入城市。建设现代农业需要大量投入，包括自主创新和成果应用、推进农业产业化经营、调整农业结构、扶持合作经济组织和行业协会、建立农产品现代流通体系等方面的投入。还应当进一步加大农田水利建设，提高农产品品质和质量、动物防疫体系建设等方面的投入，切实不断加强农业综合生产能力。同时，在整个新农村建设过程中，要立足统筹城乡产业的链接，培育新的产业基础、产业群。新农村建设大量的投入都属于基础设施建设投入，需要大量水泥、砖瓦、砂石、钢材等基本的建筑材料，大小、高低档企业都可以做，而且不规范的企业可能做起来更容易。如何做到既不能因为有这样特殊机遇的市场拉动而“沉渣泛起”“死灰复燃”“十五小”抬头；又要在合理的规划下促成结构调整，实现基础建材业的提档升级，形成稳定、持续发展的支柱产业，应该很好地研究通过拉动内需的过程，提升产业结构。国家可以实施市场机制作用下的政府采购制，在一定区域内确定有一定基础、经过扶持可以提档升级的企业名单，把这些企业作为采购的主要基地；对采购中标的企业还要通过增量税收返还支持其进行改造，提升档次。这种投入也应当作为新农村建设投入的组成部分。同时，进一步加大淘汰力度，不能让那些已经濒临市场边缘化的企业因为内需拉动再获重生。否则，从经济数字上可能会看到新农村建设拉动内需积极的一面，而另一面也可能出现浪费资源、污染环境等情况。

（三）从社会建设层面考虑。首先，不能忽视规划的投入，新农村建设规划是前提、是龙头，不搞好规划，就盲目进行基础设施建设容易造成浪费。这笔投入不能指望由村里支付，这个规划村里也做不出来。应当明确县、乡两级政府做好规划的职责和帮建单位应发挥的作用。规划的制定要坚持“超前、合理、实用”的原则，要通过新农村建设总体规划、乡村布局规划和乡村建设规划的制定，描绘出拥抱青山绿水的、人文情感浓厚的、人与自然和谐相处的美好家园的建设蓝图，明确今后发展和建设的重点项目（有的村屯不宜再发展，恐怕就得采取逐步“拔穷根”的办法搬出）。村基础设施规划和建设的内容应当包括水、气、电、山、田、林、路、通信、广播电视、文化场所、卫生所、浴池及村容村貌整治等多方面。大家往往舍不得规划的投入，特别是觉得一个农村建设不必花钱搞规划，路直了、有水了也就行了，这种苗头应值得警惕。其次，全面普及和巩固九年义务教育，改善农村教育条件仍然是根本的、艰巨的任务。农村学生由于受厌学、贫困、新读书无用论等影响，中途辍学的问题并没有得到根本解决，依法控辍还缺乏有效的法律支持，生源减少后合并学校导致上学路途远，交通、住宿不便等问题是面临的新考验，边远山区发展寄宿制学校势在必行。职业教育对提高农民素质，使他们掌握一技之长，实现农村劳动力转移具有十分重要的作用，直接影响农民的就业能力乃至致富能力。国家已经决定，将农村义务教育全面纳入公共财政保障范围，逐步建立中央和地方分项目、按比例分担的农村义务教育经费保障机制。在义务教育投入方面，还应当进一步明确“中央拿大头，调动地方积极性”的原则，把提高国民素质的义务教育投入摆上最重要的议事日程。第三，要加大农村公共卫生和基本医疗服务建设的投入，尽快建立农村基本的养老医疗保障体系。看病难、看病贵，因病致贫、返贫现象制约着农村社会的发展，我国国情决定了农村需要医疗救助的面很大，农村基本医疗服务将长期离不开政府的投入，加快建立和完善新型农村合作医疗制度仍然需要很大的物质条件支持，几亿农民不能长期游离于国家基本的社会保障体系之外，那样不利于社会的安全运行，容易引发极端的社会矛盾。改善和发展县、乡、村医疗条件，既要重视基本医疗服务公共或准公共产品的特殊性，又要充分调动这些年形成的城市医疗资源在市场推动下的合理配置。要建立医疗资源（包括人才）城乡共享的机制，高效率利用资源。国家可以出台一系列政策，引导大学生必须有几年以上基层医院服务经历才能评职称、考研究生，也可以实行乡村医生“名医”制度，给予其相对高薪，鼓励其为“十里八乡”长期服务。要把重大传染病防治及人畜共患疾病的有效控制作为农村公共卫生服务体系建设的重要内容，在农村现有条件下发展畜牧业（由种植业向养殖业转换是产业升级发展的必然规律），人畜混居、不能健康养殖的问题将会日益突出，如果在推动农村产业发展中不能较好地解决这个问题，将会产生新的农业污染（面源污染），甚至造成农村公共卫生灾难。国家多年来一直十分重视农村计划生育服务设施建设的投入，应当进一步完善和推进农村计划生育家庭奖励扶助制度，确保响应国家政策的人不吃亏、能养老，确保不引发社会矛盾。

（四）从生态建设层面考虑。生态良好的时候，人们往往看不到它的价值；但是，一旦失去它，就会付出沉重的代价。保护和恢复生态是一个价值再造的过程。退耕还林、水土保持治理等投入，受益者不仅是农村，更多的是城市。没有良好的生态环境，一切都要打折扣；这笔投入管当前又管长远，管农村又管城市；它应当是新农村建设，实质是统筹城乡发展的根本性投入。这方面，国家投入力度已经很大，应当长期坚持不动摇。生态建设一系列工程的实施，其效果不仅体现在工程本身，还在于通过长期的努力，提高国民环境保护意识，充分认识生态的价值。

四、资金如何用：改进资金运作模式

政府、市场、农民及社会力量投入，各自有其功能定位和相应的规律。现仅就政府投入资金运作模式谈谈如下看法。

（一）要整合资金渠道，形成支农资金的合力。整合的概念不是统计口径的归类，更不是支农资金科目归类后相加凑数。中央政府十几个部门都有支农资金分配权，都要通过资金的调度体现其政策导向或意图。前面我已分析过，这种专项资金的弊端越来越突出。现在让基层政府整合资金捆绑使用，实则很难运作；条条上级给的钱不听条条上级的话，不按条条上级的意图花钱，后果可想而知。中央政府各部门的职能又不可能随意调整，这种情况下最佳的办法就是大力减少专项资金，为基层政府增加规范的、一般性的转移支付。基层有了相应的财力而不办条条上级要求办的事，次年可根据条条上级考核验收意见撤出这部分财力。条条上级在指挥基层政府实现其意图中看似由过去的主动地位转为被动地位，实际上的控制权没有变，监督的职能和作用在于评价结论及其运用是否有效；由自己直接分配资源转向监督基层政府按政策意图使用资源，从繁重的项目评估、评审中解脱出来，指导、监督基层政府按有关项目的管理办法规范操作。如果体制外还能形成一种对付这种体制的体制，就证明这种体制不合时宜。中央各部门既然掌握分配资金的权力，那么它的影响力就会远远超出其职能范围，进而形成与其职能相关的重大的影响力。我主张，除极少量专项资金外，都要通过增加基层政府的财力解决问题；基层政府的专项资金投入也同样需要一竿子插到底，直接到户、到人或直接拨付到商品或劳务的提供者主体。目前，财政和银行部门从技术上完全可以做到这一点。中央及省级政府各有关部门应把责任和注意力放在系统评估基层政府的财政能力、标准支出需求、公共服务成本及服务绩效等方面。同时，在强化问责和增强透明度上下功夫，促使基层政府正确履行职责。

（二）要建立责权相统一的机制。过去农村基础建设中存在的一个突出问题就是“重建轻管”，已建公共设施由于管护责任不落实，缺乏后续投入和维护管理，老化失修，浪费严重，难以长期发挥正常效益。其根本原因就是投资主体与回报主体不一致，投资者不能从投资中获益，投资主体和产权主体不对称，产权不明晰。应当加大体制机制创新力度，结合实际，针对不同类型的农村基础设施，构建不同的产权制度和所有权制度，采取不同的运作模式。比如，对于一些单个或几个农户受益的项目（沼气、小型水利工程等），可实行“自建、自有、自用、自管”，明确国家补助性投入及其形成的资产产权归农户个人或几个人所有，基层政府可以核发产权证书，对使用时间长、效益突出的还可以进行奖励性再补助。再如，对一些受益人口相对分散、产权难以分割或难以全部转移的工程（供水工程、农村水电、节水灌溉等），在尽可能明晰工程所有权的前提下，通过承包、租赁、股份合作或组建使用者协会等方式，将所有权与经营权分离，经营权与工程管护责任相统一，即“谁经营、谁管护”，也可以将部分所有权移交给受益农户，同时与农户签订协议，明确由农户负责工程的保养管护工作，并保证工程的完整性和使用性质，投入主管部门要定期对工程的完整性和用途进行监督和检查，奖优罚劣。对于一些具有一定收益、适合经营的基础设施（人口集中地区的农村水电、统一供水等），可通过公开拍卖，转让工程的所有权和使用权，由购买者自主经营管理、管护，投入主管部门对其进行监督。要进一步明确投资、建设、管理的职责，切忌“重分钱，轻管理”的倾向。教育农民提高对部分准公共产品的商品属性的认识，依法缴纳维护基础设施运行的成本费用。还要从实际出发，组织相关部门研究加强农村基础设施运营管理的有效手段。比如，有不少村自来水建起来了，但运行不起，原因就是部分农户偷偷用自来水浇房前屋后的园田地，用自来水浇地；但又不是人人都这么办，再用成本平摊的办法向各户收水费，显然多数人有意见，对付水表计量的办法又防不胜防，况且太高级的水表成本也过高。解决这类问题必须从当前农村的实际出发，采取软硬件相结合的办法。我有个设想，即公共水源只提供到大型蓄水池为止，农户用水各自通过电动装置从储水池中抽取，用多少水花多少电费，不搞“公来水”而搞真正的“自来水”，从深井把水抽到地下蓄水池，这部分成本要与各户的用电量挂钩。公用设施，即使在城市管理中也并没有完全发挥出效益来，在农村更需高度重视，否则难免出现有的工程只是摆摆花架子，出现“中看不中用”的尴尬状况。

（三）要建立资金使用绩效评价体系。这些年，国家对农村也没少投入，按理说，农村的现状应当比之前好一些。为什么投入的资金没有发挥出应有的效益？怎么进行科学评估？同样的项目、同样的资金，投入到哪个环节会发挥重大的作用，等等，这些问题确实需要系统地评估。比如，国家一再强调建立健全农业技术推广体系，并且这几年正在加大投入。据了解，发达国家政府也把这样的队伍作为公益性的单位，保证其正常运转和有效地为农服务。但我们目前的基本情况是，这样的事业单位处于“有钱养兵，无钱打仗”的状态。它们有了钱首先要武装自己，然后才能有条件正常开展为农服务的工作。尽管各级政府不断增加投入，但最终需要得到服务的农民的受益却是有限的。我们面临的问题类似于“中介掠食者”现象。所以，公共服务的机制必须改革，否则新农村建设的投入很可能相当一部分被“中介掠食者”吃掉。中央一号文件已明确指出，创新乡镇事业站所运行机制。我认为，在这项改革上必须迈出实质性的一大步，特别要更新传统事业单位观念。过去一般认为有财政开支保障的才是公益性事业单位，才能体现国家的重视和支持，否则就不重视。计划经济习惯于抓战线，用手里掌握的各支队伍（即所谓的各条战线）在计划体制下直接调配资源。所以，强调手中一定要养一支队伍，但这支队伍为农服务干的是良心活。市场经济抓块块，更强调通过某个项目的实施整合资源、配置资源，支持什么项目不支持什么项目，即体现政府的政策意图，确立了要支持的项目，招标选人，达到项目实施的目标再买单。通过这种办法可以优化组合各种资源，在市场机制作用下促使这些资源全心全意为农民服务。政府完全处于“实施意图、监督运行、达标买单”的角色。公益性要体现在政府花钱买项目的实施，而不是花钱养人。不仅乡（镇）这类事业单位要进行改革，所有的这类事业单位都应该进行这种性质的改革。这和把事业单位推向市场不同，最大的不同是这个市场是政府买单的市场。养人养老的问题则应从社会保障体制角度去解决。还要大胆创新受益农民参与的机制。他们作为新农村建设的主体，应该是最大的、直接的受益者，怎么样能受益，上什么项目能受益，他们最清楚。政府投入效益如何，归根到底要看农民受没受益。虽然不能简单计算投入产出账，这里有许多潜在的社会效益；但是，基本的经济规律不能违背。对新农村建设投入的资金使用效益，应建立一套完整的评估体系，要有奖惩措施。对基层政府新农村建设的财力进行专门的使用效益预算，要建立科学的“新农村建设项目资金管理办法”，健全民主监督制度。实行项目预算、物资采购、资金支出、工程施工、工程决算、项目验收全程公开，办什么事、办多少事、花多少钱都要置于受益群众的监督之下。

近年来，国家财政对新农村建设的投入保持了稳定增长的态势，但是，由于农村生产生活基础条件落后，现实矛盾和薄弱环节多，与新农村建设的资金需求相比还有很大差距。加大投入既要尽力而为，又要量力而行，不能急于求成而以各种名义重新增加农民的负担。今后，国家应该着手制定“新农村建设投资法”，进一步规范和约束各级政府的投入责任和行为，地方政府不能因为中央加大投入而袖手旁观，必须调整财政支出结构，尽职尽责。还应着手建立能够真正为新农村建设服务的农村金融服务体系，有效控制农村信贷资金严重外流的状况。要以确保基层政府获得与其承担的支出（服务）责任相称的财政能力为目标（均等化），建立科学、规范、有效的转移支付体系，真正形成支持新农村建设的稳定持续的投入增长机制。既要加大投入，更要严格规范项目资金的使用管理，对截留、挪用、挤占资金和以项目谋私等行为，坚决按照相关法律法规严肃处理，确保把党和政府的温暖更多地、更直接地送给广大农民，让公共财政的阳光普照农村！让公共财政的雨露滋润农民！

环境项目落实成为最强音

（2006 年 7 月）

2005 年与 2002 年相比，全市地区生产总值实现 38.2 亿元，增长 35.1%；全口径财政收入、地方财政收入完成 33 670 万元、7 236 万元，分别增长 130.9%、23.8%；城镇居民人均可支配收入和农民人均纯收入达到 5 480 元、3 950 元，分别增长 26.1% 和 48.2%。穆棱市获得全省党建工作先进县（市）委、全国法制宣传教育先进县（市、区）等荣誉称号。贯穿这几年工作的主线是抓环境、抓项目、抓落实，并为此积聚力量。

一、持之以恒学习，用先进思想武装自己、指导工作，始终坚定对事业的信心

能够坚持政治理论和业务知识学习，一个阶段必须认真读一本反映当前市场经济知识、信息量大的书，吸收先进理念，启发创新思维，思考用市场经济办法解决发展中的困难和问题。学习掌握中央、省、市的各项方针政策，研究与穆棱实际结合的能够贯彻落实的方法，及时向班子成员和广大干部群众宣讲和部署。每天保证两个小时以上的学习时间，即使出差时也要早起两个小时学习。先后参加了中央党校县（市）委书记培训班、省委党校中青年干部培训班和中央党校在职研究生班的学习，系统地学习了政治理论和市场经济知识，在省委党校组织的入学考试中名列前茅。几年来，在全市重要会议上的讲话都是在查阅资料、反复思考的基础上亲自撰写的，参加学习和培训期间所有的作业及论文也都由

本人完成，撰写了《新农村建设投入问题研究》等学习论文，先后有《坚定不移地以项目建设推进快发展、大发展》《发挥毗邻绥芬河口岸优势，加快开放型经济发展步伐》等多篇文章在国家、省级报刊上发表。多次主持召开全市领导干部大会，向干部群众宣讲全新的发展理念。带头讲党课，阐述先进性教育和新农村建设的意义，亲自出题对中层干部进行考试、对公开竞职干部进行面试。多年的学习和进修，对提高自己的理论修养和政治素养确实起到了很大的作用，对国家各项政策的出台、对加强党的自身建设的各项举措、对共产主义事业的前途和未来等等，始终充满必胜的信念，始终保持坚定的信仰，始终对从事的各项工作保持极大的热情。通过学习、实践和思考，自己对发展市域经济有比较清晰的思考，逐步形成了“在加快发展中贯彻落实科学发展观，坚持和深化‘环境、项目、落实’发展理念，壮大‘烟、牛、电’主导产业，推进四个对俄进出口加工基地，加快绥－穆经济一体化，全力建设中俄边境绿色产业城”的发展思路，得到了广大干部群众的认可，并在工作中得到了一以贯之的执行。

二、既要有想法更要有办法，用创新解决发展中的问题

我提出“不会抓落实的干部不是好干部”的观点，强调一个干部既要有“想法”，更要有“办法”，找办法的过程是对干部工作能力的检验，一定意义上就是看创新的过程。几年来，面对发展中的困难，我没有搞短期行为推着干，全力破解影响和制约经济发展的深层次矛盾问题，尝试用创新的办法解决问题。主要做了以下几方面创新工作。

（一）转变招商方式，变五指出击为重拳出击。招商引资是全市的中心工作，但原有的招商方法存在力量不集中、资金使用分散、效益不突出等弊病。通过调查研究，我要求必须集中力量搞集中突破。由全民招商向专业招商转变，组成“三局”（发改局、经济局、中小企业局）“六办”（肉牛办、电力办、林木办、建材办、矿产办、大豆办）和各

乡（镇）专业招商队伍招商，每年为每支招商队伍拨款 20 万元。由“大招商”向“招大商”转变。根据自身产业优势，瞄准长春皓月肉牛、香港嘉汉木业等行业龙头，主动出击，敲门招商。对内招商以苏州市吴中区和台湾地区为重点，对外招商以韩国为重点，在吴中区、绥芬河市和韩国分别设立联系点、确定联络员，收集信息，重点攻坚。

（二）建设政务超市，真正实现“一站式服务”。建设政务超市，让百姓到政府办事像到超市买东西一样便利，实行“一站式服务”，是改善经济发展环境的一项重要举措。利用政府掌控的资源置换资金建设，政务超市也是一个创新。即以为政务超市建设出资为标的，对全市行政事业性收费账户和财政统发账户存储权进行招标，谁出资就把这类账户放在那里。由市农业银行中标出资 450 万元，建成面积 2 551 平方米的政务超市。按照“便民利企”原则，有 18 个部门、120 个项目、76 名工作人员进驻政务超市，原单位一律不许办理同类业务。政务超市自 2003 年 12 月运行到 2006 年 5 月，共办理行政许可和审批事项 31 069 件，办理收费事项 33 014 件。省委原书记宋法棠到穆棱市检查工作时，对政务超市的成功做法给予充分肯定。

（三）促进绥－穆一体化，推进版块经济发展。研究比较优势，找到比较优势才能选准突破口。穆棱具有毗邻绥芬河、东宁两个国家一级口岸的区位优势。要主动抢抓机遇，“打俄罗斯牌，借口岸光”，打破行政界限，推进版块经济发展。我提出建设中俄边境绿色产业城的构想，努力建成对俄加工基地，共同开拓俄罗斯市场。经与绥芬河市协商，2005 年 3 月 16 日，两市签订了《绥芬河－穆棱经济一体化协议书》，实现了全省第一个县级之间的区域合作，成立穆棱市人民政府驻绥芬河市办事处，实现优势互补、资源共享、经济一体、共同发展。双方在下城子工贸区合作建设绥穆经济合作区，合作区实行零距离、零收费、零干扰的优惠政策，规划面积 2.3 平方公里，计划用两年时间引进企业 200 户，建成以木材加工产业集群为特色的对俄加工贸易主阵地。

（四）把生态建设提高到与经济、社会同等重要的高度，狠抓水土流失治理。穆棱市是全省水土流失治理重点市。按照科学发展观的要求，提出了经济、社会、生态和谐发展的目标，把生态建设提高到与经济、社会同等重要的高度。进行水土保持和治理，最重要的是唤起全民的水保意识。从 2002 年开始，每年春秋两季，市四个班子领导和全市各单位干部职工 2 000 余人全部参与水保会战。2003 年春季，与牡丹江铁路分局联合进行保卫城鸡铁路会战，开出了造林专列，成为铁路、地方合作的典范。四年来，共完成水土流失治理面积 41.93 万亩。同时，加强生态管护，成立穆棱市生态管护大队，健全市、乡、村、管护员四位一体的生态管护网络，加强防御山洪灾害、水库安全度汛、堤防加固、河道清障、预测预报和信息传递等工作。

（五）探索干部选任和基层组织建设新途径，激发党建新活力。从改革干部选任制度入手，拿出 7 个乡镇和市直正职岗位在全市公开竞职，产生很大反响，使一批学历高、工作出色的年轻干部脱颖而出，走上领导岗位，形成了“公开、平等、竞争、择优”选拔任用干部的良好氛围。针对农村民兵组织、科技人才、村级班子后备力量不足的实际，创办了落实“村村大学生行动计划”和“国防后备力量建设”预科班，从农村初中毕业生中招收 60 名学员，毕业后全部回归农村，充实村级班子，全面提高村级组织战斗力。在磨刀石贸工商园区成立党支部，加强非公经济党建工作。

三、坚定发展信心，以发展穆棱为己任，致力发展不动摇

科学发展观是用来指导发展的，不发展谈不上科学发展，科学发展观只有在加快发展的实践中才能得以实现。能够坚定为官一任、致富一方的信念，把“环境、项目、落实”的发展理念作为穆棱最强音，致力于多做一些奠基、攒劲的工作。

（一）倾尽全力招商引资，破解烟财政一柱擎天格局，减轻

财政风险。穆棱卷烟厂多年来是穆棱财政的支柱，每年平均缴税 1.5 亿元左右，占全部财政收入的 60% ~ 70%。“一柱擎天”的财政格局虽然暂时能维持正常运转，但风险较大，是穆棱几届班子一直致力解决的问题。我到任后即鲜明地提出，以经济建设为中心就是以招商引资上项目为中心，全力上大项目，大上项目，繁荣群体财源。经过全市上下的努力，2003 年以来，累计新上投资 300 万元以上项目 71 个，其中，超亿元项目 11 个，千万元以上项目 21 个；引进市域外资金 15.1 亿元，年增 22.3%。11 个超亿元项目分别是：投资 5.5 亿元的皓月肉牛系列加工项目，投资 10 亿元、装机 12 万千瓦的十文字风力发电项目，投资 3 亿元、装机 5 万千瓦的亚洲风力发电项目，投资 3 亿元、装机 5 万千瓦的香港风力发电项目，投资 1.5 亿元的香港嘉穆板业项目，投资 1.2 亿元的好家木业项目，香港森力吉达有限公司投资 1 250 万美元林木综合加工项目，日本丸红株式会社投资 1.2 亿元木业加工项目，台湾信美家具有限公司投资 2 200 万美元家具加工项目，台湾长泰木业有限公司投资 1.2 亿元林木加工项目，江苏省常州市鑫胜建筑工程材料有限公司投资 1.25 亿元酚醛泡沫复合板材加工项目。目前，好家木业、嘉穆板业已生产；磨刀石皓月肉牛屠宰加工厂已完成设备调试，8 月可投产；十文字风力发电项目已实现 4 台机组并网发电，年末三个风电项目可实现装机 10 万千瓦、128 台机组并网发电。通过围绕烟、牛、电等主导产业抓龙头项目，实现了亿元以上项目每年签约一个、开工一个、投产一个的目标。同时，万事达塑编、硕业乳业、庆棱建材等一大批群体财源项目的落地投产，有力促进了财政收入的大幅增长，正在改变困扰穆棱多年的烟财政“一柱擎天”问题。2004 年，穆棱市全口径财政收入实现 3.2 亿元，比 2002 年增长 1.2 亿元，增长 60%，提前一年实现“到 2005 年财政收入达到 3 亿元、翻一番”的目标。到 2008 年，力争全口径财政收入超过 5 亿元，非烟产业税收收入占全口径财政收入的比重不低于 2/3。

（二）叫响比较优势，打造对俄加工基地，努力为穆棱找一条借船出海的长远发展之路。本着绥－穆经济一体化原则，在建设中俄边境绿色产业城框架下，以 301 国道为轴，以磨刀石、穆棱、兴源、下城子四个经济开发区为载体，打造林木、农副产品、建材、轻工四个对俄进出口加工基地，努力在对俄贸易中抢得一席之地。全力提高园区的承载功能，破解土地、资金等瓶颈制约。四年来用于园区水、电、平整土地的投资达 9 450 万元，下城子工贸区、磨刀石贸工商园区基本实现了“七通一平”。累计新增项目建设用地 139 公顷，新增工业用电量 7 500 万千瓦时。林木产品加工基地：木材加工企业达到 300 余户，年加工木材 50 余万立方米，实现产值 5.2 亿元、税金 1 600 万元。建材产品加工基地：以镁质板、页岩空心砖、粉煤灰空心砖为代表的建材加工企业达 25 家，年创产值 6 000 万元，税金 410 万元。轻工产品加工基地：投资 8 500 万元的万事达塑编项目经过三期建设，产值可达 2.4 亿元；投资 1 000 万元、年加工 20 万套女装的佳艺服装项目已开工。农副产品加工基地：成功引进了皓月肉牛加工、六峰湖山珍、韩国道宗集团韩牛繁育、绿源蔬菜等一批项目。

（三）推进“金牛富民工程”进入产业化新阶段，给农民一个富民的产业。“金牛富民工程”是穆棱市十余年来三届班子重点推进的主导产业。我在前任的基础上，继续坚定、执着地抓肉牛产业。2005 年，全市肉牛存栏 17 万头，出栏 6 万头，存栏 100 头、50 头、20 头以上牛场分别达到 10 个、32 个和 144 个。不断完善肉牛产业支撑体系。繁改体系建设上，直接引进优质肉牛冻精，全部实行冻配；饲草体系建设上，青贮玉米等饲料、饲草种植面积达到 5 万亩；防疫体系建设上，每年进行两次口蹄疫免疫大会战，免疫率达 100%；技术推广体系建设上，科技人员与养牛户签订科技承包合同，作出零风险承诺，黑龙江省农科院在穆棱成立了肉牛研究所，有三位博士、硕士常驻穆棱开展肉牛科研和技术推广，还创办了中国绿色无公害肉牛网，被确定为全国唯一的绿色食品原料（肉牛）标准化生产基地，为全国开展创建绿色食品肉牛标准化基地提供技术标准和生产操作规程。全市每年设养牛专项贷款 3 000 万元，全市 79 家单位与 79 个村开展包村联户抓养牛活动，累计投入养牛扶持资金、物资 80 余万元。我们先后 8 次到皓月集团总部，终于促成投资 5.5 亿元的皓月肉牛加工项目落户我市。该项目全部建成达产后可实现销售收入近 20 亿元，利税 2 亿元，带动黑龙江省东部 20 万农民养牛，使农民年增收 2 亿元以上。

（四）以矫枉难免过正的决心建环境，搭建加快发展的平台。在环境建设上，我坚持矫枉难免过正的原则，宁可严厉一些，也不能因为环境问题影响招商引资上项目。在软环境建设上，集中力量保护重点企业和纳税大户。2002 年年末实行为期两个月的“休眠疗法”，全面停止面向企业的所有收费，从收费部门和企业双向调查掌握收费现状，以纳税额多少为标准选出前 50 名作为“50 强”企业，其行政事业性收费一律减半征收，每年分两次集中交费。四年来，企业缴费负担就减轻 1 000 余万元。成立了市优化环境办公室，对到企业乱收费、拖延办事时间的单位及人员严肃惩处。2004 年，对市房产处超期 4 个工作日办结的相关责任人给予免职、行政记过等处分，进一步强化了各行政部门的服务意识。2003 年，牡丹江市总结了穆棱市在优化经济发展环境方面的做法，号召全市向穆棱学习。硬环境建设上，累计用于城乡基础设施和配套设施建设的资金达到 23 亿元，相继完成了穆棱河大桥、西环广场、水处理厂等一大批重点工程建设，住宅楼建设平均以每年 10 万平方米速度推进，城市建成区面积发展到 10.29 平方公里。以八林路建设为代表的通县、通乡、通村公路新增 20 条 35 公里，砂石路铺装率达到 100%。

四、有亲民良知和思想基础，实施利民行动，促进社会和谐发展

从省直机关到县里工作，怀着做事的心态，自己尽力多做一些有益于人民、有益于发展的事，做好一件事、做成一件事，把事业的成就感作为自己的追求。工作中，不摆官架子，不装腔作势；愿意倾听百姓的心声，为他们解决各种各样的困难。

（一）突出民生为本，抓住25项利民行动不放，一件一件为老百姓做实事、做好事。把彻底解决市区24小时供水、消除水泥厂污染源、理顺体制加强城市管理、社区建设等问题紧紧抓在手上。重视社会保障等工作，启动了社会保障体系改革试点，社保并轨工作进展顺利。不断扩大社会保障覆盖面，实现离退休职工养老保险金按时足额发放；城区最低生活保障7 944人，实现应保尽保。在农村开展最低生活保障试点工作。安置下岗失业人员再就业5 100余人，平均城镇登记失业率控制在3.9%以内。全力推进国有企业改制，以热电厂为代表的40多家企业彻底改制到位，职工全部得到妥善安置。号召动员市直各单位开展市区道路义务共建，市区167条背街小巷全部由各共建单位定期整修，受到老百姓的好评。首批进入全国计划生育优质服务先进县，成功实施了中国/联合国人口基金第五周期项目。对农村60周岁以上的独生子女和双女户家庭每年每人奖励600元，有256名计生户受到奖励扶助。残疾人事业健康发展，生存条件得到较大改善，帮助260名贫困白内障患者免费进行康复手术。实施农村科技信息化进村示范工程，为100个村配备了电脑和农业专家系统软件。

（二）关注人口素质，支持教育事业。在全省率先进行了教育人事制度改革，提高教师待遇，将乡镇教师工资、医疗保险纳入全市统筹。热心支持教育事业，每到乡镇检查工作，都必去学校特别是希望小学看望老师和学生。看到穆棱镇兴旺希望小学教学环境较差，个人拿出

1 000 元帮扶资金，以夫妻名义向穆棱市一名患病教师捐款 1 000 元。帮扶两名贫困学生继续学业、帮助两名下岗职工摆脱贫困。主持召开提高市第一中学教学质量会议，研究解决办法。开展“希望工程”爱心助学活动，筹集政府助学基金 260 多万元，建设希望小学 21 所，资助 1 560 名贫困学生完成学业，为 112 名升入高校的贫困大学生颁发了助学基金。主持制定了《关于加强全市中小学、幼儿园学生交通安全管理工作的规定》，严肃整治使用非客运车辆运载学生及超员行为。彻底消除全市农村 D 级学校危房，狠抓农村学生控辍工作，亲自协调有关部门加大网吧治理，亲自部署检查未成年人迷恋网吧等社会问题。

（三）完善各项应急预案，保持社会稳定。深入开展“严打”整治斗争，全面落实社会治安综合治理措施，“平安穆棱”建设扎实推进。加大矛盾排查力度，对排查出的林地纠纷、农村不良债务等问题进行了积极化解。持续打击“法轮功”等邪教活动，打掉跨省地下组织 1 个、成员 11 人。靠前指挥，妥善处理马桥河镇东风村林农纠纷、永安村堵截 301 国道等群体事件和 2005 年洪灾。凡是群众来信都能做到件件亲自拆封批阅，四年来批阅信访件 520 余封，接待来访约 600 人次。重要来信来访列入督办内容，穆棱镇东风小学教师医疗费问题、八面通镇和平街道路整修问题等事关群众利益的来信来访都得到很好的解决。加大领导信访接待日密度，明确领导包案责任制，召开信访听证会，公开解决疑难信访案件。对漠不关心群众疾苦的干部敢于批评，能够坚持走访基层干部，住在乡镇到农户家中座谈，更多地与他们交流沟通，体察基层的艰辛。完善卫生应急处理机制，成立市疾病预防控制中心，健全了禽流感、非典等传染病监督监测网络和消毒隔离、医学观察制度。高度重视安全生产，火灾、交通事故、煤矿生产死亡人数及损失大幅下降。化解森工系统与地方矛盾问题，协调森工系统在肉牛饲养、生态建设上同打穆棱牌，形成和谐关系，促进产业发展。

五、注重发挥市委核心作用，调动和发挥班子成员的积极性和整体功能，全面加强队伍建设

坚持党要管党，切实担负起市委总揽全局、协调各方作用。

（一）不断加强市委班子建设。坚持市委理论学习中心组制度，按要求召开市委常委民主生活会，过好双重组织生活。坚持民主集中制，在各项决策中充分发扬民主，吸取班子成员的意见和建议，达成共识。注重发挥班子成员的积极性、主动性，对他们充分信任和尊重，鼓励开创性的工作和创造性的思维。注重发挥班子成员的长处，善意纠正、补充班子成员的弱项，营造取长补短、合作共事、目标一致、行动同步、打硬仗、不言败的氛围，在重大场合、重要活动中充分展现市委班子整体向上、步调一致的精神风貌。聘请10位市委顾问，定期向他们报告市域经济发展情况，重大事项召开会议征求市委顾问和离退休老干部的意见和建议，经常向企业、社区等各个层次人员征求对市委班子的意见并逐项落实整改措施。

（二）打破传统分工，带领市级四个班子齐上经济发展主战场。强调市级各个班子都是一线班子，市四个班子领导均包扶重点企业（项目）和产业，全部参与经济工作。实行“一个重点产业（项目）、一名市级牵头领导、一个责任部门、一个产业办公室”的“四个一”抓项目机制，由市级领导带队赴外招商。强化市级领导接受监督机制，每周向全市通报市委、市政府领导的工作动态。在引进皓月集团、实施绥穆经济一体化等重大决策实施前，都通过市人大、政协会议向社会各界征求意见，在充分民主基础上决策。

（三）加强全市干部队伍建设。在全市认真开展了“两风”教育、保持共产党员先进性教育等活动。邀请中央党校经济部主任贾华强教授、全国优秀法官金桂兰同志和穆棱市优秀共产党员代表为全市干部进行专题讲座，突出教育活动的实效性、针对性。坚持公道正派选人用人，扩

大干部工作的参与权、知情权、选择权、监督权。坚持以业绩、公论选人用人，让有为者有位、无为者无位。进一步完善《贯彻执行〈党政领导干部选拔任用工作条例〉实施细则》《乡镇领导班子、领导干部工作实绩考核办法》和《市直领导班子、领导干部工作实绩考核办法》，使干部的工作实绩考核更有可操作性。注重干部的抓落实能力，从经济建设主战场选拔干部，鼓励真抓实干、埋头苦干、少说多干，形成抓实事、抓大事、干成事的气势和风格。带头改变会风、文风，减少不必要的会议和文件。要求各级干部多开贯彻落实的会议，多开现场办公会、推进会、协调会，切实为基层解决实际问题。加强对各部门工作落实的督促检查，各单位、各乡镇每季度向市委汇报工作进展情况，确保市委各项决策一贯到底，事事有着落，件件有回音。

六、勤恳敬业，克己自重，不谋一己之私，力做廉政表率

能够严格要求自己，以身作则，能够过好忠诚关与利益关，在干部选任、重要事项决策等方面坚决反对拉关系、走后门，对跑官卖官等不正之风深恶痛绝。我曾在全市领导干部大会上公开承诺，坚决遵守廉洁自律的各项规定，不收受财物，对跑官买官者不但不予重用，还要记录在案，长期观察。个人日常生活简朴，吃、穿、用都比较随意，不讲排场，远离奢华，轻车简从，衣着朴素。没有节假日、休息日。家在哈尔滨市，到哈尔滨出差结束即使遇上周末也要赶回穆棱。逢年过节往返家中从不用公车接送，都是自己乘坐火车和公共汽车。在做好自律的同时，能够担负起书记的责任，在重要节日前，向班子成员和领导干部提出廉洁过节的要求；班子成员家中办理婚丧嫁娶，亲自写信向其提出不要大规模操办的警示。2004 年，我被评为牡丹江市廉洁从政十大标兵。

非常珍贵的一张“牌照”

——来自中国农业银行的工作鉴定

鄂忠齐同志在我部挂职期间，认真贯彻执行党和国家的各项路线、方针、政策，始终自觉用党员的标准严格要求自己，政治立场坚定，思想素质过硬。在很短的时间内比较全面地掌握了金融知识，具有很强的领导才能和组织管理能力。能够模范遵守银行管理人员行为规范，在工作实践中严格要求自己，工作积极主动，态度认真，责任心强，工作表现优异。挂职期间，他积极钻研金融管理理论和经济管理知识，并在银行业务管理实践中锻炼了对房地产金融市场走势的宏观判断能力。主动利用地方党政领导发展地方经济的经验，积极参与、指导房地产信贷项目审查和信贷管理；同时帮助黑龙江分行争取县（市）以下住房公积金的办理权，促进了我部各项信贷业务水平的提高和优势业务份额的增长。在短短 6 个月当中，他先后 6 次深入基层调研和进行贷款项目的考察论证，认真了解基层银行业务管理的实际情况，分析不同地域的经济发展特点，根据调查研究掌握的第一手材料，撰写了题为“发挥金融的核心作用，促进县（市）域经济发展”的挂职锻炼总结报告。从地方党政领导如何把握经济发展的高度，结合穆棱市的地方比较优势，对怎样发挥金融的核心作用，创建、优化金融（投资）环境，促进县（市）域经济发展提出了切合实际的新思路和打算，颇具启发意义。

鄂忠齐同志作风严谨，工作踏实；勤于思考，善于总结；处事周全，清正廉洁；团结同志，平易近人，与银行系统上下工作人员的关系相处十分融洽，较好地发挥了地方党政领导极强的组织管理能力等长处，促进了金融部门和地方党政部门的横向交流，达到了挂职锻炼的预期目的。

中国农业银行人事部　　中国农业银行房地产信贷部

2002年11月18日　　2002年11月18日

更多心血倾穆棱

2002 年 9 月，我上任穆棱市委书记。当时的心态是，宁安的很多事还没有做完，没干够，还沉浸在宁安热火朝天的氛围中，并没有急切当书记的愿望。主持穆棱市工作以后，很快也就进入了新的状态。我们的体制很有意思，党政虽说是两个班子，其实是一个班子，当市长虽然也是市政府的“一把手”，但实质是“二把手”。当书记后，最本质的变化就是要领着大家干，当市长则更多还是跟着干。

任何地方都有优势和劣势，也都有成绩和问题。我到穆棱市工作后，除了掌握存在的主要问题外，深入研究了有什么比较优势。我坚信优势生存，特色发展的基本道理。当时干部群众普遍的感觉是，穆棱市没什么优势，既没有口岸，又没有广阔的耕地，工业除了卷烟厂，也基本处于空白状态。到任 3 个月时，我在领导干部大会上系统讲了若干比较优势。大体上是，可以打俄罗斯牌，借口岸光；发挥移民敢闯天下的创业精神，并赋予移民精神新的内涵；村屯很零散，但乡镇很规整，有利于加快推动城镇化发展步伐；矿产资源丰富；肉牛养殖业基础很好。这次讲话完全脱稿，都是自己思考的表述，反响很强烈。后来有人说，大家为之一振。热爱家乡，有了这么多理由，更重要的是，让外来投资者关注穆棱市、投资穆棱市要有清晰的认识和定位。我深切的感受是，当一方领导，光自己干不够，必须把大家拢得像一团火一样才行。不热爱家乡的人很少，不想为家乡做贡献的人同样也不多。那次领导干部大会，也是我第一次正式讲话。大家记忆深刻的是，我毫不客气地批评各乡镇，甚至村屯都搞这个战略、那个工程，批评这些徒有虚名浮夸的东西。干什么事就说什么事，搞那么多战略工程，看似轰轰烈烈，却是没抓手、没有支撑的项目。明确要求，乡村今后不要搞什么战略，都要用具体项目说话。

我上任前，牡丹江市委主要领导和我谈话时有明确交代，到穆棱市主持工作，别的不干都行，但有一件事必须下功夫干。那就是治理水土流失，穆棱市在这方面欠账多，工作量大，还嘱咐了诸如刹刹打麻将成风、处理好林农纠纷等问题。

山东移民及后代在穆棱政治经济生活中占有很重要的成分。当年的移民来到穆棱开荒种地，有很大贡献，但也是今天水土流失的主要始作俑者。移民迁徙，无序而来，像打游击一样随机性安家落户，形成零零散散的村落。穆棱平原耕地少，所以开荒也就多在浅山区、半山区、山坡、半山坡展开，越开越大；山下有一小块开荒地，再镶边接袖，不断向上蚕食，逐渐树林没了，漫山遍野变成了玉米、大豆、高粱了。林地和耕地边界慢慢也模糊不清了，埋下了林农纠纷的隐患。今天问穆棱有关耕地的面积数，答案无法统一，市里想知道，但很难弄清，乡镇既清楚又不清楚，村里是知道怎么回事，但不想让你知道底数。多年来，几届班子坚持抓退耕还林、水土流失治理，上级有政策没政策都坚持干，取得明显的成绩。水土流失严重的时候，一下大雨，途经的火车都得停运。有 66 个村屯直接受水土流失威胁，一下大雨就提心吊胆。在治理水土流失问题上，全市上下形成了共识。每年都要组织会战，挖鱼鳞坑、竹节壕，高峰时期，争得牡丹江铁路分局支持开行水保专列，把数千名机关干部、教师、学生运到山上参加水保劳动，还以此为专题在电视上进行爱我家园宣传教育。可以说，每个穆棱人都为水保会战流下过汗水。想起当年浩浩荡荡、红旗招展的水保会战场面，至今仍激动不已，感慨万分。

我虽然没出生在穆棱，但在保护建设穆棱绿色家园上，却充满了家园意识和责任。而且，我把上上下下热爱家园、建设家园的热情和行动组织动员起来了。大家说我没有短期行为，可能在这点上得分比较多。我乘坐大吉普车跑遍了各个乡（镇）村所有水土流失严重的山山水水，站在山上曾梦想，不用太多时光一定会遏制水土流失现状，还生态优美之穆棱。也许就是那时留下的情结，现在仍然对生态建设、环境保护持有浓浓的忧国忧民情怀。生态建设，贵在持之以恒，坚持不懈。记得2004年在中央党校学习，国庆节放假，我也没回哈尔滨，直接回到穆棱检查这一年秋季的水保会战情况。我是穿着在北京时的衣服上山的。10月的穆棱，山上已是冷风瑟瑟了。陪同我的分管农业的副市长劝我不看了，我还是坚持检查完，就是要告诉大家，这件事有多么的重要。

抓发展的思路也慢慢清晰起来。穆棱烟厂一枝独秀的日子，大家心里都很清楚，烟厂缴税可保全市工资，但面上的财源上不来，风险是很大的。卷烟行业是个特殊行业，政策规定多，而且变化也大，一会儿压产，一会儿又要搬迁合并。我当时的想法是，抓大扶小，一定死保烟厂，力争做大。事实上，全省烟厂后来的几次税收政策调整，市委、市政府的应对举措是正确的，不仅归穆棱的税收总规模未受影响，还向利好迈了一步。当然，我和市长也承担了不小的风险。李厂长为人做事堪称一流，对穆棱烟厂贡献大。他退休后，市委任命他为顾问，与担任过几个班子正职的老干部平起平坐，要的就是这种导向。穆棱烟厂在穆棱的生产经营顺风顺水，基本处于零干扰，慰问奖励支持帮助多。除了税收，不作任何索取，成了穆棱的“大熊猫”；对烟厂倾斜，大家都认可认账。

但扶持中小企业，遇到的麻烦可就多了。招商引资活动没少搞，实际效果并不理想。在全市招商引资大会上，我讲了再不能通俗的狠话，我说投资者是上帝，可能大家听不懂，但投资者是爹，大家应该能听懂吧，我不缺局长、科长，想要当官的多得是，缺的是投资者，如果在投资者和当官的之间选择的话，我肯定选投资者。会后大家戏说鄂书记把投资者当爹。以后我基本上全身心抓环境、抓项目、抓落实不放手，在市委全会上归纳成“环境、项目、落实”六字方针。在纪检委成立了市优化办，直接归我管，把市水务局局长调任市招商局局长，弄得大家不理解，他本人委屈得还哭了一番。我已下决心打招商牌，相应的措施和干部跟不上，肯定不能奏效。在县里当水务局局长要比当招商局局长好，好在他很快理解了市委意图，打开了工作局面。优化环境要有具体措施才行。对此，我作了规定，由市优化办牵头，首先清理收费项目和额度，而且一律按最低标准征收或减半征收。一年只搞两次集中收费，上半年一次，下半年一次，收费部门和企业现场对接，市优化办监督。除了安全和环保检查外，任何市直部门一律不得再到企业进行收费或检查等。把这个作为一条高压线，乱收费、乱检查的问题一下子就得到了遏制。企业办事难问题，我采取了建设政务超市的办法加以规范。政府掌握的工资账户及各种专项资金账户是一种资源，存在哪家银行是有学问的。我没钱建集中办公场所，但我想了个与银行合作的办法。哪家银行给我建设这样的办公场所，我就把财政可支配的账户放在谁家。果然，这个办法解决了办公场所和运行费用问题。为什么叫政务超市？就是极力打造老百姓到政府办事像到超市买东西那么容易，让集中统一办公、一次性告知、一站式服务等深入人心，成为基本理念。有的局长看不出大趋势，还想绷一绷权力，不久就被市委免职或调整了岗位。县（市）委书记真是个特殊的岗位，既贯彻又决策，既可以有想法又可以有办法，真正做实事莫过于这个角色了。“环境、项目、落实”发展理念不断深入人心，后来成为叫得最响的强音了；以至干部公选也要围绕这个发展理念出题目，宣传舆论更是一边倒。

多年在基层工作，对抓落实或不落实，我深有感触。除了决策不切实际、无法落实的情况外，不落实的一个重要原因，在于没有做到谁决策谁落实，或至少是谁决策谁抓落实。基层“一把手”除了出主意用干部，恐怕还得加一个抓落实，即抓住落实的人，否则再好的决策也不会自动得到落实。我提出，不会抓落实的干部不是好干部，一个干部既要有“想法”，更要有“办法”，找办法的过程就是对干部工作能力的考验，从一定意义上就是创新的过程。亲自落实，是我在穆棱工作期间对自己的要求，也是对班子和领导干部的考核。不能光留作业，不完成作业。留作业容易，但基层哪有那么好的事？建立市委督办室及督办机制，也是同时采取的关键一招。当书记日理万机，部署的事不一定事事、时时记得，这就需要用机制、程序管事，让管理系统发挥作用。我们现行的工作体系，各部门管什么、干什么基本清楚，相当于实体法很全面。但怎么管、怎么干并不清楚，类似于程序控制的东西缺失。应把督办系统建设提高到完善程序“法”的高度来认识和把握。实体法和程序法一样重要。抓落实要有重点，拿什么说事儿？要清晰可操作。尽量把各项工作项目化管理，定性定量，便于掌控，抓不抓落实，落没落实，有客观标准，尤其是经济工作。我当时并没有那么奢求干成一大堆事，但各战线、各乡镇要实现零的突破，即有限目标，重点突破。不能年年招商，各种目标指标不小，但却看不见项目。我要求每一个乡镇至少要有一个像样的项目落地，一年一个像样的项目，十年就是10个像样的项目。一个县市有10个像样的项目，保工资、保运转就够了。下城子开发区、皓月肉牛、风电等项目都是这么干出来的。好大喜功，抓得太多了，泛泛用力，一是没有那么大的财力物力支撑，二是精力也有限，难免顾此失彼，客观上也没有那么多好项目落地。穆棱风电项目起步较早，各类审批及后来征林征地都费尽周折。项目投资主体更换数次，需要从中协调他们之间的利益关系。引进皓月肉牛项目，是穆棱招商引资竞争力的集中体现。本来，某市已和皓月集团基本达成合作协议，并向省委、省政府汇报了引进这个项目所需的优惠政策。穆棱人为此付出千辛万苦，8次到长春皓月集团，游说能够影响其决策的方方面面，以真诚和实力打动了集团决策层。投入扶持资金5 000万元，对这么大支出的项目，市委决策是十分慎重的，也是首次在常委会上采取举手表决的方式确定下来的。

打俄罗斯牌，借口岸光，是我在主持穆棱工作期间的一个得意之作。

把穆棱放在对俄合作的视野上看，距离根本不是问题，而且由于绥芬河土地资源十分紧缺，还可以形成优势互补。时任绥芬河市委书记十分赞成我的想法，一拍即合，共同推动绥－穆经济一体化，划定下城子开发区作为合作平台，成立了共同的管理机构，制定项目合作的优惠政策。相关同志动了很多脑筋，搞了一个零距离、零收费、零干扰等特区政策。这个平台后来成为哈牡绥东对俄贸易加工区战略的重要载体。2003 年，在牡丹江市人民代表大会上，穆棱代表团的提案就是加快 301 国道对俄合作示范区建设。

多干一些得民心的事，是我一贯坚守的准则和风格。在县城房地产开发还未全面展开的时候，背街小巷行路难，是百姓每天面对的大问题。我把在宁安开展义务共建模式推行到穆棱，发动市直机关、事业单位包建全部背街小巷，而且坚持每天早上检查建设管护情况。电视上时常表扬批评包建优劣。我和大家说得实在，我想为老百姓解决一些实际困难，但又没有钱，就得人民城市人民建，大家伸手，省省其他方面的费用，你们都表态支持拥护市委、市政府，那就从具体事做起。各部门几乎一呼百应，想出各种办法、门路完成自己的任务。虽然给他们添了很大麻烦，有的甚至超出了其能力，但每年都完成任务，没花钱，光动员，却受到了老百姓的高度评价。在这个过程中，我和各部门主要负责同志经常走街串巷，了解社情民意，听到很多反映，与老百姓进行了很好的沟通。八面通镇“6·21”洪灾是对党群干群关系的一次考验。洪灾严重程度基本和沙兰洪灾差不多。但全市上下众志成城，团结一心，奋力抗灾，无一人死亡，用最短的时间，对受灾群众进行妥善安置和补助，受灾群众情绪稳定，主流声音就是感谢党、感谢政府。老百姓不顺心、不顺气的事儿少，遇到困难和麻烦就好解决。反之，老百姓会没事找事，一点小事也会小题大做，惹出大事来。

抓住机遇，紧锣密鼓消灭农村学校危房，取得了彻底的胜利。学校危房是解决了，但农村学校取暖经费还是没有着落。穆棱市第一个拨出专款，采取农村学校取暖煤集中采购，及时发放到各个学校，农村学生基本不挨冻了。依法控辍，也是我提出的一个狠招。受新的读书无用论影响，一些农民不愿让孩子去读书，认为孩子不是那块料，即使上学了，也不包分配了，还得打工。早早就随父母干农活儿的孩子增多了。我反复强调，今天的辍学学生，就可能是明天的贫困户，甚至成为社会的不安定因素。我提出，依教育法控制辍学，家长未履行法律规定让子女接受教育，村委会应对其处罚，批评教育不能奏效时，可以暂停甚至取消家长土地承包经营权利，这一招果然见效，威慑力很大，抓住了农民的软肋。实际结果，没有一户被剥夺承包经营权，有极个别的采取“动账不动地”的办法给予处罚，让农民知道不送孩子上学是要付出代价的。乡镇派出所民警工资一直由乡镇财政承担，但保障不好，导致民警乱收费、乱罚款。穆棱市又在牡丹江地区率先把民警工资全部上划为市里统一发放，乡镇民警对此深受感动。我在全市公安干警大会上讲了一句话，我说，有我的工资，就有广大干警的工资。说完之后，看到下面一些干警流泪了。彻底解决乡镇民警工资问题，意见认识很不一致，有的同志认为，公安部门还是有些获得经费的办法、渠道，不一定把负担都背到市财政来。作为领着大家过日子的当家人，不勒紧裤带解决这类根本问题，政治站位和格局恐怕说不过去。

一个人的能力和竞争力，归根到底取决于他学习和接受新事物的能力。奇怪的是，我恰恰在最紧张忙碌的时期学习了不少新知识，也许是所学为所用的缘故吧。自己的讲话基本都自己准备，从不讲套话、官话。自己告诫自己，讲话尽量不要照稿念，如果照稿念的话，那不如让播音员念效果好。

在穆棱工作的那几年也是最顺心的时候，市长真诚肯干，经验丰富，对我非常负责任，几年共事成了亲密战友和终生好朋友，留下了许多美好回忆。班子团结，一呼百应。这些点点滴滴在我身上烙下永远的、深深的穆棱情结，成为我精神家园的一部分。

领跑沿边开放 绥芬河展风采

干一行，学一行，爱一行。到了绥芬河，学习了解对外开放相关知识就成了必不可少的内容。把绥芬河打造成北方深圳是我们的奋斗目标。但建设一个怎样的对俄合作特区？怎样建设特区？需要探索回答。争取获得国家授权批准，闯一闯、试一试一直是绥芬河人第一使命职责。2006 年 12 月至 2011 年 5 月，在我主政绥芬河市工作期间，不断向上争取政策支持，提出对俄合作创新举措。这类工作贯穿了几届领导班子的工作主线。市委重大课题组以问题为导向，每年都举办几次沿边开放研讨交流会，请智库专家把脉号诊，借鉴外地成功经验，不断丰富绥芬河的实践。我的研究思考正是在这样的背景下取得了一些成果，并丰富了指导工作的韵味，以至上边研究对俄合作政策时总要向我征求意见，把我当成“对俄问题专家”。

绥芬河外经贸企业多，外地人创业淘金的多，有钱人多；机关、事业等体制内人员的工资收入低于社会上企业人员的收入，时不时就有干部职工辞职下海经商办企业，机关干部工作热情不高。调动干部群众干劲儿是突出问题。如何把来自五湖四海的人团结、凝聚起来，热爱第二故乡，是面临的又一个问题。不能让打工心态占据上风，要营造良好预期，分享改革开放成果，让大家以绥芬河为荣。要把社会公共服务办好，教育、医疗等都要第一流，以此稳定人心，鼓舞人心。还要努力消除俄罗斯好，绥芬河就好；俄罗斯不好，绥芬河就遭“绑架”，一损俱损的负面论调。应对 2008 年金融危机造成的影响花费了很大精力。

让边境不再边远。我是这么对外宣传推介的，也为之竭尽全力。托国家政策的福，绥芬河的今天，高铁、高速公路、机场、综合保税区等与现代化相伴的标志性基础设施应有尽有。我有幸站在历史潮头，主持推动了上述重大事件，留下为此追逐的足迹。

我还分享了更多绥芬河的荣光。绥芬河吸引眼球的背后，也让我们这些当家人如履薄冰，一刻不敢怠慢，并精心呵护来之不易积淀起来的绥芬河美好形象。

换届后要有新状态新作为

（2006 年 12 月 30 日）

换届工作已经圆满结束，大家要迅速进入良好工作状态，把崭新的精神风貌呈现给全市人民，掀起抓工作推进落实的高潮。下面，就一些存在不同认识和看法的事，我讲以下意见。

一、加快发展的思路应进一步明确

关于加快发展的思路，有这么几件大事。

（一）对外开放升级问题。绥芬河的发展依赖于开放，得益于开放。开放还能带来什么样的机遇？首先要研究体制机制创新问题。打造“北方深圳”是我们的目标。深圳为什么能成为深圳？除了区位因素之外，很重要的一条是深圳与香港两地之间存在体制落差。香港有一套完整的市场经济体制，而当年内地实行的是计划经济体制，这两种体制之间有很明显的落差。深圳正是利用两种体制形成的落差，抓住战略机遇，使全国乃至国际的资源向深圳聚拢。深圳能有今天的发展，体制机制因素是主要的。深圳进一步的发展战略还是体制机制创新。俄罗斯实行的是过渡性的市场经济体系，我们能否利用体制机制上的优势，对中俄两国资源等要素进行整合，利用这个落差撬动跨越式发展？二要研究陆海联运大通道问题。沿边口岸很多，各地纷纷出台优惠政策，竞争激烈。但唯独一点——他们都不具备条件搞出海通道，这是我们的独特优势。很多外来投资者，包括香港、台湾的客商都对我说，如果这条陆海联运大通道打通了，形成一个新的出海口，你们就不用招商了，很多客商自己就找来了。这个优势是我们的一个重大战略机遇。但我不清楚，这件事这些年到底跑到什么程度，去俄罗斯纳霍德卡、东方港找了哪些人谈判，谈了什么问题，谈到什么程度，存在哪些问题，等等。在这个事情上能不能打开突破口，对于绥芬河的开放进程来说是非常重大的事情。绥芬河如果把这个平台打开了，将来不得了，会形成开放的新机遇。可能比 1992 年成为沿边开放城市等称号和获得的政策更管用。三要进一步深入研究绥 - 波贸易综合体的功能定位。如何发挥它的牵动作用？要坚决突破政策制约，这件事经过几届班子多年努力开题了，下一步要继续抓下去。四要加快国外工业园区建设。这个事比较新，要做好战略性的长远准备，规避俄罗斯政策调整带来的风险。五要加快建设远东中国商品保税仓库。外国人在他国领土上搞零售，即使是加入 WTO 的国家也有苛刻的限制，中国就不允许外国人搞零售，俄罗斯肯定会在这方面加强管理，所以搞批发是方向。规避和驾驭俄罗斯过渡性市场经济时期的风险将是相当一个时期的课题。这方面不要大惊小怪，实际上这些年就是伴随俄罗斯不断的政策调整走过来的。对这类风险，过去主要靠在俄罗斯打拼的企业家规避，但在境外建设商品保税仓库可以发挥政府的作用。六要推进境外能源和原材料基地建设。这是件大事，是国家关心的事。如果口岸有油可过了，税收将增加一大块。调整进口品种，得找到操作的载体。光有想法不行，要具体落实到某公司来做这件事。

（二）三大支柱产业要有突破。要以主要精力抓支柱产业，一个一个破题。之所以叫支柱产业，是因为它可以带动其他产业的发展，其他产业要为它配套，这样的产业叫支柱产业。第一支柱产业是商贸旅游业。旅游业严格说属于服务业的范畴，它的作用很大，但是现实状况是商贸和旅游业合起来成为一个支柱产业。发展商贸业，重点要解决出口授信问题，优先在大的进出口公司上下功夫，要想尽一切办法突破它。关于护照的问题。92 版护照恐怕行不通了，那么在 97 版护照上能做什么文章？现在国家不允许再搞特殊功能的护照，要普及护照，都有护照后能带来什么机遇？这需要一个一个破题。第二支柱产业是进出口加工业。这次党代会确定的“一线带四区”架构基本清楚，要按照新的城市规划，把几个园区抓好。已经批的土地要尽快让企业按合同规定的时间建设起来，凡是拿到土地不能按合同要求办的，该收回的收回。我们存在没有土地的问题，但也有土地浪费的问题。在土地规划方面的教训是深刻的，因为城市功能定位不明确，拆来拆去、扒来扒去的事很多。园区的招商和管理有点乱，谁都抓，谁都没全力以赴抓，谁都没真正放在心上。必须实行大项目跟踪服务和专班推进，理顺和调整招商引资、投资环境整治、管理体制等方面不顺畅的问题，切实形成投资者、纳税人至上的意识。现在纳税人、投资人对我们很客气，反过来我们对人家不是很客气，这方面我听到不少反映。同时我们的政策也不是很优惠，当然政策不一定体现在让税上，有很多内涵。现有的体制和政策都是中央规定的，要全方位给优惠政策办不到，但是我们可以划个圈，对在这个范围内的重点企业给一些特殊的优惠还是能够做到的。按照纳税额排行，可以搞 50 强或 100 强，实行动态管理，对 50 强企业给点特殊政策，吃小灶。改革开放之初，邓小平同志也是先划个圈，在圈内搞特区，实行特殊政策，实践证明行得通再扩大范围。我们不强求在绥中省直各部门对所有企业都给优惠政策，但是对圈内重点企业要给一些优惠政策。对不纳税的企业，在土地、信贷方面就一般支持或不支持。第三支柱产业是现代服务业。在金融服务体系上还是要做一些事情，发展农村合作银行是新机遇。绥芬河要在全省率先做到把信用联社变成农村合作银行。要抓好诚信体系建设，实行黑名单制度。引进市场化运作的中介服务机构。前几天我接待台湾一家担保公司，他们想介入绥芬河市的担保业务。要把物流业做大做强。几个物流园区要高起点尽快进入实质性运作。要继续推进房地产业健康发展。房地产始终是绥芬河发展的晴雨表。西城区不仅要建设房子，更主要是销售房子，要用市场机制运作，把专业的房地产经销商引进来。会建设，不会销售，不是房地产业。真正的房地产业是建设、销售、金融服务等一体化，有一套规范科学的市场运作办法。要建设和管理好进口资源形成的市场。进口木材很多，但交易不规范，其交易模式就像改革开放之初自由市场的小商小贩。小商小贩是市场经济不发达的表现，真正发达的市场不允许小商小贩。要在要素市场建设上搞些突破，比如木材期货市场，要研究建立运营机制。外地商人到这里购买木材都有些担心，受到很多非市场因素的影响，存在很多欠缺；不像在发达地区，企业只要下个订单，到时间货就运到指定位置了。

（三）城市功能定位问题。一要规范和完善城市功能定位。明确城市功能定位是需要解决的重要问题。建了扒，扒了再建，这是发展快的城市的通病。要在全省率先实现城乡一体化，就要在土地上做文章。新一轮土地规划调整正在进行，要根据实际情况合理划定基本农田面积。保护生态面临很多问题，城市周边岭上岭下有外来人员随意滞留，砍树种地盖房，将来后患无穷。外来人口要控制，各个村不允许外来人员满山搭棚子。二要搞好“一线带四区”的组织实施。新一轮城市总体规划要抓紧批下来，这对于土地规划调整有好处。规划就是法律，一旦定下来就要逐步推进实施。按照城市的详细规划功能定位，有些建筑不应该在那建，要控制，但根据现在的财力，一步拆到位也是不现实的。要严格执行规划不动摇，就是要坚持“中俄特色、山城特色、生态特色”三大特色，而且这三大特色每年都要有支撑的新内涵。

（四）抓好和谐社会建设。一要和谐发展、安全发展。这一条决不能含糊，不能因小失大。这段时间有关领导要各负其责，不搞形式上的所谓“规定动作”，要真查真管真处理，不能上电视留个影、没有解决实际问题就不了了之。在安全问题上必须要较真，要有“矫枉难免过正”的作风。绥芬河市宾馆、娱乐场所比较多，木材加工企业多，这些要作为重点进行管理，不够条件的要坚决查封，不能以罚代处，确保安全祥和地过“两节”，确保不出大的问题。这方面我们不是没有教训，也不是没有隐患，大家都要当大事，亲自上手。信访工作总的看，没有多少闹心的事、太难的事，还是坚持谁主管谁负责的原则，各位市级领导要亲自处理，亲自接待，你们处理不了的问题由我亲自接待处理。以前绥芬河市被定为信访重点管理单位，这是不应该的，今后绝不能再出现被省里重点管理的事。二要进一步优化经济发展环境。绥芬河市的环境不宽松，投资者意见不少，这是个基本事实。这几天抽时间要开两个座谈会，一个是重点纳税大户座谈会，另一个是重点进出口企业座谈会。抓优化经济发展环境，要从清理收费入手。正是因为有利益驱动，有些部门才和企业整事，如果不让收费，哪个部门都不管。发展环境这件事我要亲自抓。保驾护航就从这儿做起，要让企业感到舒服。三要不断提高市民生活质量。要坚持发展成果共享。绥芬河要成为全省工资最高的地方，要成为享受良好教育医疗资源的地方，也要成为平安文明、法治环境最好的地方。还要加大外来人口管理，广东、深圳的外来人口太多，社会治安状况存在不少问题。绥芬河将来能不能因为贫富差距过大，让那些仇视社会、有变态心理的人成为危害社会的一大隐患？有这种可能。所以要高度重视这个阶层和社会群体，要形成预案。

二、用发展的眼光看待政策措施取向

上面说的如果算是工作“路子”的话，下面说的就算是定定“调子”。总的想法是不断通过具体工作，推动解放思想、更新观念、促进创新。

（一）关于摊子是否过大的问题。近期不同层面的同志有议论，是不是摊子太大？从未来发展趋势和需要看，现在所做的各项工作都是必须的，而且同样的事情，早做要比晚做的成本低，要善于用将来的钱干现在的事，这是一个基本发展方法。绥芬河是一个比较特殊的城市，发展位次决定着上级对我们的支持力度，因此绥芬河必须在全省乃至全国有影响、有地位，这个思想不能动摇。不能满足于我们自己好了、不错了，必须始终让上级、让外界感到绥芬河重要才行，否则容易被边缘化。类似绥芬河这样的地方，较普遍的现实是实现跨越式发展，不知什么时候来了政策机遇，一夜之间变了“天”，也许这类城市的发展就是遵循这样的规律。经济有点泡沫是正常的，泡沫和市场是密切联系在一起的，一定的泡沫会起到助推的作用。所以要以“错过一个机遇，就要丧失一个时代”的紧迫感抓好各项工作，必须跳出按部就班、循序渐进惯性。要辩证地看待指标和目标。有时候事在人为，指标高一点确实可以起到鼓舞干劲、动员群众的作用，这是不可否认的。当然，另一方面，明知不行，脑袋发热，让人们感到难以相信、难以接受的目标也不行，也会挫伤大家的积极性，这是个辩证的关系。我想从财政支撑能力角度和大家一起分析现在的摊子与现有财力的关系，比如说现在干的是六亿的活儿，有三四亿的财力。和 1992 年比，那时财政收入 5 671 万元，一些老同志介绍，那时干的活儿就不只是五亿的摊子了，当年的摊子和 5 000 多万元的收入之比，与现有财政支撑能力和铺的摊子相比，显然现在的风险系数小。如果当时按财力干事的话，不会有绥芬河大发展的今天。一位领导人曾反复讲过财政支撑能力和摊子的关系问题，要学会用未来的钱留下优良的基础设施和资产。当然我们要始终量力而行搞建设，这个思想不能改变。下一步要集中精力抓落实、抓推进、抓完善。要分清阶段性目标，分期分批地重点推进，善始善终抓好已经开工建设的项目，不另起炉灶，更不刻意搞所谓新一届的“政绩工程”。在未来的一两年之内把现有的工程抓好，要用市场运作的方式把机制找到、办法找到。西城区的问题不是什么大问题，有资产在那放着，虽然现在财政压了点钱，一卖出去就全回来了。绥芬河的房子肯定能卖出去，这中间肯定会有所增值。绥芬河绝不存在工资涨不了的问题。另外，个别项目的实施时间可能会有所调整，要分期分批地重点推进，这不是否认上一届，大家不要议论纷纷。

（二）关于人才招聘的问题。绥芬河已经不是自己的绥芬河，这是肯定的。封闭地依靠我们几个人在这儿干，肯定是力不从心的，所以引进大批高级专门人才也是绥芬河对外开放的重要组成部分。对外开放包括对人才的开放，实际上也是这么走过来的。如果绥芬河拒绝外来人搞开放，那就什么都做不了。如果没有海纳百川的胸襟，绥芬河就难以适应历史和现实的角色。这几年，我们陆续在全省、全国录用了一批人才，总的来看，基本素质是好的，因为都经过了严格规范的录用考试，至少比人情照顾的人的水平要高得多，这是基本判断和基本事实。今后要陆续通过更科学、更实用、更管用的方式引进人才，不断完善用人的定位，要更多地引进专门人才，适当控制党政人才。要把用人的报酬和绩效结合起来，明确干什么活、干多少活挣多少钱。同时要树立人才共享的思想，多搞聘用、聘请等形式，围绕重点项目聘请专门人才，实行专项聘用、一事一聘，动态管理。干什么活招聘什么人，干完了付给相应的报酬就解聘。今后要在这方面有大的探索。比如落实互市贸易区政策这件事，就是要招聘能跑下来政策的能人。有个别中层干部对过去的人事调整有些议论，对某些干部的安排觉得不太合适。对这件事我的态度是，不管谁当书记，调整干部都是市委的决定，不是哪个人的决定，所有干部安排不存在搞错的问题，不存在“平反纠正”的问题。至于有的干部今后会有这样那样的调整，则属于正常的调整。要平等对待每位干部，当地的和外来的一个样，同等条件下对长期持之以恒作出贡献的当地干部要厚爱一层，对外来干部要高看一眼。

（三）关于民主决策问题。毫无疑问，重大事项必须民主决策。在现有条件下，不民主决策的事情也确实存在。不民主决策的原因很复杂，有的是主观原因导致的，有的是客观原因造成的。就主观而言，可能和个人的工作风格、习惯以及当时决策的条件有关，但有一点是肯定的，即不存在为了瞒着谁偷偷地做手脚而不想民主决策。客观因素也有，绥芬河情况特殊，每年向上争取的钱多一些，这些钱年初的时候有谱，年中的时候有的定了，有的还不能定；依靠这些不确定的资金干的项目，如果年中还处于不确定状态，项目就很难开工，上冻前也做不了。这些情况形成了现在的现象，就是年初的计划到年底调整变动得比较大。从规范决策上讲这是有问题、有缺陷的；下一步在年初要尽最大努力把要做的事搞得准确些，同时在年中要搞一个规范的调整。变化是难免的，但是要尽量少变化，调整幅度不要太大。这些问题可以控制和解决，有补救的办法。

（四）关于展现形象和艰苦奋斗的问题。绥芬河必须有自己的形象乃至气派，要有一整套与财力相适应的接待条件，这个大家要形成共识。同时我们时刻不能忘记艰苦奋斗，不刻意摆谱，要反对铺张浪费。从现在开始，市级班子的接待费用要压缩。对来绥的客人要热情接待，但是标准要降低，市级班子尤其是主要领导要带头，要保重点接待，保有效接待，这个思想必须明确，要把钱用在建设和发展上。

三、要振奋精神、增强责任心、提高工作效率

换届工作已经结束，该收心归位、踏下心来干事了。通过这次换届，大家经历了一次洗礼和考验，也都共同度过了烦躁、忧虑的几个月。不管怎么样，综合方方面面的因素，形成了今天这样的党政班子格局、人大和政协班子格局。高兴也好，满意也好，大家都要承认这个现实，面对这个现实。

建议大家好好回顾反思一下过去几年自己走过的路程，总结经验教训，进一步完善自己，发扬成绩，克服缺点。总的看，我们这个班子是有战斗力的，是能干事的，相互之间也没有什么疙疙瘩瘩，有些问题主要是互相之间协调沟通不够。下面我说的这些现象，有的是某个同志身上的，有的是某几个同志身上的，有的是一个人有几个问题，我在这里都点一点。有的同志恐怕需要进一步正确认识和客观评价自己，要多和同志们真诚交流，说实话，踏踏实实为人处事；有的同志要注意，不要过分圆滑乃至世故，要敢于坦荡地表白自己的观点和意见，要注意克服私心作怪的问题；有的同志说话做事要注意把握分寸，尊重他人，不要锋芒毕露，也不要过于有心计，要厚道、要踏实；有的同志要尽快熟悉

业务，进入角色；有的同志还要进一步振奋精神，增强敬业精神，主动工作，尽职尽责，不能懈怠，不能放松自己，不能降低对自己的要求；有的同志要克服满足于一般化，对分管的工作要有深层次的研究，不能仅凭经验，不能好像很熟悉，实际上却是一知半解，特别是面对困难要拿出像样的对策；有的同志要克服性格上的不足，多和同志们交流，不要让人感到很孤傲，而影响自己的全面发展；有的同志需要进一步处理好对上负责和对下负责的关系，进一步提高在干部群众中的威信。我的不足是，有时候工作抓得过细、过急，有时性格比较酸，说话有时候太直，希望大家多批评、多帮助。大家都要正确评价自己、认识自己，多交心。我们在这个范围内一起工作，有共同的缘份，任何人都不要搞这个圈子那个圈子、这个小范围那个小范围。我一再强调，千万不要搞这些很俗气的东西。同时也不要误认为，谁和谁吃饭多一点、工作研究多一点就是在搞小圈子。此外，下一步我们的重点工作、重点工程、重点项目要实行牵头人负责制，就是谁牵头谁负责。牵头的领导不一定是排名在前面的，谁牵头谁有协调权，要成立专门的班子抓专门的事情。谁牵头谁得奖，要以事定人、定奖。比如，落实互市贸易区政策谁来牵头？出口授信的问题谁来牵头？陆海联运大通道建设谁来牵头？这些事情都要确定。我们必须有“矫枉难免过正”的劲头抓落实，一般性的措施肯定不行。另外，要实行领导工作动态通报制度，市委常委和副市长每周要报送每天的工作内容，由市委办公室制成一个领导工作动态，报给我，并下发全市接受监督；让全市人民掌握每一位常委、每一位副市长每天都在做什么，以此来推动工作。

公选干部要加快成长，发挥更大作用

（2007年2月28日）

面向国内公开选拔各类优秀人才是绥芬河的特色，也是绥芬河对外开放的重要内容之一。

今天召开这个座谈会的目的，是进一步认识和了解干部，掌握哪些是优秀的、一般的。同时，我们也在深入思考如何进一步完善公选的办法。我来后听到一些不同的议论，通过直接接触认识大家，可以进一步准确地判断。大家知道，绥芬河发展到今天，是各届班子努力、各类群贤共同开发建设的结果；大家到绥芬河来工作，上上下下对你们寄予很高的期望。市委第一步把大家安排到目前这个岗位，可能这个工作不如你们原来的岗位，但也是很让人眼热和羡慕的，希望大家珍惜这个机会。我们到绥芬河来，既要共享或分享改革开放的成果，更要创造新的成果。总的看，大家热爱绥芬河，能够积极努力工作，很快进入角色，有的已成为骨干。事实证明，市委公开引进人才的决策是对的，总的效果是好的。

市委对公选干部的管理、使用、培养是十分重视的。公选干部一定要实现“三个转变”：

一是实现从寻找干事创业的平台向真正干事创业转变。大家在人生的关键时期作出新的选择，是不容易的。大家来到绥芬河，怎么干事创业？现在给了你们初步的平台，下一步要抓住机会。怎么进一步发展，这里面情况很复杂，面临很多困难，要拿出你们的优势取胜，用你们的能力取胜。

二是实现从具备较好的知识素养向具备较高的领导素质和综合素质

转变。大家善于学习，积累了很多知识，在考试中是胜出者；现在转到领导岗位、公务员岗位，更需要综合素质和实际工作能力。对你们来讲，只能成功不能失败。成功很难，需要综合的素质和能力；但失败往往很容易，一个细节把握不好，就能导致失败。作为一个好的领导干部，要能干事，也要会共事。贯彻民主集中制，用通俗的语言表达，就是“一把手要听大家的，但大家也要听一把手的”。大家要全面提高综合素质，要高标准严格要求、完善自己。你们具备比别人学习得快的能力，这是优势。大家带着美好的愿望来，但要脚踏实地，从现在做起。

三是实现从来自五湖四海向共建家园的本土化转变。大家来到绥芬河大概有几种情况：有绥芬河缘分的；有原单位不是很理想，想换换环境的；更多的是想干一番事业的。大家能在公选中考上，算是成功了，是向理想和目标迈进了一步。不管是怎样目的来的，来到这里就是绥芬河人，都要树立与绥芬河发展荣辱与共的理想和感情。感情融入是第一位的，与绥芬河融为一体很重要。当然，我所说的本土化不是简单的融合，要在本土化的基础上优于、高于本土化。市委将继续坚持对公选人才“高看一眼，厚爱一层”“扶上马，送一程”的方针，为人才干事创业创造良好的环境，这是坚定不移的。以后要经常召开这样的座谈会，进一步了解大家。每年要实行全程跟踪考察，对优秀的及时发现重用，对不适应的进行调整。同时加大再培养再培训的力度，针对公选干部的缺腿进行培训、培养，让人才尽快成长起来。要进一步完善公开引进人才的办法，对人才进行科学分类，注重实用、专用。针对某一件重点工作选人用人，在实施雇员制、聘用制方面实现新突破。还要进一步研究如何使考试在保公正、保素质的基础上，避免选用只会考试的干部，实现用人目的更明确，围绕明确的目标选用胜任的人，完善用人激励、奖励机制，形成能上能下、能进能出的机制。要用更高的标准要求公选干部，向这批干部要成效。进一步明确公选干部岗位职责和目标任务。希望大家克服困难，用考试时的激情和劲头在创业的征程中拼搏。

党的十七大后研究部署绥芬河发展

（2007 年 10 月 26 日）

非常荣幸，作为十七大代表，光荣出席中国共产党第十七次全国代表大会。

我认真学习了党的十七大报告，以及刊载所有代表发言的 186 期简报。党的十七大报告体现了四个基本原则：一是继承性与创新性相结合。既保持过去工作的连续性，又进行了创新。二是理论和实践相结合。有理论的阐述，更多的是实践。三是当前和长远相结合。四是大事和“小事”相结合。

参加这次盛会，我感触最深的就是关于科学发展观的新思想、新观点、新论断的论述，进一步坚定了协调发展、统筹发展的信心和决心，这次大会核心讲的就是科学发展。我感到中央领导执政的理念更加成熟，治国理政又达到一个新的境界。我对国家发展的未来充满信心。中国人有充分的智慧能够治理好我们的国家。亲身感受那种氛围，确实催人奋进。大会闭幕那天中央电视台记者采访，我谈了这个观点，当日在新闻联播节目播出了。

一、关于科学发展观的由来和重大意义

科学发展观，是以胡锦涛同志为总书记的中央领导集体对前三代中央领导集体关于发展的世界观、方法论的继承和发展。以邓小平同志为代表的党的第二代领导集体当时回答了“什么是社会主义，怎样建设社会主义”，解决了当时争议的“姓社”“姓资”的问题。以江泽民同志

为核心的党的第三代领导集体回答了“怎么样建设我们的党，建设一个什么样的党”的问题，提出了“三个代表”重要思想、党的建设新的伟大工程等理论。到党的十七大，以胡锦涛同志为总书记的中央领导集体面临着回答“实现什么样的发展、怎样发展”的重大理论和实践问题。每一个时代的任务和主要矛盾不一样。这样粗放的发展、牺牲环境的发展行不行？能不能支撑下去？社会矛盾积累到这种程度了，下一步怎么办？这个问题必须要有答案。据理论工作者讲，这次认识上的转变是非常重要的飞跃。如果将十一届三中全会当年从以阶级斗争为纲转向以经济建设为中心看作是第一次飞跃的话，那么 1978 年以来走过的二十九年，“姓社”“姓资”的问题已经解决。我们要由一般的发展，或者说由发展是硬道理、发展是执政兴国的第一要务向科学发展转变，这是又一次的飞跃，而且其深远的影响不亚于第一次飞跃。为什么要提出坚定地推进发展转型？这是由我们国家阶段性特征和一系列背景决定的：

第一个背景，就是“一个巨变、两个没变”的阶段特征。“一个巨变”是，经济发展取得了巨大的成就，全国财政收入四年内翻了一番，GDP 突破 20 万亿，经济总量达到世界第四位，人均国民收入超过 2 000 美元；成功应对了“入世”挑战，2006 年进出口总额达到 1.76 万亿美元，居世界第三位；外汇储备达到 1.4 万亿美元，居世界第一位，这些成绩是举世公认的。“两个没变”，一是中国处于社会主义初级阶段的基本国情没变。虽然我们的发展变化很大，但是我们现在和将来相当一个时期内还是处于初级阶段，不能过高地估计自己。二是人民日益增长的物质文化需求同落后的社会生产之间的矛盾没变。在两个基本判断情况下，科学发展观就产生了。一方面通过二十九年的快速发展，我国的经济社会建设取得了巨大成就，已经初步具备了科学发展的物质基础，如果十几年、二十几年前就说科学发展，那是不具备条件的。另一方面，这些年也确实积累和出现了一系列矛盾和问题。关于矛盾和问题，党的十七大报告里讲了 8 个方面。

第二个背景，我们已经进入现代化进程中承上启下的关键阶段，也是发展黄金期和矛盾凸显期相互交织时期，这个时期人民内部利益关系亟待调整，经济发展方式亟待转变。国际经验表明，在工业化、城镇化加快的某一个历史阶段，往往会出现收入差距拉大的问题，都会面临这种成长中的烦恼。世界各国在人均GDP达到2 000 ~ 3 000美元的时候最不好过。道理也很简单，没有温饱的时候你给他吃饱了，他就很高兴，没有别的要求，怎样能吃饱是主题；政治上一点没有民主的时候，他也不想民主，往往有了一点反倒不够，他才会争取更大的民主；这是一个基本规律，社会发展到这个程度就要面临这些问题。

第三个背景，是树立大国形象的需要。根据世界银行最新公布的数据，2003至2005年中国经济增长对世界GDP增长的平均贡献率达到13.8%，仅次于美国，居世界第二位。就是说，全世界因为中国的发展而发展，可以得出这个结论。如果中国经济不发展，世界经济也不会有好的发展。中国以一个发展中国家的身份，近年来成为全球经济增长的主力，这个形象是有了。但是，怎样实现更好的发展又成为一个重大课题。中国的国际形象在某些方面需要重塑。道理在哪呢？经济增长是发展的基础，但是增长并不是简单地等同于发展，党十七大反复强调这个问题。不重视质量和效益，不重视经济、政治、文化和社会的协调发展，不重视环境保护，不重视人与自然和谐，社会必然出现增长失调，从而反过来制约发展，就会出现煤、电、油、运输全面紧张，环境遭到破坏、恶化，贫富差距拉大等。依靠现在的增长方式，要保持这种规模和速度，资源、能源和环境容量很难支撑。谁破坏环境，谁的国际形象就不好，这是个基本事实。必须重视协调发展、可持续发展。我们在经济发展方面取得了举世瞩目的成就，但是在资源、环境等方面付出的代价也很沉重。比如无锡太湖的蓝藻污染事件，蔬菜喷洒过多化肥和农药造成人畜伤害事件，等等。

第四个背景，经济发展的短腿，是自主创新不足，有自主知识产权的东西太少。一般都是模仿、仿制，或者外企自带专利和设备搞加工，出自人家的先进发达的东西和中国制造没多大关系，不是我们研制的，也不是我们创造的。所以，我们必须推动制造向创造转变，由速度发展型向创新发展型转变；再搞粗放型发展，只挣点加工费，已经不是那个时代了。

第五个背景，邓小平同志 1992 年视察南方谈话中已经说过，改革开放以来，我们形成的制度不少，但是恐怕需要三十年时间才能在各个方面形成一套更加成熟、更加定型的制度。从 1978 年到 2007 年正好是三十年，定型定位在哪里呢？就是科学发展观。一个国家发展的道路是漫长的，但是紧要处往往就那么几步。所以我们说，党的十七大是关键阶段的盛会，是站在新起点上的一次重要会议，等等，其内涵就在这里。党的十七大召开以前的三十年是“摸着石头过河”的时代。那么以党的十七大为起点，又要开始新的三十年，再搞粗放型发展，难以越过资源、环境这两座高山。如何顺利完成转型期任务，学会在更高门槛条件下统筹发展？坚持科学发展观正是攻克这种困难的出路所在。从“摸着石头过河”到今天进入经济社会发展的快车道，我们已经找到应该走的道路。坚持科学发展，是经济发展到一定阶段的必然要求。

科学发展观的内涵，党的十七大报告说得非常清楚，第一要义是发展，核心是以人为本，基本要求是全面协调可持续，根本方法是统筹兼顾。科学发展观的形成，标志着新一届中央领导集体的发展理念更加成熟，治国理政达到新的境界。科学发展就是长期发展，就是稳定发展，就是克服资源、能源硬约束，面对环境严重透支现实，在保持一定高速度、大块头、多变化的前提下安全发展。中国经济的主要问题，不在于某些地区是否能够继续以迅猛速度增长，而在于能否换一种方式增长，找到一种可持续增长模式，改变依赖出口，依赖于资本密集型、能源密集型行业的投资拉动。投资拉动容易大起大落，这些年的教训很多。中国商品“物美价廉”，容易受到国际社会的反倾销，劳动力成本过低，把便宜都给了别人，自己把自己压得很苦，GDP 增长这么多，实际人均得到的实惠很少。怎样改变分配方式，让劳动力更值钱，普通劳动者有钱以后，可以通过他们的消费拉动经济发展，这是一个大的战略。过度依赖投资需求和进出口拉动会导致最终消费率过低，引发宏观经济失衡和结构矛盾突出，巨大的潜在消费需求不能转化为拉动经济增长的有效需求。比如，中国是个贸易大国，但是我们处于国际产业链分工的最低端，出口 8 亿件高档衬衫所得利润才能换回一架空客 A380 飞机。党的十七大作出重大部署，要促进经济增长主要由依靠投资、出口拉动向依靠消费、投资、出口协调拉动转变。

分组讨论中，有人说，科学发展观是马克思主义中国化的最新成果，是顺应时代发展要求的又一次正确抉择；有人说，这是对三代中央领导集体关于发展的重要思想的继承与发展，既一脉相承，又与时俱进；有人说，科学发展观提供了新的世界观与方法论，理论性、实践性、针对性强；有人说，科学发展观形成了系统的发展理论，是一次理论创新，是一个新的哲学范畴、哲学概念；有人说，科学发展观的形成是系统梳理改革开放以来的理论探索的成果，是对人类社会发展规律、社会主义建设规律、共产党执政规律这三个规律的进一步认识。

深入贯彻科学发展观应该怎么办？必须推进三个转变：一是思维方式的转变；二是发展方式的转变；三是社会管理方式的转变。对于欠发达地区而言，如何在加快发展中贯彻落实科学发展观，在又好又快发展中好中求快，是重点思考的问题。加快发展和贯彻落实科学发展观，这两个命题并不矛盾。既要保持发展的冲动，又要保持科学发展的理性。总的要求是，必须走集中、集约、集聚的发展路子。不能走浪费资源、牺牲人文、牺牲生态环境为代价的弯路，也不能走经济发展快、人民实惠少的偏路。新时期能不能贯彻落实科学发展观，是对领导班子、领导干部执政理念和能力的考验，关键在实践。要学会统筹兼顾的本领，就是门槛高了还能发展的本领，学会做好加减乘除：对高新技术、新兴产业、现代服务业要做加法；对高能耗、高排放、低效益的产业要做减法；对自主创新、知识产权、版权创造、创新人才培养要做乘法；对资源消耗要做除法。传统产业在相当一段时期内还是主导产业，传统产业不一定就是落后产业，但是需要不断地升级换代。

二、全面建设小康社会的新要求和“四位一体”发展的新格局

全面建设小康社会是党的十六大确定的战略任务，当时小康的概念更多地侧重于经济目标，党的十七大又提出新要求。新要求就是由过去政治、经济、文化建设三位一体发展提升为政治、经济、文化、社会建设四位一体，增加了社会建设的新要求。社会建设以解决民生问题为重点，着力解决好人民最关心、最直接、最现实的利益问题。新要求的核心是更加关注民生，解决人民的利益问题。有人说党的十七大报告是科学发展的报告，这个特点非常突出，是一个体现人民利益的报告，关注民生的特点非常突出。有人查了一下，报告中出现频率最高的“民”字是 206 次，“发展”是 298 次。也有人认为，党的十七大报告的特点可以总结为四个字、两个词，就是：人民、发展。报告中最大的亮点也是关于民生的论述和阐述，这方面引起的反响也最大，有很多新的提法、新的观点。比如说学有所教、劳有所得、病有所医、老有所养、住有所居。比如非常注重民生方面的安排、制度安排，把党的宗旨和民生结合起来。比如教育问题，报告讲民生第一个讲教育问题。过去讲教育，把它放在文化里讲，这次放到民生里讲，而且讲到教育是民族振兴的基石，教育公平是社会公平的重要基础，把教育公平作为社会公平的首要问题来讲。一个人如果在成长的初期没有得到公平均等的受教育机会，那么未来的素质就很难跟上，竞争力就很难得到全面提高，在社会上就失去了公平竞争的能力；最后可能就会导致贫富分化等社会现象。反响最大的就是教育公平，要通过教育的大发展，把我们的人口大国变成人力资源大国，这是大的战略安排。就业问题，报告里讲是民生之本，要走创

业带动就业的路子。报告讲到，社会保障是社会安定的重要保障，要坚定地扩大覆盖范围。医疗保障也说了很多，健康是全面发展的基础，要关心千家万户的幸福。收入是民生所盼。关于收入问题，从党的十五大就开始论述，讲效率优先，兼顾公平是分配制度改革的基本原则；党的十六大讲初次分配注重效率，再分配注重公平；党的十七大讲初次分配和再分配都要处理好效率和公平的关系。这里面有深刻的内涵，要提高劳动报酬在初次分配当中的比重，现在企业的利润中给劳动力的报酬太低，物美价廉是以劳动力成本过低为代价的。所以报告讲，要形成工资正常增长的机制和支付保障机制。报告里这段结束语写了这样一句话："我们要紧紧依靠人民，调动一切积极因素，努力形成社会和谐人人有责、和谐社会人人共享的生动局面。"一位代表在讨论时说，从开始学习党的宗旨、信念，就知道是为共产主义奋斗，节衣缩食，舍小家为大家，个人服从集体，高度积累，搞建设，搞投资。干这么多的事为了啥？是为了巩固政权。巩固政权为了啥？其实巩固政权，进行执政还是为了老百姓。分配问题说的是"小事"，但体现或结合的是党的宗旨。

这次会议关于增加财产性收入，扩大中等收入群体比重的提法也特别多。一个健康稳定的现代社会，社会阶层结构应该是中间大、两头小，呈橄榄型的，这是全世界公认的。特别穷的不是很多，特别富的也占少数，大部分是中等收入群体。中等收入群体占比例大有利于社会稳定，这是大势所趋。专家预计，到 2020 年，中国可划归所谓中等收入群体的人数将从目前的 1 亿人增加到 5亿 ~6 亿人。收入分配制度改革的核心就是要创造机会平等、规则平等、过程平等的体制机制环境。

党的十七大报告里面新的提法很多，我举几个例子，供大家学习时参考。比如"增长"变成"发展"，"增长"只是注重效益，"发展"不仅要看效益，还要看发展的结构、发展对环境的影响、发展成果的分配，"发展"比"增长"的概念更大、更全。再比如 GDP，过去说的是总量，这次说的是人均 GDP，用人均的概念更能体现经济成就按人均论英雄、成果共享这个意思。我们的人均水平并不高，还不到俄罗斯的 2/3。

文化软实力的提法，大家都比较感兴趣。学生英语课文中讲的故事都不是随便选的，里面渗透着它的价值观念。日本企业在中国做广告，由儿童配音，儿童对儿童的语言最容易感兴趣，让中国孩子从小就了解日本商品及其文化背景，这就是文化渗透。文化的作用确实非常大，听着“雄赳赳，气昂昂，跨过鸭绿江”的歌，你会觉得时时刻刻很振奋；到教堂里空旷环境当中，听到钟声，你会觉得自己很渺小。绝不能低估文化氛围和文化影响力，没有一定的文化影响力，中国不会真正成为大国。对生态文明、基本公共服务均等化都有新的提法。要优化国土开发格局，不一定都搞开发区，工业化、城镇化也不能一刀切。报告还谈到人权事业新发展，逐步实现城乡按人口比例选举人大代表等。报告中还提出“把城乡、社区建设成管理有序、服务完善、文明祥和的社会生活共同体，注重人文关怀和心理疏导，用正确方式处理人际关系”。现实中很多问题并不是政治问题，也不是思想问题，实际上是心理问题。处理很多上访事件可以用心理疏导的方法。报告中提出，要“实现富国和强军的统一”“增强公民意识”，等等。“公民”和“人民”有差别，我们过去讲人民，是针对敌人来讲的，要建设和谐社会，公民概念更具有全社会的普遍意义。一个执政党面对的不仅仅是阶级概念上的人民，全体公民都是执政党的服务对象。

总之，报告在民生方面讲的内容都是老百姓最关心的问题，体现了亲民务实，听了非常亲切。关注民生的执政理念体现了党的执政根基在人民，血脉在人民，力量在人民，宗旨在人民，这也是党的最高纲领和最低纲领相结合的重大措施。当年打土豪、分田地，想要获得耕地的农民都跟党干革命了。有的同志讲，最低纲领一定要有感召力，一定要有利于调动大家的积极性，这样才能巩固党的执政基础，这是现实政治必不可少的。我们不能哗众取宠，但要适应政治发展、社会现实的变化。打土豪、分田地，实施家庭联产承包责任制等都得到了人民的拥护，有力巩固了执政基础。更加关注民生，坚持以人为本，着力解决老百姓最关心、最直接、最现实的利益问题，同样是巩固党的执政基础的需要。这样做可能带来新的问题，老百姓对政府的要求会越来越高，这就要求我们必须提高执政能力。中国不存在反对派，还没有形成反对阶层，如果连上访的事都处理不好，要是哪一天有人拉起大旗和我们对着干，怎么办？必须掌握足够的能力处理这些问题。一个多元化社会，什么能调动全民的共同向往，唯有让人民过上富裕殷实的生活，唯有重视、关注、保障、改善民生。发展依靠人民，发展为了人民，发展成果由人民共享。群众利益无小事，凡是涉及群众利益和实际困难的事情，再小也要竭尽全力去办，多办好事实事。要始终把实现好、发展好广大人民的根本利益作为党和国家一切工作的出发点和落脚点。要察民情、懂民意、帮民富、保民安，为民务实清廉。要解决好为谁执政、靠谁执政、怎样执政的问题，完善制约和监督机制，保证人民赋予的权力，始终用来为人民谋利。

三、抓住和用好机遇，全面推动绥芬河市各项工作登上新台阶

以往的报告发出耳目一新的冲击力，主要是一次又一次突破过去传统的表述和提法，令人们感到解放思想的意味很浓，又放开了什么事，迎来机遇了。现实情况是，该放开的东西已经差不多了，不可能总是在“放”上面有什么突破，更多的是要建立新的，直面不完善的市场经济造成的问题，创新制度机制解决这些问题。不能认为，没有破除某个问题的新的提法，就没有解放思想。解放思想贯穿主观和客观统一的全过程，只要主观和客观存在不能统一的问题，就需要解放思想，但解放思想的侧重点不同时期会有不同。一种先进的思想认识往往会引领社会制度的变革。没有好的思想不可能有好的制度安排。过去解放思想主要是突破一些框框束缚，实践探索一段时间证明对了，成功了，就往前走一步，这类事已经不是主要的了。今后解放思想的任务是怎样把人们发展的积极性、发展的理念引导到科学发展上来，怎么样消除习以为常的畏

难情绪，等等。打破不是重点，谁能结合自己的实际，想出推进科学发展的好主意、好办法才是重点。

（一）认真研究形成绥芬河推动科学发展的新思路，拿出推动科学发展的新办法。怎样拿出一些新思路推动科学发展？推动科学发展的办法到底有什么？思想解放到什么程度，推动科学发展的进展就能达到什么程度。对我们而言，最大的课题就是在加快发展过程中贯彻落实科学发展观，加快发展的门槛高了。很多事情，可能是刚刚学会了，又说不对了，继续沿用过去的办法行不通了，必须着力转变不适应科学发展的观念，着力解决影响和制约科学发展的突出问题；必须有一种紧迫感、使命感和忧患意识。一定意义上说，科学发展观是忧患意识的产物，如果不为长远发展、根本利益操心担忧的话就没必要说这个。看到担忧的一面，同时也应该看到机遇的一面，发展顺利是机遇，出现困难也是机遇，加快发展的时候是机遇，发展门槛高、速度没那么快了，对结构升级等来说也是机遇。必须多一些忧患意识、少一些自我感觉良好，否则就看不到、抓不到机遇。美国人往往把矛盾和问题看得很重，树敌，然后构想各种制约对方的办法，从中塑造自己的优势。比如，实施信息高速公路、星球大战等计划，推动知识经济、网络经济发展。

（二）发挥绥芬河生态底子好的后发优势，科学规划城市，科学布局一批产业层次高、带动能力强的大项目。要努力建设全省科学发展的示范区，真正成为全省人均指标最好、优势产业最强、生态环境最优、城市文化特色最鲜明、和谐文明程度最高的北方深圳。报告中讲到，要注重生态文明建设、释放生态价值。将来生态肯定要值钱，肯定会进入资本市场，该抵押抵押，该评估增值就增值，能够带来价值回报，资源资本化肯定要大大向前迈出一步。跨境林木产业集团的事还要进一步推进。

（三）要在真学、真信、真用上下功夫，要在学深悟透上下功夫。在学习贯彻党的十七大报告过程中，切忌说官话、套话。有人说，北方人开完大会坐下就学习，南方人开完大会站起来就干。学习是个过程，不理解难以掌握机遇，学习是必要的，但是我们不能停留在坐下来就学，更重要的是学了要知道怎么干。报告中讲到，要扩大资本市场直接融资。现代经济是以产品经济（主要依赖资源、能源和劳动力）为基础，以资本经济（主要依赖信用、预期等）为加速器的经济。今后企业上市肯定会容易一些，上市直接融资会得到鼓励支持。组建绥芬河控股公司这件事看来是对的，要好好研究资本市场，不能简单挣点加工费。报告中讲到，要“深化沿海开放，扩大内地开放，提升沿边开放”。提升沿边开放，这是讲给我们的，必须紧紧瞄准这个政策走势，推动跨境合作区建设；跨境合作区建设绝对是制度创新的结果，这就是提升。中俄之间简单贸易、边境贸易、小额贸易开展这么多年了，该提升到投资合作这个水平了，这就叫提升。党的十七大报告还讲到“要实施自由贸易区战略”，未来跨境合作区就得往自由贸易区方向发展。报告提出，“扩大一般性财政转移支付”。一般性转移支付就靠算账了，主要靠基本因素法，转移支付根据标准支出与标准收入这个差来决定。我们的实际支出由于口岸城市特殊性质，比一般县市的支出范围大了许多，一些口岸建设方面的支出纯属为沿边开放政策买单的，其中的一些事就是为国家分忧的。

坚定跨越式发展信心，争当全省新一轮沿边开放升级排头兵

（2007 年 11 月 30 日）

从今年主要指标完成情况看，地区生产总值预计完成 50 亿元，同比增长 30.7%；全口径财政收入（含基金）预计完成 12.2 亿元，同比增长 60.6%；外贸进出口额预计完成 47 亿美元，同比增长 26.8%；固定资产投资预计完成 26.3 亿元，同比增长 41.3%；规模以上工业增加值预计完成 1.2 亿元，同比增长 47%；进出口货物量预计完成 930 万吨，同比增长 18.6%；进出境人数预计实现 139 万人次，同比增长 18.8%。明年主要指标安排，最低要保持 20% 的增长速度，力争实现 30% 的增长速度。

从明年的情况看，有利的因素很多，不利的因素也不少。绥芬河要在全省当排头，在全国进百强，应当说压力很大，与全国重点口岸指标对比看，竞争十分激烈。我们的进出口额已经被阿拉山口超过了；过货量原来排第二，现在满洲里、阿拉山口都超过我们了；进出境人数已经落后于满洲里、二连浩特；财政收入虽然在黑龙江各县市区排第一，也只是满洲里的一半。还有一个重要问题是征地难、融资难，这些制约没有得到完全解决。明年俄罗斯大选，有些政策调整的不确定性因素是存在的，但俄罗斯的大政方针不会改变，友好合作仍是主流，很多人说，普京之后还是普京。对明年的形势还是要积极看待，不能消极地看问题。

一、追赶型跨越式发展战略，符合科学发展观的内在要求，符合绥芬河的发展实际

科学发展观是用来指导发展的，第一要义是发展。追赶型跨越式发展就是要在加快发展中贯彻落实科学发展观，就是又好又快发展的具体化，就是好中求快、好中加快的发展战略。当前实施追赶型跨越式发展，重点突破三个方面。一是创新发展模式。要借鉴发达地区的发展经验，借力产业、技术、资本等发展要素来促进加快发展、跨越发展。对发展结构，一般认为，产品经济是基础，资本经济和总部经济是加速器。我们要发展依靠资源、能源、人力等要素为支撑的产品经济，坚持招商引资上项目；同时更要放开眼界，抓好资本经济和总部经济。资本经济是一种信用和预期，将会成为跨越发展的加速器。总部经济是全球经济一体化的产物，现代经济的特点是对产业价值链合理分工，实际上，当今就是大大小小的总部经济决策人在配置全世界的资源。客观讲，不加快发展资本经济、总部经济，要实现追赶型跨越式发展是有难度的，在这方面，应当冲破思想束缚。二是发挥后发优势。要在发挥特色优势、资源优势中走捷径，而不能走“弯路”和“偏路”。我们需要解决投融资平台，缺的是“血液”，需要把金融扶持这一“自来水的龙头”接上。还需要搭建好发展平台。对于绥芬河而言，就是怎么利用中俄之间的差异带来的落差建立驱动力，只有差别才能带来驱动力。农民为什么要进城？就是因为城乡有巨大差别。中俄之间的差异很大，核心是利用落差形成的驱动力建立经济带、经济圈，从而构建自己的产业链、产业集群，这是我们能不能实现追赶跨越的关键因素。不走“弯路”，就是不走先污染、后治理这样的路子；不走“偏路”，就是不干群众得不到实惠的事。三是解决好干部精神状态问题。要形成后起直追的势头，有一种想从自己做起、改变自身命运的新面貌和工作劲头；咬紧牙关、埋头苦干。客观讲，观念问题和制度性障碍仍然是我们加快发展的最主要问题。从绥

芬河干部实际情况看，存在注意力不集中、心思不在工作上的问题；推动工作的精神头儿不足；有想法、没办法，以主人翁精神攻关的意识不够。

二、抓住新机遇，绥芬河要成为全省贯彻落实科学发展观的“示范区”，新一轮沿边开放升级的排头兵

党的十七大以后，我们有哪些方面的机遇？现在看主要面临六个方面。一是中俄两大战略互动。长远看，这是绥芬河加快发展大的战略机遇。党的十七大提出沿边开放战略升级，实施自由贸易区战略，对边境口岸来说，都是利好的。目前，中俄高层正处于“热恋”期，俄罗斯经济连续七年增长，综合经济指标恢复到苏联解体前最高水平。中俄之间的交流与合作越来越现实，原来讲“友谊”较多，现在更注重商业利益与互动双赢。两国正在推动的地方和边境合作的制度创新、建设中俄跨境合作区等，会有很多机遇。二是陆海联运大通道建设。这件事过去搞了多年没有成功，目前有利的因素越来越多，俄罗斯把纳霍德卡建成港口型经济特区；海参崴(今符拉迪沃斯托克)2012年要召开APEC会议；绥芬河最近被国家确定为国家交通枢纽城市，等等，这些对加快这条黄金通道建设都有积极促进作用，未来物流业将面临大的发展机遇。三是中俄的概念、未来资源能源的概念、生态的概念有很好的预期。这对绥芬河发展资本经济将带来好的机遇。在进口木材资源方面，我们正着手组建绥芬河跨境林木产业集团，要把它做成投融资平台。四是俄罗斯人均GDP快速上升。过去分析的潜在市场都在变成可实现的市场，从进出口结构来看，增长最快的是家具、建材和机电产品，应当说，俄罗斯对中国商品的需求层次明显提高，这对于提升出口产品层次有很好的机遇。五是中俄两国在重要基础设施建设上的互动。过去呼吁多年的铁路站场扩能改造、俄罗斯口岸前移、铁路二线建设等重点项目都正在或即将实施。六是社会文化的交流合作向更深、更广方向发展。比如在司法、劳务合作等方面的合作就呈现很好的势头，这些将有利于双方建立深入友好的

合作关系，密切协调联络机制。

根据这些机遇，按追赶跨越发展要求重新梳理了加快发展的思路。

（一）进一步完善和丰富“北方深圳”的内涵，率先成为全省贯彻落实科学发展的示范区。一是人均主要指标要全省最优。最近对收入问题又进行了分析，我们提出，财产性收入要占到职工收入的40%。目前正在谋划征地过程中怎样使土地资源成为增加农民财产性收入的重要拉动因素。二是特色产业最强。要突出三大主导产业，即商贸旅游、进出口加工和现代服务业。商贸旅游产业，正在研究编制打造远东市场中心的规划，要把绥芬河建设成为旅游购物的天堂。要加快建设中俄区域性物流中心。特别需要组织实力强、信誉好的企业在俄罗斯设立中资或俄资的清关公司，提供合法的规范清关服务。在俄方原清关合作伙伴出问题以后，寻找新的、大的、规范的清关合作伙伴是当前的重点。跨境旅游要积极突破异地办照制约。同时，建议牡丹江地区推动“大三角”和“小三角”的战略旅游产品。“大三角”就是绥芬河－镜泊湖－长白山，把这三个点突出出来；“小三角”就是绥芬河跨境－镜泊湖－地下森林等区域内的旅游景观。进出口加工方面，特别是在木材产业上，从长远看，绥芬河不适合发展木材加工业，不与兄弟县市争着挣加工费，要定位在引进行业领军企业、著名品牌企业和战略投资者，要把精力放在通过组建跨境产业集团，形成绥芬河对境外木材资源的垄断，以此来保持和凸显绥芬河的战略地位。机电产业要加快推进海都机电城建设。现代服务业要把金融产业做好，成立金融和资本运营办公室，与城投公司合署办公，要重点做好进口担保体系建设、信用社改制、招引外资银行、推动和俄罗斯银行的跨境合作、改善信用环境等。同时，要加快推进数字绥芬河建设、扩大中介服务和认证服务、培育会展经营主体等。三是生态环境最好。绥芬河要始终保持生态环境最好的比较优势，这也是绥芬河努力打造国际商贸旅游名城的城市形象要求和发展资本，要让山更绿、天更蓝，赋予这个城市更多的自然气息和人文因素。在党的十七大报告中，首次将生态文明写入报告中，可以预期，将来生态肯定要值钱，生态经过包装赋能以后，肯定会进入资本市场，能够进入国民经济循环，也会成为一个重要的品牌。四是城市特色最鲜明。要突出“中俄特色”“山城特色”“生态特色”，突出小而巧、小而精。每一个城市建设项目和环境改造，都需要专家进行评审。昨天从北京和哈尔滨请来一些专家，对明年要干的9个项目一一进行了评审。目的就是要通过一些点睛之笔，把绥芬河建成中俄友谊之城。推进城乡一体化，并不是要简单地消灭农村，而是要把新农村作为城乡联动的结点、城市化的延伸。在农村合并中留有休闲、观光的农业空间。五是和谐文明程度最高。绥芬河是个移民城市，怎么把绥芬河建成大家共同的家园，是需要深入研究的课题。要更加关注流动人口的管理和服务。通过建设劳务社区加强对外来务工群体的管理和服务。

（二）进一步抓住中俄地方合作制度创新机遇，在新一轮沿边开放战略升级中争当排头兵。如何提升沿边开放升级，要做好专门的方案。一是要加快推进边境合作区向跨境合作区发展，这是升级的关键。二是围绕哈牡绥东产业带建设，要成为中俄远东经济带上最重要的节点。要努力创造新“亮点”，在中俄经贸转型过程中抢得先机、赢得主动，争取成为中俄跨境合作的试验区和示范区。

（三）进一步突破发展空间制约，科学确定产业发展布局。一是针对土地资源紧张问题，对土地利用情况进行全面清理，出台一些针对性政策。二是深入做好产业布局总体规划，合理确定各个园区的功能定位。加快建设保税物流中心、保税仓库和保税出口加工区。三是搞好区域联合与合作。区域联合不能停留在示范的层面，要向利益联结的实质性合作、制度创新的方向发展。要搞好绥－穆合作区、绥－绥合作区建设，区域经济一体化势在必行。口岸在不打破现有行政区划下，如何发挥更大的作用，这是目前大家共同关注和需要破解的课题。

三、认真抓好“准备之冬”，全面推进各项工作落实

（一）扎实做好“四项准备”。一是思想发动。要围绕党的十七大带给我们什么机遇，下一步怎么跟进等课题，各位市领导要积极开动脑筋，了解、盯紧省直部门出台的政策和工作动态。深刻查找思想观念和制度方面存在的制约，积极为促进绥芬河加快发展献计献策。要广泛征集百姓意见和建议，确定明年民生工程干什么。今年搞的弃管楼改造，共127栋，投资2 000多万元，明年还要再干一批。二是项目准备。市直各部门都要积极向上争取项目。市招商局要围绕市里确定的重点，明确敲门招商的重点城市、重点目标投资者。三是资金筹措。围绕大亚等重点项目，积极协调贷款支持。大亚投资5亿元，对拉动固定资产投资作用明显。四是手续报批。报批手续等前期工作必须抢在明年开春前完成。

（二）抓住四个着力点。一是大手笔、大动作改善发展环境，包括软硬环境变化。要突出变化，没有变化就没有凝聚力。二是抓住主要指标不放松。抓重点指标就是抢抓发展位次，就是抢抓发展的支持力，就是抢抓政策机遇。绥芬河如果不率先争创实验区、示范区，就不会得到省里乃至国家的重视，更谈不上发展政策的倾斜与支持。三是让干部百姓得实惠。最近，机关事业单位人员工资人均要再涨500元，还要推动增加城乡居民的年人均收入。四是不断有新的、大的项目落地。

（三）明确三大推进板块。一是坚持不懈、持之以恒地抓好涉及长远的重大项目。研究和突破基础设施短板制约，比如口岸改造、301国道建设、铁路改造、机场建设等，这些工作是需要几届班子持之以恒抓推进的工作，很多工作都涉及两国，不仅需要跑省进京、还需要协调俄罗斯。二是善始善终地抓好前任班子确定的重点工作的推进落实及完善提高。要继续加大推进力度，不遗余力地抓好教育园区、通天路环形桥、沿河路改造、海都机电城、医疗中心、国际国内客运站等重点工程的推进落实。三是不断创新、不断增加新亮点，不断增强大家对绥芬河未来发展的期望。全力推进城乡一体化、绥芬河控股公司、数字绥芬河，引进大亚、圣象等战略投资者，引进品牌企业、行业领军企业等。

（四）强化三个抓落实。一是进一步深化和完善改革，向改革要动力、要效益。全面推进建设系统改革。推进政府投资工程管理方式改革，要成立政府投资工程管理办公室。管理就是管理，投资就是投资，买单的就是买单的，由政府直接经办向政府购买服务转变，具体项目实施外包给有资质的市场主体去完成。公益性主要体现在政府买单上，公益事业不一定公家经营，比如购买阶段性服务岗位等。要大力推进雇员制、聘任制。二是建立督办机制，用机制抓落实。现在看，当书记除了出主意、用干部外，还得加一句，就是抓落实。市委书记要做第一督办人。有些事不是具体责任人不落实，客观也存在协调不了的问题。要实行牵头领导负责制，谁牵头、谁负责、谁具有协调权，淡化领导战线分工。重点工作推进实行项目化，用抓项目的办法和机制重新组合力量、组合资源。三是大力推动政治上重用、经济上重奖。现有问题既出在人多上，也出在人少上。客观地讲，目前真正干活的也就那些人。用活化的资金鼓励那些干活的人，平均涨点工资不能真正调动积极性。目前的考核办法不能真正分清谁好谁不好。要对评价体系进行改革，实行重点工作申报制绩效考核，比如今年你要抓哪些重点工作、需要哪些支持？先立题，任务目标完成了，就兑现奖励。今年先对重点工作设立 100 万元奖金，明年进一步完善。实践证明，针对重点的事、重点的课题，拿点钱是值得的。要积极探索职务消费改革。总之，要在体制机制创新上下功夫，把大家的积极性、注意力集中到抓落实上来。

抓住改革开放，进一步加快发展

（2007 年 12 月 17 日）

一、用好中央政研室的研究成果

中央政策研究室在这搞了三天半的调研，走的时候与我交换了意见。调研组认为，绥芬河加快发展的核心，最突出的特点、也是最成功的经验，就是牢牢抓住了改革开放。绥芬河充分利用了两个市场、两种资源，在互动互补中谋求机遇而发展起来。绥芬河是在开放中崛起的，因开放而有活力、因开放而兴旺、因开放而和谐、因开放而美丽。总体上概括，绥芬河是一个创业的城市，通过创业兴市、通过创业富民；绥芬河是一个创新的城市，在体制、机制、社会管理以及文化交流等方面有很多可以深入挖掘的亮点；绥芬河是一个和谐的城市，城乡和谐（城乡一体化）、边境和谐、人与自然和谐都很有特点。

据了解，中央要总结改革开放三十年，安排一系列活动，其中选了 18 个典型进行调研，绥芬河是入选典型之一。总结的主线是如何在开放中崛起。调研组讲，要深入挖掘绥芬河加快发展的经验，寻找促进绥芬河加快发展的基本要素，大致理出六个主要方面内容：一是解放思想。思想解放的程度决定了加快发展的速度。绥芬河大致经历了三次思想解放历程，每一次思想解放都解决一些突出问题。首先解决了思想观念问题、体制和机制创新问题。他们归纳了令人鼓舞的几条，如：观念一变，一变百变；思路一通，一通百通；政策一对，一对百对；体制一兴，一兴百兴等。二是从实际出发，因地制宜、扬长避短，走出了一条适合自己发展的路子。他们概括了两句话，即“小中见大”“弱中见强”。比如：人口少，但人气旺；地区很边远，但战略起点高、眼光很远；资源很少，但是集聚资源的能力很强，包括集聚国内和国外的资源、人才资源等等；资产存量很小，但过路流量、市场流量非常大；市场规模不大，但市场的辐射力强、覆盖面大；地域面积很小，影响力很大，知名度很高，名气很大。三是全民创业。绥芬河通过全民创业，使老百姓富裕起来了，不仅带动当地人口创业，而且为外来人口创业提供了有利条件。这方面绥芬河特点十分突出。四是大胆改革创新。绥芬河在体制、机制上，在政治、经济、文化、社会等各个方面都有很多创新，有很多亮点可以深入挖掘。五是促进社会和谐。绥芬河“人和百和、业兴百兴、才聚财聚”。六是忧患意识非常强。能够统筹国际、国内两个大局来把握自己的发展方向，确定政策方向；能够在国际、国内两种资源互补中创造条件、发现机遇，在条件变化中有很强的适应和应对能力，伴随着俄罗斯政策不断调整走过来。他们说，从统筹国际、国内两个大局来讲，绥芬河的经验是很有特点的，体现出科学发展观，也体现出将中国特色社会主义道路的基本要素同绥芬河当地实际相结合。

调研组还指出了应该注意的问题：一是要加快贸易方式的转变。二是要增加城市发展的文化内涵。三是促进沿边开放升级，要抓住机遇，推动自由贸易区战略。四是注重环境保护。提到绥芬河的精神，他们建议围绕着开放、革新、创新、和谐、优美、务实、为民、宽容、包容等方面来总结。

总的来看，过去一年的发展保持了良好态势，加快发展的思路更清晰了，综合指标更好了，全市上下的精神面貌都处于最佳状态，对未来发展的信心更足了。亮点很多，如大亚项目、沿河路拓宽动拆迁工作、通天路环形桥、医疗中心建设、文化园区建设、弃管楼改造、数字绥芬河、城乡一体化规划等。

2007 年存在的问题，从客观上讲，主要是破解影响发展的制约因素的力度还不够，成效不够明显。比如发展空间狭小、边境合作区及建设进展不大、边贸优惠政策“空心”化、金融服务瓶颈制约、跨境旅游办照难、俄方劳务许可特别少又不能及时发放、口岸基础设施等重大项目启动慢等。从主观上讲，一是需要进一步增强重大工作部署的统筹性和计划性。现在还是有点手忙脚乱的，随机性、随意性的事情不少。年初确定的重要工作任务，完成情况不是很理想。我个人需要进一步抓好统筹、谋划和协调，推进重点工作的力度还需要进一步加强。班子其他同志负责的很多事，坐不下来研究，人员召集不齐。二是需要进一步强化调动干部积极性的有效措施。与全民创业的氛围相比，机关干部的工作热情、积极主动精神明显有差距，想事干事干成事的用心程度、负责精神都有差距。干部人事管理方面还存在不少问题，特别是遗留问题。三是需要进一步推动体制机制创新，推动贸易增长方式转变。关于总部经济，大家通俗说成是“拉税”。“拉税”只是总部经济的雏形，怎么再往前推进一步，还要找到根本的办法。发展总部经济没有错，但是总部经济不能简单停留在“拉税”上，总部经济有很完整的内涵，要深入研究。简单靠“拉税”，即使把这个政策挖到底，潜力也不大。必须研究只有边境口岸城市才能有的特殊优势，如口岸服务、报关成本等，否则这种总部经济，别的地方很快都会发展起来。优化进出口商品结构，今年已经取得一定成效。明年中俄海关要进行数据互换，“手拎包”不能纳入统计，这也是一个挑战，也可能是一个缩水的机会。在进出口贸易结构中，要研究把“手拎包”的真实贸易背景以什么样的适当形式表达出来，“手拎包”这个事不是假的，这么多商品拎出去了，怎么能说没有真实贸易背景呢？转变贸易增长方式，还必须解决民贸市场的商品质量和交易秩序问题，这是决定优势生存的根本问题，坑害俄罗斯客商的事情必须打击，否则二十年来培养起来的绥芬河整体形象将受到致命影响。四是需要营造亲商富商容商的环境和平台。企业家、投资者至高无上的发展氛围必须要有。变着法刁难企业的事还有不少，比如到上面争取项目，有些部门做手脚为难企业。企业要见见市领导、部门领导也不是很容易的事。企业有企业的毛病。这里之所以能发展，很重要的成功经验就是包容，不对企业搞秋后算账。改革发展中出现的问题只能通过改革发展去解决。对待过去的事情，不能按现在的标准来处理。包容和宽容是绥芬河的一个历史传统，必须传承发扬下去。为什么没有大企业形成？这与扶持不够有关系，土层薄长不了大树。五是需要解决抓落实问题。一种情况是需要干的事很多，下决心的事也很多，需要干与能不能干是两回事，需要干的事很多，但因为财力等制约因素暂时干不成也是事实。事情好定，定完的事能不能促成，本事在这。定事容易，更重要的是怎么能做成事。不能指望一两年的时间把绥芬河的所有好事都办完，本届班子要有目标，重点突破，但一定要办成一两件大事，否则就白在绥芬河干一回。另一种情况是遇到难事绕着走，不碰硬，不较真，不愿落实。我也观察、考察了一下，这一年没干成什么事的大有人在，忙忙碌碌，沉浸在例行公事中。

二、不断提高工作站位

主线是解放思想，推动改革开放，抓住和利用机遇，加快发展。初步考虑，明年要作为“城市营销年”，利用好奥运会的机会，在国内外加大宣传绥芬河的力度。

解放思想，重点要解决两个问题：一要重新认识自我。这里面有两层含义，第一层就是要借鉴和总结过去三十年的经验，但又不能局限于三十年取得的成绩，津津乐道、满足于现状。还是要增强危机意识，这种口岸城市，以贸易、第三产业为主导的城市，起伏性很大，危机是随时存在的，所以中央调研组来绥芬河，问谁是首富，我说没有首富，问为什么没有首富，我说一个可能是他不愿意露富，另一个原因是，这些人哪天富、哪天不富谁也说不清楚。这就是以贸易为主的城市特点，必须有危机意识。二要能够认识和抓住机遇。要解放思想树立新的观念、理念，对创新发展模式有统一的认识，比如发展总部经济。现代经济，产品经济是基础，所以必须搞招商引资、上项目这些东西，但同时，资本经济、总部经济是加速器，必须在这个方面下功夫。没有加速器，肯定很难跨越发展。按照资本本性要求，依托信用预期可以形成一系列财富，我们完全有这方面的优势。总部经济要在怎么打造可持续发展的环境上下功夫，而不仅仅停留在注册、交税阶段，这只是初始阶段。同时要克服发展总部经济、资本经济就是短期行为这样的传统认识，要大胆支持创新创业，敢想敢试。什么时候都不能丢掉这一条，想都不敢想，一切按部就班了，那绥芬河就彻底停下了。对敢想敢试的事，要容忍、要理解、要支持。解放思想的程度决定我们加快发展的速度，解放思想在不同时期的内涵不一样，需要鼓励的事情也不一样。过去只要大胆干就行，现在需要在大胆干的基础上有自己的一套理念。比如对公益事业的看法，公益事业不一定公家办，公益事业主要体现在公家买单上。过去只要是公益事业，就一定是公家办。

怎么认识进入加速发展期。这个加速发展是指在提升沿边开放升级中的加速发展，这个机遇也只有在提升沿边开放升级中才会有。比如建立自由贸易区、跨境合作区。一个机遇期，往往是一个旧事物或者习惯性事物的淘汰期。到吉利大厦调研，很多老板说裘皮大衣今年不好卖，说明边贸越来越难做。在福建商会调研，他们认为新的发展机遇在投资合作、服务贸易、文化贸易、中介合作、咨询认证等方面。倒腾鞋帽袜子等，还会有做的，但是利润越来越薄，不会发大财了。要把思想认识统一到六个机遇上来，即中俄两大战略的互动；陆海联运大通道的开通；俄罗斯的潜在消费市场能力提高，商品需求层次提高；中俄两国基础设施建设的推动；中俄两国文化交流的互动；俄罗斯资源、能源概念的预期越来越好。这些机遇有的是现实的，有的是潜在的，有的还需要一番策划包装才能转化为机遇。

讲改革，主要是讲建立体制、机制。建立新的体制、机制，就是要打造一部良性运转的机器。改革要坚定不移，否则再好的机遇也不会用。向改革要动力，要积极性，要主动性，要责任心，要效率。没有改革，责任心上不来，注意力不集中，心思不在工作上，缺乏尽职尽责、尽心尽力、咬紧牙关、埋头苦干的劲头，这仍是影响加速发展的主要问题之一。有的人遇到问题和矛盾，解决的招数不多；有的人怕担责任，以主人翁精神攻关克难的意识不够；有的人就像打工者一样，告诉一件事，就干一件事，不告诉的就不干。下一步要研究怎么解决这类问题。

讲开放，这是根本。绥芬河的发展得益于开放，依赖于开放。在开放方面，既要从具体事做起，又要立足大局，以下促上，扩大与俄罗斯的交往范围，加大对俄宣传，包括城市营销等。积极开展对俄劳务培训，输出我们的价值理念，参与俄罗斯劳务许可配额的分配等。努力在对俄合作上占有主导地位，抓住牵动对俄合作重要切入点。

讲加快发展，还是要好中求快、好中加快、又好又快。坚持经济、政治、文化、社会四位一体的发展。经济发展是基础，离开经济发展，其他都是无本之木。经济建设一刻也不能放松。

三、主要工作目标

总体目标就是成为全省贯彻落实科学发展观的示范区（或先行区）。通过一个叫法，突出绥芬河在全省的地位和影响，成为新一轮沿边开放的排头兵。

具体目标就是“五个最”：第一是人均指标全省最优。要探索对财产性收入的统计，如基金、物业收益等，统计的目的不是为了收税，要建立居民财产性增长的目标，努力实现财产性收入占到居民总收入的30% ~ 40%。第二是特色产业最强。大力发展商贸旅游业、进出口加工业和现代服务业。第三是生态环境最好。要清理一切与优美生态环境不协调的私搭乱建。第四是城市特色最鲜明。“中俄特色、山城特色、生态特色。”这三大特色仍缺少点睛之笔，需要论证。比如，建哪些项目能与城市整体环境相协调，哪些具有俄罗斯特色的典型建筑周边需要改造，可请俄罗斯列宾美术学院的专家帮助策划。城市建设不一定要处处体现特色，但要突出点睛之笔，可请中俄专家帮助研究评估。第五是和谐文明程度最高。移民城市，建设共同的家园，更应注重流动人口的管理和服务。

以上是目标，下面是主要指标，1 至 11 月份绥芬河市主要经济指标完成得很好，预计全年地区生产总值实现 51.1 亿元，同比增长 31.2%；财政一般预算收入按省统计是 4.9 亿元，同比增长 70%，牡丹江市统计是 10.1 亿元，同比增长 54.2%，全口径财政收入省口径 10 亿多元，牡丹江口径 12 亿元，我们基本以省统计口径为标准；进出口贸易额 47 亿美元，同比增长 26.8%；城镇固定资产投资 26.3 亿元，同比增长 41.3%；规模以上工业增加值 1.2 亿元，增长 47%；口岸过货仅铁路 930 万吨，同比增长 18.6%；口岸进出境人数 139 万人次，同比增长 18.8%。

明年各主要指标增长速度不能低于 20%，要跟上“十一五”规划的平均增速，力争达到增长 30%。

四、主要工作任务

总的要求是，以“准备之冬”为牵动，牢牢抓住四个着力点，按照三大板块全面推进各项工作任务。

（一）认真抓好“准备之冬”。一是思想发动。市级领导要根据党的十七大报告和中央经济工作会议精神，详细分析中央文件能为分管工作带来什么机遇，了解上级有哪些工作动态，下一步如何跟进。要对照党的十七大的要求，认真查找思想观念、体制机制方面的问题。二是项目对接。各主管市长、各市直部门要积极跑上，争取资金，争取项目。绥芬河条件好，要不来钱是没有本事，请大家务必上心。市发改局要把全市能够向上争取的项目列成表给我。要围绕市里的重点项目敲门招商。

三是资金筹措。请市发改局负责统计“准备之冬”的资金筹措阶段性成果。四是手续报批。一些项目，春天来了、夏天到了，手续还没批下来。因为没有手续开不了工的情况不能再发生了。这项工作由市优化办推动，统计一下全市需要在市内和市外审批的项目有多少，利用“准备之冬”解决了多少，没能解决的是什么原因？

（二）要牢牢抓住四个着力点。抓主要经济指标。抓重点指标就是抓发展位次，就是争得发展支持，就是抢抓政策机遇。我们这样的口岸城市，必须引起上级关注才行。据专家学者估计，隐形经济约占经济总量的 20%。所谓隐形经济，既有虚的又有实的，虚的可能虚到 20%，但实际存在不能统计上来的大概也有 20%。有落掉一块的问题，也有人为把指标弄虚一块的问题。对主要指标要认真对待，抓和不抓不一样，该实的要实到底。

主要经济指标里面的难点有两个：一是明年一季度的进出口贸易额。每年最被动的时期就是一季度。应该说有利因素不少，比如，今年一季度没有一般贸易，“手拎包”没有纳入统计，铁矿砂等重要品种没有过货，所以贸易额不高，为明年同比增长留下有利基础；而明年可能有 5 家企业进口石油，这件事需要盯紧。这些因素如果利用好的话，明年一季度贸易额肯定会实现大幅增长。从明年 1 月 1 日开始，原木的俄方关税由 15 欧元上调到 25 欧元。但是从最近的调研看，方材已经开始进口，而且没有关税。如果进口方材能行得通的话，变不利为有利，打开这个渠道，可以有效克服原木关税高涨的不利影响。要尽快出台政策，鼓励增加一季度的进出口贸易额。请市政府考虑，对大额度的进出口企业能不能恢复 25% 的奖励政策。市属公司如果在一季度进出口贸易额达到一定的程度，口岸收费能不能减一些。通过这样的刺激，让他们在一季度多开展业务。二是财政要消化 1 亿元的一次性收入，实现开门红。明年一季度财政收入可能会遇到很大困难，要有思想准备。

推动城乡变化。这里重点谈谈统筹确定城市建设重点项目的考虑。

城市建设重点工程，一块是政府投资的重点工程，另一块是市场化运作的重点开发工程。政府投资主要用于环境的综合改造、公益设施建设及消化历史欠账。今年财政要拿出一部分资金，消化历史欠账。

政府投资的重点工程大致有10项。总体讲要量力而行，不宜再扩大规模，能收尾的尽量收尾。第一，完成沿河路工程，这个三年的工程明年必须划句号。第二，完成历史街区改造工程。第三，完成文化教育园区配套工程。第四，完成老干部活动中心及配套公园建设，创造条件启动公安局、党校办公楼建设。第五，完成通天路环形桥工程。第六，完成组团四回迁工程，这个必须完成，否则承担过高的回迁成本。第七，建设五花山水库主体工程，明年必须开工。第八，启动污水处理厂工程。第九，完成第五小学改造工程。第十，完成弃管楼改造工程，完善物业管理。这十项是明年的重点工程，能划句号的要尽量划句号。其他的项目，除非万不得已不再扩大规模。

市场化运作的重点开发工程，要大力推进，现在比较成熟的有6项。第一，花园路与新兴街交叉处的综合改造工程，这个已经反复做了3次方案，目前还不是很理想，还要进一步做。第二，启动青云路以东平房区改造工程。这需要和世茂集团进一步衔接沟通，原来世茂集团要在那里建绥芬河大学，到底建不建，那块需要改造。第三，开工建设环形桥小北山6栋高层开发项目，明年可能建不完，但要开工。第四，完成西城区组团十开发项目，组团十完全是市场化运作的。第五，完成北海公园配套景区规划，启动天长山别墅区项目，把巴里赞姆大厦以北部分做成别墅区，会同大光明寺、北海公园统一规划。第六，推动俄罗斯风情园的后续项目建设。风情园只是启动了一小块，整体规划非常漂亮，明年推动后续项目实施，可以作为招商引资的一个项目。特别要加强动、拆迁工作，拆迁还是停滞不前？总不能把动迁拖两三年。

除此之外，明年还要安排一些民生工程。这里特别强调，要把好事办好，在研究民生工程时，一定要注意这个特点，办好是最高标准，就怕办好事引发不必要的矛盾。比如，弃管楼改造要把屋顶、上下水改造作为重点，同时把物业管理接续上，改造一个接续一个，不留后遗症。研究民生工程，怎么组织、怎么操作要想细。明年城建工作，要在农民工工资保障机制上下功夫。比如，农民工工资占整个工程款的多少，这一块如何保证。虽然市里欠些工程款，但是量并不多，特别是不欠农民工工资。企业投标要项目时，承诺保证不欠工资，中标后，政府欠一分钱，他也拿农民工工资要挟你。必须看重这个问题。农民工工资事关城市形象，事关城市的稳定，也可能成为某些人炒作绥芬河的把柄。要想一些办法，比如建立共管账户等。

城乡变化的重点要放在城乡一体化上。明年要重点启动城乡一体化公共基础设施建设项目。先易后难，但要有形象进度，关键是征地和筹钱。明年启动的项目包括：老年公寓一期工程、农机合作社、兽医服务中心、几座样板房、道路桥梁及河堤护岸工程。探索采取市场化方式运作几个“农家乐”观光农业项目。交通局要把道路桥梁建设列为新农村“村村通”项目积极向上争取资金，国土资源局要做好用地置换的前期工作，拿出方案，为向省政府争取支持做准备。

每年要有大项目和好项目落地。全市产业发展规划已经有个初步方案。要围绕规划查清、查准“目标投资者”。“目标投资者”就是根据产业发展规划，找有可能投资的客商，定点敲门招商。围绕产业发展规划，明确招商重点。一是物流产业。这一块分铁路物流、公路物流两方面。铁路物流对先行公司进行挖潜，其基础设施向西进一步扩展，扩大换装能力，支持龙江商联公司向东扩建路轨。公路物流，先期启动头道沟物流园区，要整合、搬迁市内现有的物流企业。由交通局牵头，研究置换办法和方案。大亚木业园定位是发展木业精深加工。红花岭能源产业储炼区。宽、标轨的铺设要与储备、炼油厂相结合。在这种“无水港”附近，搞炼化产业完全有可能，最大的制约是宽、标轨什么时候能延伸到那里，要谋划好这个项目。红花岭储炼项目的效益可达到数十亿规模。

有宽轨直接从俄罗斯进来，直接卸车，把它作为特殊资源来谈。招商还要利用好现有的平台和可利用资源，世茂公司、友谊木业、三峡公司都有意愿对外合作。大亚工业园、海都机电城、头道沟物流园区、天长山别墅区、俄罗斯文化园区、境外工业园等都可以作为招商的重点。南木材、头道沟、龙江商联物流项目征地，财政暂时拿不出钱，可以考虑与企业合作，共同征地，土地出让时升值部分利益共享，要研究这个办法。物流园区动迁需要 5 000 万元，仅靠财政拿不出这些钱。

抓干部百姓得实惠。除了要紧紧抓住主要指标、城乡变化、发展项目，还要抓干部百姓得实惠。国家对工资性增长限制得很严，包括工作性津贴、生活性补贴。今后只能在改革性津贴上下功夫。今年要出台物业补贴，属于改革性津贴。推进职务消费改革，完善车补办法，建立廉政基金制度。支持农民参加养老医疗保险。动迁难，既有个别农民不讲道理的因素，也有土地不能作为资本参与收益的因素，这是没有解决的根本问题。从理论上讲，农民提供土地的过程，就是享受城市化、工业化成果的过程，所以与其去“堵”，不如研究一个疏导的办法，允许农民以土地使用权转让入股作为财产性收入渠道。

（三）按照“三大版块”全力推进各项工作。一是坚持不懈、持之以恒地抓好涉及长远的重大战略项目。这是必须跟踪推进的，有些虽然不是本市的，但却是对我们影响重大的事情，像口岸基础设施、301高速公路、机场等。二是善始善终地抓好过去定下来的重点工作。抓好落实推进，同时抓好完善和提高。前面讲到的一系列重点工程 2008 年要划句号，也就是说，上届班子定下来的那些工程，明年要划句号。三是大胆创新，不断增强发展的预期和期望值。比如，城乡一体化要有实际效果，数字绥芬河要有显示度，城市资本运营要有实质性进展，等等。

五、主要工作措施

（一）要进一步深化改革，主要解决由政府直接经办到政府购买服务转变。政府就是要发包、招标、监管，让市场化运作在绥芬河干事中发挥基础性作用。许多事情都可以外包，给有资质的市场主体完成。用购买阶段性服务岗位的办法，解决人手不够的问题。公益性主要体现在政府买单上，公益事业不一定要公家经营。对增加财政工资性支出因素要有全面的测算和分析。教师要新进六七十人，公安局协警要进七八十人，下海干部再安置百八十人。要量力而行，有一个警戒线。对刚性增加财政开支人员要有一个控制办法，增长的速度不能太快。要推进政府投资工程管理改革，理顺管理机制。大力探索城市基础设施，如园林、绿化、路灯、桥梁等分区域承包经营、运营、维护、管理。要理顺边境经济合作区管理体制。推动招商与行政审批的互动结合。推动统一受理、分头审批、限时完成、集中回复、重点审批。制定相应政策，清理清退临时人员，绝不允许随便招临时工作人员。机关工作就是这样，忙时、开会时、有特殊事情时人手不够，忙的人就那么几个。俄罗斯滨海边区外联委承担三个厅局的职能，包括商务厅、旅游局、外事办，只有 28 个人。

（二）要建立协调督办机制。让机制管落实，形成管用的落实机制。当书记除了出主意、用干部以外，还得加一条任务——抓落实，我要成为第一督办人。同时，要实行牵头领导负责制，授予协调权。授权牵头的领导协调确定的事，除了党政主要领导以外，其他领导和部门负责人不得在实际落实中提出反对意见，更不得掣肘。比如，由谁牵头的事，除了书记、市长可以过问和提出完善意见外，这件事就由谁定了。要淡化战线分工的概念。各项重点工作实行项目化，用成立重点工作、重点项目工作办公室的办法抓落实。全市各部门的工作服从于市委、市政府的中心工作、重点工作，日常工作要服从于重点工作，重新组合人力资源。对参与市里重点工作的干部，要重点培养使用。

（三）大力实行政治上重用，经济上重奖。一是能上能下。从明年开始，绩效考核后 10 位的部门，必须拿出 10% 的人员待岗，用这

10%待岗人员的车补和津贴、补贴，奖励少数干活的人。待岗人员不动人事关系，只发给一部分工资。二是完善绩效考核办法和重点工作的考核方式。要实行自己申报重点工作目标和奖励数额的制度办法。三是聘请中介机构，对部门工作进行科学的测评。明年要选择教育部门作为试点单位。要花钱请中介机构对教育教学质量进行科学评估。四是改革性津贴要体现奖惩分明，要出台改革性津贴管理办法。

（四）抓住责任追究、确保安全稳定。发展是第一要务，安全稳定是第一责任。对抓不好安全稳定、没有尽到责任的人员，要坚决处理，决不手软。全市突然停电就暴露出很多问题，停电对老百姓来说，找蜡烛自己取亮就行了，但是对于领导干部来说，是对应急敏感性的考验。此类事情做不好，就有可能丢乌纱帽，这是对从政人员责任心的基本要求。常举刀、少砍人，但不等于绝对不砍人。

咬定目标狠抓落实，进一步加快沿边开放升级步伐

（2008 年 8 月 12 日）

一、坚持问题导向，正确认识形势

全市上下坚持以争当新一轮沿边开放升级排头兵为统领，紧紧围绕年初确定的目标任务，努力克服俄罗斯外贸政策调整带来的冲击和影响，进一步转变观念，开拓创新，攻坚破难，扎实工作，经济运行继续保持了良好发展态势。1—6 月，实现地区生产总值 31.7 亿元，同比增长 17.6%；全口径财政收入 5.5 亿元（不含基金收入），同比增长 3.4%；固定资产投资 17.3 亿元，同比增长 105.4%；规模以上工业企业总产值 3.7 亿元，同比增长 38.1%；进出口贸易额 24.04 亿美元，同比增长 1.6%；全社会消费品零售总额 4.02 亿元，同比增长 26.6%；口岸过货实现 507.66 万吨，同比增长 5.5%；口岸过客实现 44 万人次，同比增长 34.6%。

项目建设有序推进，部分重大项目实现突破。绥 – 波贸易综合体政策落实和转型升级、综合保税区审批、陆海联运大通道建设、口岸场站设施改造、五花山水库等一大批战略重点项目取得阶段性成果。物流园区建设、数字绥芬河、大亚木业等重点项目扎实有序推进。结合“城市营销年”活动，积极发展总部经济和会展经济，成功举办了中俄韩物流协作论坛、旅游文化节，组织参加了哈洽会、俄远东旅游交易会，成果

丰硕。截至6月末，全市共引进各类项目32个，其中亿元以上项目8个。全市招商引资实际到位资金9.4亿元，同比增长78.2%。积极向上争取项目资金扶持，19个项目被列入省、市重大项目。

城市建设项目全面铺开，城乡面貌发生显著变化。城市基础设施建设步伐加快，共完成城市建设项目审批14项，规划设计70余项。通天路环形桥工程、沿河街道路改造工程、丰泽园住宅小区、澳普尔广场、时代广场、教育园区、西城区组团四等工程进展顺利。加快城乡一体化进程，召开新农村建设现场办公会，开展交通、安全、环境整治专项行动，增加城市“四化”投入，全面启动“数字化城管”建设，实施“城乡洁净工程”，加大环境保护力度，城乡面貌明显改观。市政府10项利民实事进展顺利。低保实现城乡同步，达到每人每月340元。

党的建设进一步加强，和谐社会建设步伐加快。围绕争当沿边开放升级排头兵，大力开展解放思想、干事创业主题实践活动，全市上下形成了想发展、谋发展、快发展，想事干事、创新创业的浓厚氛围。加强各级班子和干部队伍建设，制定《绥芬河市科级在职干部学习培训的意见》，对全市65个党政班子进行考核，公开选拔100名后备干部，绥芬河市公选干部的做法受到中组部考试中心领导的好评。纪念中共六大80周年学术研讨会在绥芬河市成功召开。开展“治庸治懒”专项行动，使党员干部的思想、工作作风和学风有了明显改进。人大、政协及各群团组织围绕中心工作，积极参政议政。深入推进政务公开，优化经济发展环境，上半年，行政服务中心共受理行政许可事项111 542件，办结率达99.9%。深入开展市委书记大接访活动，集中解决了一批群众信访问题，有力维护了社会和谐稳定，市法院被评为“全国模范法院”。深入开展“全民健身与奥运同行”活动，成功举办了“绥芬河杯”中国象棋大奖赛和第十三届农民科技节。全市通过募捐、缴纳特殊党费、工会会费等形式向四川地震灾区捐款509.55万元。

在肯定成绩的同时，还必须十分清醒地看到发展中的困难和不足。

从目前绥芬河市经济运行的深层次矛盾看，进出口结构比较单一、经济整体抵御风险能力不强的问题还比较突出。经济发展速度放缓，项目建设的速度和质量还不够理想。这里有国内外政策体制方面的影响制约，更主要的是我们在抓工作落实中还存在许多不容忽视的问题。主要表现在：一些领导干部和职能部门对市重大战略项目和重点工作推进落实不力，使制约项目启动的政策支持迟迟跑不下来，破解招法少；个别班子和领导干部自身建设不过硬，在执行落实市委决策上认识能力和理解能力差，抓发展责任心不强、精力不集中、步调不合拍，抓落实能力欠缺、执行力不够；有的党员干部思想不解放、争劲闯劲不足、创新能力差，有的精神不够振奋，没有精气神；一些部门服务理念不够深入扎实，经济发展环境有待进一步优化，对事关群众切身利益的问题做得不够细致，决策程序和质量有待于进一步提高。这些问题都需要在今后的工作中认真加以解决。

二、大胆探索，先行先试，争当新一轮沿边开放升级的排头兵

沿边开放以来，绥芬河的发展取得了令人瞩目的成就。站在新的历史起点上，如何实现新的跨越，如何让改革开放的成果更好地惠及人民，是市委及广大党员干部必须认真审视、深入思考的问题。在新的历史时期，我们必须继续承担新使命，抢抓新机遇，激发新动力，创造新优势，先行先试争当新一轮沿边开放升级排头兵。一是在全省对外开放中发挥“增长极”职能。边境口岸优势是加快黑龙江发展的重要支柱，要站在这个战略来思考绥芬河的发展。作为沿边开放的窗口，就要充分发挥区位优势，眼界再高些，思路再宽些，步子再大些，在全省对外开放中发挥更大的作用，作出更大贡献。全省各地都在重新确定更高更快的发展目标，如果各项工作还是按部就班、四平八稳，不但难以发挥全省对外开放的“增长极”作用，连沿边贸易第一口岸的位置都难以保住，等于在新一轮加快发展中不战而败。我们必须先行先试，抢占发展先机，探

索沿边地区对外开放新路径；要调动一切资源和力量，催生发展活力，在沿边开放中始终领先一步，保持先发优势，尽快形成全省对外开放中的重要一极。二是应对挑战赢得比其他沿边口岸更快的发展。满洲里市提出要建设我国重要的国际贸易、外向型加工制造、跨境旅游“三大基地”。新疆阿拉山口口岸 2007 年进出口货运量达到 1 707 万吨，输油管道全部建成使用后，将提高输运能力 2 000 万吨。珲春市深入实施图们江区域开放开发战略，扎实推进中俄“路港关”、中朝“路港区”工程建设。凭祥市作为中国 – 东盟自由贸易区的主要口岸城市，随着纳入北部湾经济区建设规划和南友高速公路的开通，已经成为中国通往东盟的黄金通道。面对各地催人、逼人的严峻形势，我们必须树立忧患意识，切实增强发展的紧迫感和责任感，否则就会丧失发展机遇，被人远远地抛在后面。三是直面和有效破解自身现实短板。近年来，面对国家边贸政策“空心化”和俄罗斯政策多变的影响，自然禀赋不足、政策依赖性大、发展空间狭小、发展后劲不强等问题突出显现出来。解决这些问题的唯一途径是，必须加快实现由外延型发展向内涵式发展的转变。要探索创新边境地区经贸合作新模式，在中俄跨境经贸合作、贸易自由化、投资便利化等方面大胆实践，推进沿边开放制度、政策、机制等创新突破，积极挖掘和放大优势，不断提升口岸城市功能，打造沿边开放升级的战略平台。

《关于争当沿边开放升级排头兵的决定》（以下简称《决定》），是市委结合当前实际制定的关于绥芬河发展的重大战略布局和战略规划。要通过出台《决定》，明确今后一段时期绥芬河发展的目标和主攻方向。要进一步统一思想，落实好《决定》。首先，要解放思想，奋勇争先。思想上要知差距、知不足、有压力，视野再开阔些，眼光再远大些，真正做到不畏困难，敢想敢干，再来一次思想大解放，推动事业大发展。虽然在解决诸多重点难点问题上取得了明显成效，但仍存在着只顾局部、不顾长远，只顾纸上谋划、不抓实际落实的现象，存在着故步自封、骄傲自大、小富即满的心理。这些现象是实现又好又快发展的严重障碍，必须坚决破除。通过解放思想，克服畏难情绪，克服思维惰性，不断激发与时俱进、创新创业的精神。要把省委提出的“能不能加快发展，敢不敢实事求是，愿不愿承担风险，有没有创新意识，要不要奋勇争先”作为衡量解放思想，衡量工作落实力度的标准，形成加快发展的良好氛围。其次，要重点突破，整体跃升。科学发展是富民强市之路，必须全面把握发展这个第一要义，多干打基础、利长远的事情。要选准突破口，以重大项目建设突破带动对外开放升级。要抓好以现代物流业为支撑的大通道建设，抓好境外工业园区论证、规划和建设，抓好跨境经贸合作区谈判促进、试点争取等工作，抓好综合保税区建设和精深进出口加工产业的引进、整合；要扶强、扶壮大亚、龙江商联等一批林木产业集团，引导并支持其形成木材产业航母；要按照山中有城、城中有山，完善功能、突出特色的总体思路，形成“一线四区”串珠式城市布局，打造中国沿边有魅力更具活力、优美宜居的口岸明珠城市。要以陆海联运大通道相连接，形成从国外到国境再到国内的信息沟通顺畅、交通运输便捷、人员往来频繁的循环经济圈；形成区域功能互补、合作机制互动、利益分配互利的沿边开放产业带。第三，要完善机制，落实责任。对外开放升级是绥芬河新的历史时期的一项伟大工程。要建立与推进《决定》实施相配套的一整套体制机制，实行重点工作牵头领导负责制和绩效考核奖罚机制，各有关部门要紧紧围绕《决定》确定的目标、任务和开发重点，进行层层分解，制定切实可行的实施方案和细则，确保开放升级各项目标任务的完成;要建立与俄相邻地区的交流合作机制，建立更加紧密的互利互惠关系，不断巩固和扩大林木、矿产、石油、化工等境外资源合作开发的规模，并逐步向更宽领域拓展；要建立中俄产业对接机制，瞄准俄罗斯开发远东的规划以及俄内陆地区市场需求，谋划与俄产业对接，推动更高层次、更广领域经贸合作。要进一步优化经济发展环境，为对外开放升级提供优良的法治保障。

三、立足当前，着眼长远，全力做好下一步各项重点工作

要千方百计采取各种有效措施，着力推进大项目落地、主要经济指标快速增长和产业优化升级，确保完成全年各项工作任务。重点抓好以下工作。

（一）扎实推进重点项目建设，加快推动对外开放升级

加快推进陆海联运大通道建设。陆海联运大通道是构筑绥芬河市发展优势的重要载体，必须坚定不移地加以推进。要进一步巩固中、俄、韩三方在物流协作论坛上形成的共识，加强沟通合作，尽快研究具体操作办法，要在降低运输成本、组织货源、解决国内航运航班等关键环节上取得进展。抓好中铁公司绥芬河集装箱专办站项目建设，力争年内实现集装箱出口，向日本、韩国等国家和地区实现大宗货物的批量运输，畅通黑龙江的“出海口”。要全力做好牡绥高速公路在拆迁、资金保障、提供料场等方面的工作，确保工程如期开工。推进口岸基础设施建设，力争铁路国际国内客运大楼项目列入铁路二线改造计划。加快“大通关”建设，要在客货查验、报关监管、运输方式等方面进行新的探索和改革，完成全省电子口岸试点工程。

全力推进绥芬河综合保税区的申报工作。目前绥芬河市已经具备建立综合保税区的基本条件，要争得国家海关总署支持。综合保税区是集国际中转、国际配送、国际采购、转口贸易、商品展销、进出口加工等功能于一体，实行境内关外和封闭化、信息化、集约化监管的综合性特殊政策功能区。该区建成后，每年提高绥芬河口岸国际贸易额20亿美元，将成为拉动经济发展新的增长点，成为提升绥芬河市在沿边开放格局中战略地位的重要支撑。要尽快成立绥芬河综合保税区建设领导小组，配合省政府做好国家各有关部委的沟通汇报工作，力争年内获得国家批准。着手研究综合保税区开发建设形式，确定投资主体和运作方式。组织专人和专门机构研究宽轨延伸进区事宜。年内要完成申报和审批手续。

加快贸易综合体政策落实和争取跨境经贸合作区的试点。继续加强与中俄联检部门、运输部门的沟通与会谈，争取促成俄罗斯公民免签证进入贸易综合体中方一侧和3 000元商品免税等有关政策的落实，解决免签证俄公民进出贸易综合体中方一侧的客运班车专车运送等问题。中方联检、运管部门要提前做好各项准备工作，力争9月份实现中方一侧单向开通运营。跟踪推进中俄两国《关于发展边境经济合作区的协定》的谈判和会签，力促将贸易综合体项目作为试点列入2008年中俄边贸常设工作小组第七次会议议题，并争取列入中、俄总理会谈。推动绥-波贸易综合体向中俄新型跨境经贸合作区升级，率先开创中俄边境地区跨境合作的实验区。

绥芬河边境经济合作区是1992年国务院批准设立的享有特殊优惠政策的国家级边境经济合作区，是目前黑龙江省仅有的5个国家级开发区之一。近期商务部要研究出台发展边境经济合作区新的优惠政策，这是一个难得的机遇。要积极跟进，加大向上争取力度，做好政策承接落地的准备工作，推动合作区实现新的更快发展。

加快推进数字城市建设。以数字绥芬河为载体，加强与微软、浪潮等企业合作，推动绥芬河"多媒体超级走廊"科技产业园区建设，发展集成电路、电子信息等高新技术产业。加快信息产业大厦的改造、装修和配套建设，引进国内知名企业尽早入驻。进一步完善电子口岸公共信息平台服务功能。完成并应用好协同办公系统和绩效考核系统，加快推进"一卡通"建设工程，以数字化推动经济结构战略调整，构建智能数字绥芬河，打造特色和谐城市。

加快物流园区规划建设步伐。省委提出，"绥芬河要成为物流中心、商品集散地"。加快发展物流产业是绥芬河实现更大发展的战略选择。物流产业建设总体要求是具备仓储、中转、加工、保税、服务五大功能，建设木材、机电、轻工、果菜、石化、综合服务、保税七大专业物流园区。下半年着重抓好三项工作，一是制定物流产业建设规划。抓紧聘请有关物流专家对物流园区进行考察论证工作，制定发展规划。二是加紧物流园区建设的各项启动工作。发改、规划、土地、建设等各有关部门要提前介入、各负其责，做好物流园区建设的可研、立项、报批、资金筹措等工作，力争用最短的时间完成各项前期准备。三是加大物流产业的招商力度。加大宣传力度，抓紧制定出台园区优惠政策，吸引国内外知名物流企业参与物流园区建设与运营。

（二）全力推进主导产业优化升级，确保全年目标顺利完成

抓主要指标就是抓政策支持、抓发展机遇、抓绥芬河的未来发展，必须确保主要经济指标持续快速增长。

加快推进对外贸易转型和提档升级。外经贸指标保持20%增幅任务艰巨。要用好老办法，研究新举措，抓升级、谋未来。一是千方百计增加贸易额度。要做足进口贸易文章，在进口高税值、高附加值商品和能源、战略物资上实现突破，重点支持远航公司20万吨硫磺、大亚集团40万吨木片、联合石化重油和天然气进口。同时，研究旅购贸易双向流动，实现俄罗斯游客入境购买中国商品，同时入境携带俄罗斯商品。出口方面，扶持企业扩大电子、机电、建材等品种出口规模。加大政策支持力度，用活现有政策，研究并适时出台转移支付用于增加原木进口补贴等办法，形成政策“落差”，吸引企业在绥芬河市过货。二是扎扎实实做大总部经济。要有针对性地赴大连、厦门、上海等经济发达地区和口岸城市开展敲门招商，招引化工、油气、钢材等战略投资者，要全力争取中基宁波贸易股份公司到绥芬河市安家落户。通过争取商品配额、增加授信融资额度、按需发放外汇核销单等扶持政策，吸引更多企业来我市落户，形成新的财源和贸易增长点。三是推动合作方式转型升级。加快实施“走出去”战略，主动与俄罗斯企业开展合资、参股等多形式的合作，由单纯的贸易往来向投资合作、建立跨境经贸合作区、开发境外能源及原材料基地等全方位合作领域拓展，形成境内外优势互补、利益共享、依存互动的跨境产业链。组建绥芬河跨境林木产业集团，实现

由单一的木材贸易合作向综合加工拓展、向境外森林资源合作转变。推进吉林森工集团在俄乌苏里园区投资2亿元胶合板生产项目，带动资金、技术和劳务输出、贸易额度增长。

促进旅游会展业健康发展。一是继续优化旅游通关环境。加强与俄方、省交通、哈铁主管部门的协调，研究解决旅客进出境难问题。通过增加公路旅游班车、取消铁路承运人数限制、进一步延长通关时间，保证进出境人数增加和旅游者快速通关。争取成为首批边境地区异地办照试点城市。二是积极开发旅游资源。丰富老线，开辟新线，炒热冷线，对海参崴、伊尔库茨克等旅游线路要新增海岛游、民俗游、垂钓游等特色项目，探索开通中、俄、韩（日）跨国游。挖掘“红色革命”文化景观、历史人物遗址遗迹等旅游资源，加快景点景区开发，形成旅游热点热线。推进俄罗斯风情园项目建设，打造独具俄罗斯民俗文化、集娱乐餐饮于一体的特色旅游景观，打造“浪漫之都”“避暑之都”“生态休闲之都”旅游品牌。制定旅游产业发展规划，出台鼓励旅游企业发展奖励办法，促进旅游业加快发展。三是做强对俄民贸市场。“手拎肩扛”背不出一个现代化的城市。要规划打造远东市场中心，按照专业化、规模化、品牌化的要求，完善市场服务功能，提升商业业态水平，辟建专业化细分市场和特色商业一条街，形成布局合理、特色突出、竞争有力的民贸市场体系。整合和规范现有市场，扶持大商集团等名牌企业进驻绥芬河市，打造民贸“旗舰”企业，提升民贸市场知名度和影响力。规范民贸市场经营秩序，营造诚实守信、公平竞争的市场环境，着力建设对俄商品集散中心。四是做大会展业。利用贸易综合体会展功能，办好中国木业博览会、绥芬河中国名优产品展销会、中国边境口岸城市市长论坛“两会一展”等系列大型活动。推进会展业规模化、专业化发展，打造绥芬河特色会展品牌，通过搅热会展，吸引人气，扩大影响，展示绥芬河的独特魅力和文明开放形象，让更多的人了解绥芬河，让更多的资源汇聚绥芬河。

加快口岸加工业升级步伐。俄罗斯原木出口政策调整虽然使口岸经济发展步入一段困难期，但也是推进加工业转型提升的有利时机。俄罗斯在增加原木出口关税的同时，对木材深加工实行出口关税优惠，我国鼓励企业参与境外木材加工的优惠政策近期陆续出台。必须把握时机，率先作为，全力推进加工业优化升级。一是抓调整，优化加工业产业结构。坚决淘汰规模小、环境污染大、带动作用弱的“小”“散”“乱”木材加工企业，实现“腾笼换鸟”，发展家具、地板等木业精深加工业。招引战略投资者和行业领军企业，鼓励发展技术水平高、高附加值、符合环保标准的精深加工业，提高产品竞争力。二是抓龙头，打造加工业强势品牌。将最优惠的政策、最充足的资金、最优质的服务向大企业、好项目倾斜，扶持企业走产业化、集团化、国际化发展之路。重点研究解决大亚集团原材料供应等问题，确保大亚项目顺利投产。借助大亚集团对原材料和半成品的巨大需求，拉长产业链，吸纳更多的终端产品企业进驻我市，培育补链企业，实现产业集聚。三是抓园区，壮大工业经济总量。做好几个园区的规划衔接和产业对接，促进园区向专业化、特色化方向发展。充分利用省政府鼓励对俄出口加工基地建设扶持政策，发展对俄服装、食品、电子加工业。加大招商力度，通过大项目带动、大企业进入，壮大园区规模，实现加工制造业整体上规模、上档次。

（三）坚持建管并重，提升城市整体形象

在城市建设管理上必须坚持高起点规划、高标准建设、高效能管理，努力提高城市整体形象和竞争力。

确保城市建设重点项目如期完工。年初市委全会确定的16个开发建设项目推进落实情况不够理想。全市上下一定要集中精力，克服困难，抢抓工期，高标准完成建设任务。教育园区、大亚配套工程要倒排工期，分别确保在9月末和10月28日前交付使用。环形桥工程、沿河路工程扩幅部分、中俄友谊广场嘎丽娅雕像建造工程年内要如期完工。医疗中心要加快施工进度。组团四、时代广场住宅开发、澳普尔广场、丰泽园小区等开发项目要如期完成施工进度。五花山水库大坝主体工程年内力争开工。要加强对城市建设项目的监督管理，严把质量关，加大推进力度，对不按期履行合同的工程和建设单位，政府部门要采取必要手段进行管理和规范。认真做好动拆迁工作，要深入每一户家中帮助他们计算、分析合理要求，深入细致解释动拆迁政策。对损害群众利益或骗取国家资金，给国家或群众造成损失的，要坚决依法查处。加快新农村建设步伐，推进观光农业科技园项目，推进建新村向省级新农村建设试点村迈进。继续推进城乡一体化建设，争取四村合并用地早日获得批复，突破土地瓶颈制约。

加强城市管理，提升城市整体形象。要遵循依法、从严、科学管理的原则，全面提高城市管理能力，构建城乡一体化管理格局。围绕城市“净、绿、亮、美、畅”目标，继续推进“城乡洁净工程”。严厉查处私搭滥建行为。要搞好城市市政设施管护，创新管护办法。加强宣传教育，提高市民维护市容、市貌的自觉性。努力营造优美、舒适的居住环境，打造名副其实的生态城市、园林城市。要深入开展城市营销年活动，组织开展纪念改革开放三十周年文体、旅游、经贸系列活动。

（四）坚持以人为本，推进和谐社会建设

以市委、市政府年初确定的10件惠民利民实事为切入点，着力解决好人民群众最关心、最直接、最现实的利益问题，使广大群众更好地分享改革开放发展成果，不断提高人民群众的满意度和幸福感。

提高社会公共事业服务水平。深入开展机关、社区、村屯、企业、校园和谐文化建设，加大体育健身设施和文化设施投入力度，构建布局合理、设施完善、功能齐备、服务方便的公共文化服务体系。加快建立教学质量评估体系，继续实施素质教育。提高城乡卫生服务水平，创办社区卫生服务机构，广泛开展为民健康服务活动。提升医院的管理和医疗诊治能力，多渠道引进专家和骨干，提高医疗技术水平。全面启动城镇居民基本医疗保险各项工作。加强交通管理整治，促进公交车、出租车提档升级。继续实施“弃管楼”改造工程，下大力气解决居民普遍关注的物业管理问题。进一步提高社区服务水平，发挥社区在建设和谐城市中的作用。对 10 件惠民利民实事和各部门的承诺，要建立督办和跟踪问效机制，切实把好事办好办实。

完善就业和社会保障制度。发挥好人才市场和劳动力市场就业主渠道作用，不断改进就业管理和服务。多渠道、多方式增加就业岗位，进一步规范企业用工行为，积极发展和谐的劳动关系，切实维护劳动者尤其是外来务工人员的合法权益。进一步扩大职工养老保险、医疗保险、失业保险、工伤保险覆盖面。认真落实城乡最低生活保障制度，保证低保资金足额按时发放到位。完善机关单位车改实施办法，扩大补助范围，提高补贴标准。研究出台改革性津贴发放办法，提高公务人员的改革性津贴收入。关爱社会弱势群体，动员社会力量开展捐资助学、扶贫帮困送温暖活动，积极倡导慈善友好的社会风尚，大力发展慈善事业，营造团结互助、扶贫济困的良好社会风气。

努力创造安全稳定的社会环境。全市各级党组织要站在讲政治的高度，切实抓好奥运会、纪念改革开放三十周年期间的安全保卫和社会稳定工作。继续深化“平安绥芬河”创建工作，要按照奥运安保工作的要求，保持高压态势，进一步加强社会治安综合治理，着力解决治安突出问题，依法严厉打击敌对势力和各类犯罪活动，确保奥运会期间社会稳定。要认真开展社会矛盾排查调处工作，重点解决好城市拆迁、企业改制、劳资待遇引发的各种矛盾纠纷。要坚持一手抓教育疏导、一手抓依法规范，把群众工作做深、做细、做实，切实把矛盾解决在基层。按照市委书记“大接访”安排，完善党政领导干部“开门接访、带案下访”机制，严格执行信访工作责任制和责任追究制，继续实行重点信访案件领导包案负责制，严防奥运期间进京上访和赴省、市集体访。要畅通民意渠道，对民心网、书记市长信箱反映的问题，各级领导和职能部门要高度重视，依法及时合理解决好群众反映的各种问题，维护群众的合法权益。要坚持不懈地抓好安全生产工作，加强对道路交通、人群密集场所的监督管理，杜绝安全责任事故的发生。进一步健全自然灾害、公共卫生、公共安全预防应急体系，适当时机组织安全预演，提高处理各种突发事件的能力。

四、开拓创新，真抓实干，为完成全年工作任务提供坚实保障

（一）不断加强党的建设

进一步加强领导班子和干部队伍建设。认真落实省委建设科学发展型领导班子各项要求，按照牡丹江市委提出的“领导班子建设年”活动要求，着重提升领导班子的发展能力、执政能力、凝聚力和战斗力。加强领导班子建设，核心是要提高机遇意识和落实能力。要发挥“增长极”的职能，我们必须以只争朝夕，“一日无为三日难安”的紧迫感和责任感，点燃激情，鼓起干劲，敢闯敢试、敢抓敢管、敢做敢当、敢为人先，把解放思想体现到抓重点工作、重点项目上来，在推进落实上下功夫。加强领导班子建设，关键是要有团队精神。不需要所谓和谐的个人，只需要最和谐的团队。要加强个人修养，识大体、顾全局，善于集思广益，凝聚共识，善于理顺关系、换位思考、相互交流、相互支持，不利于团结和谐的话不说，不利于团结和谐的事不做，建设一支靠得住、有本事、作风硬、群众认可、团结和谐的领导班子。要加强制度创新，坚持“为发展配干部、凭实绩用干部、用机制选干部”。继续完善和推行“比选”“公选”等选拔任用方式。选派优秀后备干部到信访一线、社区、农村或先进市县挂职锻炼。完善绩效考核办法。坚持把领导班子年度考核、公务员年度考核结合起来，形成全方位、多视角的考核体系，为科学评价干部、准确使用干部、优化领导班子提供客观依据。要进一步加大反腐治庸力度。勤政出成绩、廉政得民心，要阳光做事、清白做人。既要治庸，也要治懒、治慢，以“为”定“位”，鼓励工作中创新创业，宽容开拓中的挫折失败。试行领导干部廉政保证金制度，用经济的手段鼓励廉政、

惩治腐败。

进一步提升基层组织建设水平。进一步完善党（工）委党建工作责任制考评办法和实施细则，形成党委抓党建工作的合力。以大力实施“先锋工程”为主线，创新“两新”组织设置形式、活动方式，扩大党的工作覆盖面。进一步完善社区在职党员双重管理运行机制，通过推行“楼组党建”“党员义工”等有效方法，全面推进社区党建工作提档升级。紧紧围绕推进城乡一体化建设新农村，深入开展“双承诺、双公开、双评议、双反馈”活动。以加强党的先进性建设和提高党的执政能力为宗旨，在全市开展“解放思想、干事创业、追赶跨越”等系列主题实践活动，深入推进“四型”机关建设。

（二）进一步优化经济发展环境

优化环境问题，潜在着新旧体制的转换及对抗，是能否改革创新的重要体现。政策优惠的尺度是有上限的，而优质的服务是无限的。要站在改革未来趋势上、站在有利于企业发展的角度，真正为企业着想，为企业解难，对企业要多理解、多指导、多扶持。要切实发挥“一站式”审批作用，提高窗口工作人员素质，提升工作效能，为企业提供便利服务。要正确处理服务与执法的关系，对百强企业要多一些包容、多一些帮助，少一些干扰。下一步，要以行政问责为主要手段，推进“三减”（减时间、减费用、减程序）“两高”（透明度高、效率高），采取跟踪查访、办结计时等方式，重点查办收费项目反弹、搭车收费、以罚代法、只收费不服务和门难进、脸难看、不坐班、勒拿卡要等典型问题，真正把绥芬河建设成边境口岸收费最低、服务最好、政策最优惠的地区，最大程度把环境优势转化为经济发展优势。

（三）集中精力抓推进落实

再好的决策、再有效的措施，没有落实就是一句空话。“说一千、道一万，不如扑下身子实干”，“锦绣文章建不成锦绣江山，激扬文字解决不了发展难题”。要切实把心思集中在“真干事”上，把本领用在

“多干事”上，把目标放在“干成事”上，对定下来的项目，不管千难万阻，都要专心致志、坚持不懈、持之以恒、义无反顾地抓好落实。今年的有效施工期只有两个多月了，我们要与时间赛跑，争分夺秒、只争朝夕，要看形象进度、更要看结果，既要抓推进落实，也要揪出晾晒不落实的人和事。对重点项目要采取倒计时督办，完成工作任务要重奖重用，给荣誉、给奖金、给位置，贻误工作的就要受到相应的惩罚。要团结协作抓落实，形成经济发展合力。人大和政协在充分发挥监督和参政议政职能的同时，要为经济建设出智出力。工会、共青团、妇联、工商联及商会、协会等群团组织要发挥各自优势，广泛联系群众，凝聚人民团体和人民群众的力量。驻绥中省直单位和军警部队要树立家园意识、大局意识，全力支持地方建设。

逆势中怎么看？怎么干？

（2008 年 11 月 28 日）

一、正确分析和认识金融危机带来的冲击及影响

这是国际社会的热门话题，听到不少迷惘的声音。历史经验告诉我们，在大调整、大转折期，关键在于我们如何应对和把握。

（一）要了解什么是次贷危机。美国股市从年初到现在蒸发了 8.5 万亿美元，8.5 万亿美元是什么概念？相当于中国 2005 年至 2007 年三年的国内生产总值总和，这么多钱没了，全都白干了。现代社会与过去农耕社会相比，最大的特点就是全球经济一体化，农耕社会产业链不那么长，而现在供应链、产业链非常长，一个部门、一个产业出问题，全球就会发生多米诺骨牌效应、连锁反应；那些经济安全，特别是金融安全方面还没有建立起强有力的防火墙，又很早地与国际接轨的国家，受到的打击就特别大。

引发这一切的罪魁祸首是次级贷款——也就是次贷。1938 年，美国成立了两个由政府主导的美国联邦住房按揭贷款协会，一个简称房利美，还有一个叫房地美。它是如何操作的呢？银行把钱贷给买房子的人。能还得起贷款的，银行叫优质客户。美国为了培育贷款市场，直接对那些低收入人群等没有还贷能力的人发放银行贷款，这个叫次级贷款。具体是如何运作呢？比如，银行把 100 万元放贷给借款人，银行少了 100 万元怎么办？为了让资金充裕，就发行 100 万元的债券，把 100 万元债券卖给由政府主导的房利美和房地美，房利美、房地美是由政府主导的

一个类似的金融机构，他们把100万元债券切成1 000块，再把1 000块一张的债券卖给美国人、卖给全世界，由全社会共同分担风险，它转动起来看似一条非常完美的链条，银行不缺钱，贷款的人很容易贷到款。各方参与循环转动的信条是房地产应该永远增值，各方都会从中得到好处。评级公司也不去认真地评级，还得起、还不起的都给贷。这里隐藏着巨大的风险。如果只是次级贷款，以美国的家底，不会蒙上经济衰退的阴影。关键是由次级贷款包装成的债券又上市了，即次级贷款被证券化了，这就成几何级放大了风险。为了能上市，政府动员评级机构给它评3A（评到3A的债券当然会受到投资者的追捧）。这样一来，房利美、房地美的盘子非常大，跟美国的国内生产总值很接近，它们打包上市以后，把证券等金融衍生品卖给了全世界各个国家，包括中国在内都买了，如此这般周转。开始时转得都很好，即使某些还款人还不上贷款，但是房地产却始终在增值，预期是好的。大家发现不用花钱就能住上好房子，靠房地产自身增值就能还上贷款，于是，这个盘子越做越大、庞大得不得了。但社会财富总有无法持续透支的时候，泡沫总要破灭，最终要破局。美国的房地产热得发烧，美联储受不了了，开始提高利率控制房地产，房地产公司在银行收贷时资金就出现了问题，账款还不上，银行只好收房子，开始收的房子还能拍卖顶账，但房子收多了就卖不出去了，即使卖得出去也大打折扣了。随着抛售和拍卖的增多，房地产价格呈现连环下跌，并带动了债券产品的价格崩溃，由此产生了一系列的危机。美国市场的消费需求也随之急速下降。

中国制造的产品35%靠出口，欧美是最大的市场，他们一不消费，外部需求一下降，中国的出口就受阻，企业生产就下降，生产下降导致职工下岗等一系列问题。这就是金融危机对我国企业造成的直接影响。木材市场之所以疲软，就是家具制造和房地产下滑的结果。据有关专家分析，在制造业整个产业链条中，中国企业只能得到10%的利润，欧美通过产品设计、原料采购、仓储运输、订单处理、批发经营、终端零售这六个环节得到了 90% 的利润。

（二）经济危机对绥芬河经济的影响。从对社会稳定、对“小锯房子”、对银行、对电力等摸底情况看，并没有出现大起大落的问题，或是金融危机所描述的情况出现，但是增速明显放缓。从电力情况看，过去用电量增速在 30% 左右，而今年只增长了 5%，下降很明显。金融情况很好，储蓄余额还是 80 多亿元，而且不良资产率下降了。从“小锯房子”情况看，目前处于 3 个 1/3 状态。全市目前大概有 570 多家大大小小的木材加工企业，其中，一般纳税人企业为 130 家，小规模纳税人企业数为 445 家（即所谓的“小锯房子”），目前已关停 151 家（以连续 3 个月以上没有用电征税为依据）；150 家左右半停产（以电征税额连续 3 个月以上下降一半多）；150 家左右能够保持正常生产。从木材行业用工量来看，大概减少 2 000 ~ 3 000 人，一道锯一般用工为 8 ~ 12 人（针叶生产线一般一道锯 8 人、阔叶生产线一般一道锯 12 人），如果按 150 道锯停工，以每道锯平均 10 人用工来计算，可以有一个基本的推算，并没有传言中走的人多。搞建筑的工人走了一批，这是季节性的、每年都有的情况。社会稳定方面，如农民工工资问题等是老问题，并没有新情况。如何应对金融危机造成的影响，我们已经有一系列的应对措施和办法，要未雨绸缪、反应迅速、有所作为。

二、全面看待当前经济发展形势

越是大调整、大转折期，越是孕育大发展、大跨越的启动期。绥芬河市的经济社会发展依然面临着重要的发展机遇。

（一）国家和黑龙江省对绥芬河寄予厚望，期望值越来越高。这一点从向国务院领导和商务部领导汇报当中直接得到了反馈。我借参与莫斯科高访机会向国务院领导汇报了如何推进中俄跨境合作区建设的内容。这位国务院领导对绥芬河有一些了解，但听到绥芬河占中俄贸易的 10% 时，他说，“占这么大？这我还不知道”。他问沿边开放升级怎么能做大？需要什么样的支持？说明他在考虑这个问题。我说绥芬河有一套想法，启动一个很重要的载体，站在跨境合作的角度研究谋划一个跨境经贸合作区。当我谈到如果沿边开放只站在国内来研究的话没有出路这一观点时，国务院领导说，你这个观点很好。商务部领导问得就更具体了，他问绥芬河有没有一个具体的方案？我回答，请国务院发展研究中心做过可行性研究。

（二）特殊时期凸显绥芬河的特殊机遇。现在有一种说法，改革开放之初看沿海开放，今后发展看沿边开放。这是一种趋势，有其规律性。绥芬河面对的新兴经济体——俄罗斯，也可以说是面对着巨大的资源库。在金融危机形势下，对于我们联手战略投资者合作开发俄罗斯市场无疑是一个好机遇。

（三）绥芬河成为改革开放三十年中国特色发展之路典型地区之后，影响力和知名度得到了很大提升。中央政策研究室的同志讲，原来想叫中国改革开放的 18 面红旗，后来考虑这个词过去用得太多了，所以叫改革开放三十年中国特色发展之路的典型。中央电视台新闻联播节目和新闻会客厅要播报 18 个典型,《人民日报》《经济日报》等主流报纸要刊发。这是绥芬河巨大的政治资源，一个巨大的政治广告，没有这个机遇，花多少钱也买不到这么巨大的宣传效应。另外，绥芬河成功举办了“第四届木博会”“名优商品展销会”等活动，取得了丰硕的成果。

（四）重点工作推进，呈现出良好的势头。一些重大战略项目的报批工作取得了明显进展，比如综合保税区报批工作。申办综合保税区真是太重要了，毫不夸大地说，将来可以依靠综合保税区把其他边境口岸甩到后面，这件事办成了，有可能取得相当于 1992 年被国务院批准为首批沿边扩大开放城市的效应。跨境合作区非常有希望。牡绥铁路二线、绥牡高速公路建设等呼吁多年的大事，明年都要全面开工。新建五花山水库项目，虽然遇到了太多的困难，但我们始终没有放弃，克服了征地等成本大幅提高、投资方高层管理人员更换等不利因素，现在已经度过了艰难的磨合期，按照目前的进度，明年完全能够开工。

主要经济发展指标运行良好。除了财政收入由于国家政策调整不能实现 12 亿元，经反复测算，今年的目标要完成 10 亿元；其他指标都能完成年初确定的任务，保持了较高的增速。

重点工程建设取得阶段性成果。今年是重点工程建设最多的一年，大亚工程即将竣工投产；组团四、环形立交桥已竣工并投入使用；教育园区、沿河路工程进入收尾阶段；数码港建设成为今年的新亮点。

着眼长远谋划战略储备。市委常委会已经讨论通过了《关于争当沿边开放升级排头兵的决定》（简称《决定》），这个《决定》凝聚了大家的智慧，各方面的反馈情况都很好，认为绥芬河领导班子有一定的战略水平和超前谋划意识。还谋划了一批储备项目，比如石油储备区项目、宽轨拉出项目等。

之所以要反复强调这些事，就是要大家坚定对现在、对未来发展的信心。信心很重要，预期同样重要，对绥芬河这种特殊的地区来说，容易出现没有信心的事，绥芬河做贸易的人多，做贸易的人对环境的变化很敏感。从某种意义上说，持有“机会主义”倾向的人比较多。客观分析形势，绥芬河依然存在着重大发展机遇，没有什么问题，不存在大起大落乃至大的滑坡。

三、关于做好当前重点工作

（一）树立信心、积极应对，要有所作为。在看到困难的同时，更要看到机遇。事情往往具有两面性，有挑战，但机遇大于挑战。比如怎么看 92 号文的出台？我看至少有两个有利因素。一是有利于更规范地发挥大口岸的优势。过去执行“减半征收”政策的时候，绥芬河口岸执行预征进口环节增值税的 5%，可是小口岸有的执行 2% 或 3%，同我们搞恶性竞争，今后这些事就不存在了，大口岸的规模优势、规范操作、配套优势等综合效益就能显现出来。二是调控能力更强了，调控对象更广了。过去的税收优惠政策是固定的，到时该怎么退（出口退税等政策）就得怎么退，现在国家把支持资金转移支付给我们，由我们确定怎么扶持企业，如何确定具体的扶持政策，应当说手段更多了；过去的政策主要扶持边贸企业，而现在各类企业都可以支持，从事一般贸易的企业也可以得到扶持，这样就有可能把更多有实力的企业引进来。要利用这段特殊时期，充分利用市场的倒逼机制、充分发挥市场的力量，加快产业结构调整和发展方式转变，加速推进产业转型，这是好机会。要成立绥芬河跨境林木产业集团，把境内、境外木材企业统筹起来，发挥集聚效应。目前是信心危机，那么就要发挥政府在增强信心方面的作用，充分利用政府信用；过去木材进出口岸不落地，我们没法参与增值服务，现在正是介入的好时机，这有助于形成交易市场，对木材交易价格形成影响，这就是转型，这就是机遇。要深入研究推动沿边开放升级的策略、现实条件和政策需求，深入研究寻找转变边贸发展模式的突破点。怎么能够实现转型？怎么能有所作为，要一件一件具体地研究。比如，针对卢布不断贬值，俄罗斯居民来绥购买能力明显下降问题。以后恐怕出口的产品就要少了，进口的产品要多，在扩大进口方面怎么做好文章？针对当前新情况如何修订外贸企业奖励扶持优惠政策。如何推动落实木材保税仓储五条扶持政策，即协调海关调整货物估价、报关价；建立保税仓库；优化环境、减少收费；推动银、企、政合作等。如何跟踪推进综合保税区报批。

（二）抓住中央扩大内需的政策、92 号文件出台的政策机遇，争取项目资金和转移支付。推进每个项目都要把责任落到人头。水库的事、铁路宽轨的事、综合保税区的事、转移支付的事，都需要跟踪推进。盯住了、抓紧了，可能就会多得一块。比如，92 号文件确定的转移支付问题，一定多和省财政厅联系，吃透算账方法，争取最大利益。明年公路、铁路等重大基础项目都要开工，要给施工方一些政策，把其建设总部注册到绥芬河来，这件事要尽快协调，积极做工作。

（三）做好今年收尾工作、谋划好明年开局工作。把明年作为“推动转型年”。转型是绥芬河突出的主题。因为明年的形势不一样，我们的切入点和突破点就不一样。推动转型是一个具体策略，沿边开放升级是核心框架。“推动转型年”要与争当沿边开放升级排头兵呼应起来。今年除了财政收入完成10亿元外，其他指标必须按照年初确定的计划完成。明年财政收入还要达到10亿元（按政策调整减收4亿元的前提下），所以明年的任务也是非常艰难的。新的税收体制下，财政收入能达到多少和口岸过货量等关系不太大了。明年是背水一战，这个调子要及早定下来。明年的大盘子、大项目要及早研究。把收尾工程及需要的奖金投入要定下来，明年新启动开工的项目有哪些？已做好项目前期、作为重点储备的项目有哪些？等等，要进行分类。综合保税区建设要作为明年的一号工程。边贸优惠政策取消以后，综合保税区是用政策吸引投资者、炒热绥芬河的最佳“甜点”。取消边贸政策，不仅仅是取消钱，而是把过去的特殊性拿掉了，那么如何重新创造政策优势？答案就是要炒热综合保税区，要把它作为绥芬河新的“金字招牌”。明年教育园区一定要做好。当前就业难，就业难的时候参加学习培训的人就多，职业教育发展有良好机会，这里面有内在的关系。教育是一个营造人气的产业，在这个特殊时期，要把教育工作摆到更加重要的位置。

县（市）委书记必须牢记的“三农”重大问题

2008年11月10日至16日，我参加了中央党校举办的学习贯彻党的十七届三中全会精神第一期县委书记培训班，认真听取了习近平、回良玉、李源潮等中央领导的讲话，学习了“认真贯彻落实三中全会《决定》战略部署，努力开创农村改革发展新局面”“生态文明时代的村镇规划与建设”“认真贯彻落实三中全会精神，稳步推进农村土地管理制度改革”“关于发展现代农业的几个问题”“推进农村改革发展、加快形成城乡经济社会发展一体化新格局”“关于县域社会稳定和突发事件问题”“农村党的建设”等专题辅导报告，深入学习了胡锦涛总书记在党的十七届三中全会第一次全体会议上的讲话等文件，参加了全部分组讨论及大班、小班交流活动，并认真发言。

通过学习交流，进一步全面理解和把握了十七届三中全会精神，明确了肩负的使命和任务，坚定了做好“三农”工作的信心，深受教育和鼓舞；深深感到，不能辜负中央对县委书记的期望，一定把工作做好。

一、主要收获

一是全面系统了解了我国农村改革发展三十年取得的伟大成就，同时更加清醒地认识到，农业基础仍然薄弱，最需要加强；农村发展仍然滞后，最需要扶持；农民增收仍然困难，最需要加快。二是对我国总体上已经进入以工促农、以城带乡的发展阶段，已经进入改造传统农业、走中国特色农业现代化道路的关键时刻，已经进入着力破除城乡二元结构、形成城乡经济社会发展一体化新格局的重要时期的判断理解得更深、更系统了。三是思想理念牢固统一到把建设社会主义新农村作为战略任务、把走中国特色农业现代化道路作为基本方向、把加快形成城乡经济社会发展一体化新格局作为根本要求等三个重要的论断。

二、需要处理好的关系

一是处理好推进工业化、城镇化与保护好耕地保有量底线的关系。要推进工业化、城镇化进程，势必征收一定的农村土地、以扩大工业生产、城镇建设的规模，这是不可避免的，也是必要的。但是，我国是13亿人口大国，首先要考虑13亿人口的吃饭问题，必须立足粮食等主要农产品基本自给；谁也养活不了中国，谁也养不起中国。要制定切实可行的政策，把“中央要粮、地方要发展、农民要实惠”几方面利益统筹起来，坚持最严格的耕地保护制度，切实保障农民的土地承包经营权，保持现有土地承包关系稳定并长久不变。农民的耕地、宅基地在一定时期内是农民社会保障的基本保证。二是处理好推进现代农业和土地流转的关系。要走中国特色农业现代化之路，中国农业不可能在短期内实现农场式大规模经营，家庭承包经营仍然是主要的经营形式。家庭经营一样可以实现农业现代化。全世界对大的工商资本进入农业都持谨慎态度，禁止非家庭型公司直接购买或租赁农场；农民的离农速度要与城市能够接纳他们的能力水平相适应，要通过自然过程解决土地流转问题而不是大量借助外力，这样的过程丧失一点效率，但对保证社会稳定作用显著，付出的社会成本最低。要深刻领会和牢固树立“一个长久不变、两个转变”的基本政策意图。三是处理好落实强农惠农政策和发挥市场机制、建立综合服务体系的关系。要落实好对农民的直补和对农业生产的各项补贴政策，完善各种补贴办法；要善于从政治、经济效果上综合看待政策发挥的效力。同时，要加快构建新型农业社会化服务体系。

三、工作重心和方向

一是推动六大制度建设。即紧紧抓住稳定和完善农村基本经营制度、健全严格规范的农村土地管理制度、完善农业支持保护制度、建立现代农村金融制度、建立促进城乡经济社会发展一体化制度、健全农村民主管理制度等机遇，从本地实际出发，大胆创新，尽快形成“三农”工作新格局、新体系；努力改变城乡二元结构。二是要全力抓好农业科技创新体系和现代农业产业技术体系建设，实施土地整治和中低产田改造。推进农业机械化、推进以造林、水土保持为重点的生态建设，消除农村工业、生活污染和农业面源污染，加强农产品质量监管等。加快建立农产品营销网络体系。同时，抓好农村公共事业，抓好文化教育、医疗卫生、社会保障、精神文明建设等，推进农村社区建设，抓好农村党建、民主法制、保稳定、脱贫致富、党风廉政建设等。三是推进改革创新。统筹城乡发展是“五个统筹”之首。要大胆创新，推动户籍及相应福利制度、社会管理制度等改革，积极探索推动农村资源向资本化转变的路子，切实让市场在配置资源中发挥基础性作用，组织好集体林权制度改革、研究农民土地流转权质押贷款等操作办法，帮助广大农民通过将占有的土地使用权、林权等参与到市场化过程，寻求新的价值回报，完成资本积累。探索实行粮食主产区新型消费税改革，即消费粮食要缴纳消费税，这样既有利于节约粮食，又有利于主产区种粮积极性，种粮地方也有税收；否则难以改变愿意建工厂，而不愿种粮的政策误区。

作为县（市）委书记，深感落实党的十七届三中全会精神，推动农村改革发展责任重大，我们一定要按照中央的要求，把工作重点和主要精力放在“三农”工作上，紧紧抓住发展、民生、稳定、队伍、班子建设重点，切实把“三农”工作作为重中之重，结合本地实际重新审视和谋划好发展思路、具体目标任务，把当前农村改革发展的重点任务紧紧抓在手上，大力发展有本地特色的现代农业，本着一体化格局的根本要求，充分利用国家加大投入的时机，总体规划分步推进各项基础设施建设，尽快缩小在社会事业发展方面城乡存在的差距，不断加强党的建设，用心用脑用力全面抓好党的十七届三中全会精神的贯彻落实。

改革开放让绥芬河巨变

（2008 年 12 月 24 日）

三十年前，党的十一届三中全会作出了把党和国家的工作重心转移到经济建设上来，实行改革开放的历史性决策，实现了新中国成立以来具有深远意义的伟大转折。我们纪念改革开放三十周年，就是要充分认识到改革开放对绥芬河的重大意义和取得的辉煌成就，认真总结改革开放以来走过的光辉历程和宝贵经验，从而更好地把改革开放事业推向前进。这是绥芬河发展史上的大事，也是全市人民的盛事。

三十年的风雨历程如画卷般清晰。1978 年，党的十一届三中全会之后，绥芬河市各行各业、各条战线进入了改革开放新的历史阶段，中断长达二十多年的中苏边境贸易重见曙光。1984 年，绥芬河中苏友好协会同俄罗斯地方友协恢复正常交往。1987 年，绥芬河市与俄罗斯波格拉尼奇内区正式签署了易货贸易和经济技术合作协议。1988 年，绥芬河被黑龙江省委、省政府批准为省级通贸兴边试验区。1992 年，国家实施沿边开放战略，绥芬河成为全国 14 个首批沿边扩大开放城市之一。绥芬河充分把握历史性机遇，借助天时地利和国家赋予的特殊政策，全力推进沿边开放。从一个默默无闻的边陲小镇一跃成为全国对俄经贸的桥头堡，从全国发展的神经末梢变为东北亚国际陆海联运大通道的重要节点，从备战备荒的边境禁区成长为舞动全省对外开放龙头的商海“弄潮人”。在对外开放大潮的洗礼中，在国际环境风云激荡的变化中，绥芬河走过了一段波澜壮阔、跌宕起伏的快速发展之路。这一历程证明，是开放抚育了绥芬河，是开放成就了绥芬河，对外开放是绥芬河的发展线、生命线，是全体绥芬河人民的幸福线！

对外开放促进了绥芬河综合经济实力的迅速跃升。1978年的绥芬河是一个人口小城、经济穷市，种地指望老天爷，吃粮靠返销，工业无基础，财政靠补贴。到2007年，绥芬河市一跃成为全省十强县（市）之首，地区生产总值达到50亿元，比1978年的997万元增长506倍。财政收入实现10亿元，比1978年的54万元年增长1 850倍。市场繁荣，社会消费品零售总额7.5亿元，比1978年的606万元增长123倍。工业经济蓬勃兴起，工业增加值达到4.8亿元，比1978年的364万元增长130倍。从前店后厂的小作坊式生产到一批高科技、高附加值企业落地绥芬河市，对外贸易一柱擎天的格局逐渐改善，口岸经济注入了新的内涵。在自身快速发展的同时，对国家的贡献也越来越大。1987年至2007年，累计上缴关税和代征税45.6亿元。为服装鞋帽、轻工电器等国内长线产品开辟了广阔的出口市场。进口商品多为国内紧缺的资源性和具有战略意义的物资，特别是进口木材占全国进口木材总量的1/3，拉动了我国很多地区木材深加工企业的发展，成为我国木业产业发展链条中最关键的一环。被国家振兴东北办确定为国家重点资源能源进口口岸。经过三十年的发展，绥芬河已成为全省发展速度最快、经济增长质量最好、人民生活水平最高的地区之一。人均生产总值、全口径财政收入等7项指标位居全省县（市）第一位。连续五年进入全国百强县（市）。

对外开放奠定了绥芬河在全国沿边开放中的领先地位。1978年，绥芬河外贸进出口总额为零，1987年实现415万美元，到2007年已经达到46亿美元，年增43%。对外贸易额连续九年占黑龙江省对外贸易总额的1/3，其中对俄贸易占黑龙江省的2/3，全国的1/10。贸易伙伴从单一对俄，扩展到190多个国家和地区的5 000多家企业。贸易品种由过去的中低档次的大众消费品向高科技、高附加值方向转变。口岸过货、进出境旅游从无到有，到2007年分别达到951万吨、140万人次。对外贸易的繁荣发展使绥芬河一业兴百业旺，让来自全国各地淘金者成就了创业梦想，在出口商品的同时，还输出了资本和发展经济的先进理念。投巨资建设了绥－波贸易综合体，在俄境内兴建了农牧业基地和境外工业园区等经济实体，我们以实际行动带动了俄罗斯毗邻地区观念的改变和市场经济的发展。对外交往同样取得了丰硕成果，我们通过大力开展民间文化艺术交流和对俄议会外交等活动，加强相互间的理解和信任。过去的难交流、说不通变成了今天的好兄弟、好伙伴，成功实践了以下促上、以民间促官方的对外交往策略。特别是2007年俄罗斯时任总统普京亲笔为绥芬河题词“俄中友谊就是相互理解、信任，共同的价值观和利益，我们将铭记过去，展望未来。”在中俄两国引起巨大反响，更加印证了我们“以友谊促贸易”的发展理念是完全正确的。

对外开放让绥芬河发展活力和潜力得到空前释放。通过积极向上争取和用好用足各项政策，我们赢得了多个第一。第一批成为沿边扩大开放城市。第一个争取到加工锯材复出口指定口岸政策。被国家海关总署批准为唯一的“内贸货物跨境运输”试点口岸。特别是民营经济占地区生产总值比重全省第一，经过全民创业初始阶段打拼，如今的民营企业已经成为绥芬河开放型经济的主力军。我们始终坚持把改革创新贯穿各项工作始终，通过股份制改造、资产重组等方式，为热力公司、自来水公司等市属国有企业单位重新注入发展活力。在城市建设中，充分运用经营城市的理念，按照“以地养城、以地建城”的原则，建立了政府主导、市场化运作、经营性开发的土地资本运营机制。加快政府职能转变和行政体制、机制改革，建立了行政审批中心，全面精简各种收费和审批项目。始终坚持“封山”造“密林”、“洼地”汇“碧水”、“育草”养“肥牛”的环境建设理念，出台了一系列扶持企业的优惠政策，营造了宽松和谐的发展环境。围绕培育产业基础，积极为企业搭建合作平台，吸引了世茂、圣象等知名的战略投资者来我市投资兴业，为绥芬河后续发展提供了强劲动力。加强干部人事制度改革，先后采取公选、比选、招聘等方式广纳人才，使一批埋头苦干，想干事、能干成事的干部脱颖而出，有效促进了各项工作的全面提升。

对外开放带动了绥芬河城乡面貌的巨大变化。初步形成了贸易综合体、老城区、北山新区、西城区四位一体的城市布局，各区之间交通网络便捷通畅。通乡、通村公路总里程达到 100 公里。全市固定资产投资额由 1978 年的 247 万元增加到 2007 年的 26.4 亿元，年增 27.2%。公用设施从无到有，从少到多，先后完成了水库、新华立交桥、北海公园、沿河带状公园、通天路环形桥等一大批重大城市建设项目。西城区的全面开发，使“三建”区域发生了翻天覆地的变化，原来“晴天一身土，雨天一脚泥”的土路，变成了整洁干净的柏油路；曾经的漆黑寂静的夜晚，变得华灯璀璨、流光溢彩。作为对俄交往的重要口岸城市，结合绥芬河市地域和文化特色，坚持“中俄特色、山城特色、生态特色”的城市建设理念，投资开发了俄罗斯风情园区，维修改造了火车站前教堂。绥芬河先后获得“全国绿化先进市”“中国优秀旅游城市”“国家级园林城市”等称号，城市建设实现了历史性的跨越。

对外开放推动了绥芬河民主法制和社会、民生事业的不断进步。三十年来，我们不断加强民主法制建设，人大、政协依法履行职能，实施了村民和社区居民自治，全市各项工作进入了民主化、法制化运行轨道。正确把握和处理经济社会生活中出现的各种矛盾，不断健全维护群众权益机制，妥善化解人民内部矛盾，及时满足群众的合理诉求。对内依法打击各种违法犯罪活动维护社会稳定，对外积极发展中俄友好关系，曾几何时剑拔弩张的边防前线早已成为创造和谐繁荣的经济圈。今天我们可以自豪地说，绥芬河的兴旺发展为促进边境安宁、树立良好的国家形象作出了积极贡献！

三十年来绥芬河的文化、教育事业取得了长足发展。图书馆、博物馆、文体活动中心等文化设施丰富了市民的业余生活。教育园区的兴建，为绥芬河进一步发展高中和职业教育提供了广阔的平台。社会保障体系不断完善，医疗保险金收缴率达到 99%。在全省率先实行城乡贫困居民最低生活保障制度，城乡低保标准全省最高。城镇居民人均可支配收入14 850元，农民人均纯收入6 688元，位居全省之首。在岗职工平均工资24 740元，比1978年增长38.6倍。人均居住面积19.75平方米，是1978年的7倍。应该说改革开放三十年是绥芬河城乡居民收入增长最快，得到实惠最多的时期。为促进城乡和谐发展，积极推进城乡一体化建设，相继启动了一批以水、电、路为重点的农村基础设施建设，农村环境得到了较大改观。今日的绥芬河，经济繁荣、百姓安康，呈现出城乡和谐、边界和谐、人与自然和谐的大好局面。

正如中央政策研究室给绥芬河的评价，绥芬河因开放而富裕、繁荣、美丽，因开放充满勃勃生机和活力。绥芬河的发展历程再一次证明，对外开放是我们取得一切成绩和进步的源泉，只要我们打开国门搞建设，走开放型经济的发展道路，就一定能够实现经济发展、社会进步、人民幸福的目标。三十年的辉煌成就，是上级党委、政府正确领导、亲切关怀的结果；是中省直部门及社会各界人士鼎力支持、共建美好家园的结果；更是绥芬河人民发扬敢闯敢试、敢为人先的开拓精神，开放包容、海纳百川的共赢精神，自我加压、负重奋进的苦干精神奋勇拼搏的结果。所有亲身经历了这三十年伟大变革并贡献了自己力量的绥芬河儿女，所有关心绥芬河前途命运的有识之士，都有理由为绥芬河的历史性成就感到自豪！

此刻，我们不应忘记那些曾经在绥芬河这块热土上辛勤耕耘，并作出过重大贡献的历届领导和离退休老同志。是你们，大智大勇，用“西瓜外交”推开了绥芬河通往世界的大门；是你们，沧海弄潮，以破釜沉舟的决心和勇气争得了全国首批沿边开放的发展先机。

我们还不应忘记，那些为绥芬河作出默默奉献的企业家们。是你们，用汗水浇灌了绥芬河的繁荣；是你们，用智慧照亮了绥芬河的财富之路。你们是时代英雄，是绥芬河改革开放三十年真正的风云人物！

在改革开放三十年丰富而生动的发展实践中，我们积极应对不断发展变幻的国际国内形势，走出了一条以开放促开发的独具特色的发展振兴之路。回顾三十年的发展历程，我们深有感触、体会深刻。

实践证明，只有坚持解放思想、敢想敢试才能闯出一条跨越式发展的道路。三十年来，绥芬河最成功、最重要的经验就是坚持不断地解放思想。从创造“以友谊促贸易、以民间促官方、以下级促上级”的工作思路，到“全民创业”的壮举，再到“转变贸易增长方式，推动对俄经贸合作升级”，绥芬河经历了一次又一次思想解放高潮。事实证明，只有解放思想才能更新观念，观念一变，一变百变；只有解放思想，才能理顺发展思路，思路一通，一通百通。

实践证明，只有坚持推进改革创新，才能不断增强加快发展的活力。从“以贸兴业、富民强市，建设现代化国境商都”到实施“五大战略”再到“创建国际商旅名城，全力打造北方深圳”，我们不断适应新形势，调整城市定位和外贸发展战略。这些调整既与绥芬河的对外开放历史一脉相承，又是在新的发展条件下的继承创新。事实证明，只有坚持改革创新，才能把解放思想的成果落到实处，推动经济建设和各项事业与时俱进、不断发展。

实践证明，只有坚持合作共赢，才能营造出有利于发展的和谐社会环境。多年来，绥芬河以海纳百川、互利双赢的博大胸怀营造了良好的发展环境，集聚了来自四面八方的各种资源。中外关系、条块关系、地企关系、军民关系、城乡关系空前融洽，“同在一方热土，共建美好家园”的理念深入人心并成为所有绥芬河人共同的价值观。事实证明，和谐可以提升人气、聚集资源，是支撑我们经济和贸易发展不可或缺的软实力。

实践证明，只有坚持全民创业，才能支撑起绥芬河贸易的兴起并推动其加速发展。边贸之初以货易货的特殊时期，绥芬河机关干部和市民下海经商成为潮流，并且极大地促进了边境贸易和相关产业的发展。随着资金的积累和经营规模的扩大，这个参与全民创业的群体大部分又成为对俄合作的经营主体和投资主体，促进了绥芬河市商贸旅游、进出口加工和现代服务业的发展。事实证明，自主创业可以激活人民群众的聪明才智和创造精神，使社会财富的源泉充分涌流，这是我们的富民之基、兴业之本。

实践证明，只有坚持抢抓机遇，才能抢占沿边对外开放的每一个制高点。改革开放以来，我们紧紧把握中俄两国关系不断改善并持续升温的基本走势。先后紧紧抓住通贸兴边、沿边扩大开放、开通陆海联运大通道、推进贸易综合体转型升级、申办综合保税区等战略机遇，让绥芬河在沿边开放的大格局中始终领先一步，时刻掌握发展的主动权。事实证明，机遇可以带来发展、带来成功，我们必须具备发现并抓住机遇的超前眼光和能力，时刻做好准备。

实践证明，只有坚持与时俱进、不断加强党的执政能力建设，才能实现又好又快发展。全市各级党组织始终坚持讲团结、讲合作、讲大局，充分发挥总揽全局，协调各方的核心作用，特别是在绥芬河发展的各个关键时期，都能够科学准确地把握发展方向，正确处理国际与国内的关系、发展与稳定的关系、经济与社会的关系，使绥芬河在激烈竞争中立于不败之地。事实证明，党的执政能力是灵魂和统帅，不断加强党的执政能力建设是实现绥芬河科学发展的根本保证。

改革开放三十年为绥芬河今后发展奠定了坚实的基础，它既是绥芬河发展史上一座重要的里程碑，更是加快对外开放的新起点。今天我们回顾改革开放三十年走过的光辉历程，总结取得的成绩和经验，目的就是为了把握好规律更好地指导绥芬河未来的发展。

当前，我们已经进入了发展的特殊时期，有挑战、有机遇，机遇大于挑战。有对外经贸合作转型升级的机遇。沿边开放以来，绥芬河从最初的易货贸易、边境小额贸易一路走来，一直到一般贸易和投资合作，对外贸易合作形势不断演进变化。而每一次变化都开启了一个新的贸易时代，都把绥芬河推向了更高层次的发展阶段。我们应当看到，绥芬河正在完成由后边贸时代向全新贸易格局的历史性跨越。这是一个艰难而美丽的蜕变过程，是一次破茧成蝶的重大战略机遇。国家和省委、省政府高度重视，各级领导对绥芬河的期望值越来越高，对绥芬河的发展给予了特别的关注和大力的支持。有国家级沿边开放典型带来的机遇。绥芬河市成为全国18个改革开放三十年中国特色发展之路典型之一，而且是唯一的沿边开放典型。这是绥芬河获得的最高荣誉，是巨大的政治资源和政治广告，是千金难买的宣传题材，是全面提升绥芬河在全国地位和影响力的千载难逢的机遇。有发展热点转向沿边赋予绥芬河的特殊机遇。现在有一种说法，改革开放之初看沿海，今后发展看沿边。在目前金融危机的形势下，欧美市场和沿海开放地区受到严重影响后，俄罗斯作为新兴经济体和巨大的能源资源库，再一次成为世界关注的热点，这对于中俄贸易迅速崛起、吸引战略投资者合作开发俄罗斯市场无疑是重大利好。有重大战略项目成功落地形成的机遇。绥芬河市积极运作的跨境合作区、综合保税区、铁路公路基础设施建设等大项目取得了明显的进展。随着贸易投资形势的发展，特别是沿边开放出现的新变化，超前谋划、申办综合保税区显得尤为迫切和重要。毫不夸张地说，未来我们可以依靠综合保税区再一次领先于其他边境口岸，它会取得1992年我们被国务院批准为首批沿边扩大开放城市的类似效果。

历史的经验也告诉我们，越是大调整、大转折的紧张期、特殊时期，越是孕育大发展、大跨越的启动期。处在新一轮沿边开放高潮来临之际的绥芬河，务必要稳住阵脚、增强信心，借力调整、寻求突破，真正的危机不是眼前的经济危机而是我们的信心危机，这个时候信心和勇气比黄金更可贵。

绥芬河跨越式发展轨迹还告诉我们，经历过几次发展高潮的绥芬河，要再次实现跨越式发展决不能四平八稳，必须把握机遇，持续推波助澜。如果我们把1992年的沿边扩大开放作为第一个战略机遇期的话，那么当前和今后一个时期就是绥芬河要紧紧抓住用好的第二个战略机遇期，我们必须坚持以科学发展观为统领，认真贯彻党的十七大关于“提升沿边开放”“实施自由贸易区战略”的部署，响应全省建设沿边开放带和牡丹江打造沿边开放先导区的指示精神，争当沿边开放升级排头兵。这既是我们适应新形势推动跨越式发展作出的战略抉择，更是时代赋予我们的历史使命。

我们的发展目标是，力争经过五至十年的努力，真正把绥芬河建设成为全省人均主要指标最好、特色产业最强、生态环境最优、城市特色最鲜明、社会和谐文明程度最高的发达地区，成为中俄边境地区最有影响的商贸旅游名城。到2020年，地区生产总值达到400亿元，进出口贸易额达到400亿美元，财政收入达到80亿元，各项主要发展指标力争实现年均增长20%以上。要牢固树立冠军思维和强势精神状态，以饱满的热情和昂扬的斗志迎接新任务、新挑战。

第一，以畅通黑龙江唯一的出海通道为主攻方向，努力成为龙江经济新的“增长极”。便捷的陆海联运出海大通道是绥芬河最大的优势和“机会点”。据测算，绥芬河铁路口岸运量达到3 000万吨到5 000万吨的时候，日本和欧洲的集装箱就会选择这条捷径进出我国。每增加100万吨货运量，地方就可以增加1亿元的税收收入。因此，我们要全力推动绥芬河由东北亚的地理中心向物流枢纽中心转变，将这条交通走廊打造成经济走廊，带动龙江经济大发展。

第二，建立特殊功能区，由目前的以政策支撑为主向创新合作模式和平台的战略转变。中俄跨境合作区、综合保税区和境外加工园区三个特殊功能区将是绥芬河未来发展的重要支撑。未来的跨境合作区集贸易、旅游、商务、会展、金融、物流、加工等多功能于一体，既是中俄今后开展双边经贸合作的战略支点，又能为建立中俄边境自由贸易区做好前期铺垫，必将成为拉动中俄两国边境地区经济发展新的增长点。综合保税区是边贸政策取消后，绥芬河市重塑新优势的特殊功能区，未来将是中俄边境最大的开放型产业集聚中心。我们要把综合保税区打造成为绥芬河新的“金字招牌”。目前，综合保税区已完成国家十部委审批，上报国务院。随着我国对俄经济合作步伐加快，企业“走出去”已成为一种趋势。境外工业园区正是绥芬河市为企业规避俄罗斯政策风险，开展集群式投资合作提供的重要平台，有利于形成缓冲区和缓冲机制。我们正在按照“政府引导、企业运作、滚动发展、互利双赢”的模式积极运作，将来一定能成为中国企业在俄罗斯投资创业的基地。

第三，树立国际形象，提升绥芬河在中俄乃至东北亚区域的知名度和影响力。一个城市的视野，决定着它的发展方向，我们必须立足东北亚、立足中俄合作来研究绥芬河的城市发展。完善城市功能、提升城市品位、扩大口岸影响，通过不断优化城市空间布局、打造中俄友谊城市、加大城市营销力度、提升文化引领力和软实力等，努力树立国际型城市的良好形象，为争创沿边开放升级排头兵提供强大的环境支撑！

绥芬河的美好前景让我们信心满怀，它的未来需要全市上下精诚团结和共同奋斗。过去的成功告诉我们，只要我们坚守目标不动摇，埋头苦干不折腾；只要我们坚持开放型经济不放松，不断拓展对外合作的广度和深度；只要我们坚持合作共赢，奏响共建美好家园的时代强音，宏伟蓝图和奋斗目标就一定能够在我们手中实现！

绥芬河三十年的发展实践证明，党的改革开放政策是英明伟大的，她打开了中国通往世界的窗口，引领我们走上了繁荣发展的康庄大道，历史一定会铭记这段不平凡的伟大历程！“雄关漫道真如铁，而今迈步从头越”，一个充满生机与活力的绥芬河站在了新的、更高的历史起点上，面对新形势和新任务，只要我们以只争朝夕的精神抢抓机遇，以坚定不移的信念奋勇前行，以排除万难的勇气建功立业，我们就一定能够把绥芬河的改革开放事业推向更加辉煌灿烂的明天！

过去发展得益于什么？今后发展靠什么？

（2009 年 3 月 11 日）

绥芬河成为“改革开放 30 年中国特色发展之路 18 个典型地区”之一，说明我们已经取得了巨大的成绩，积累了丰富的发展经验。前一段，围绕改革开放三十年，我们对取得的成绩、经验进行了集中总结。通过这次学习实践科学发展观活动，我们应该冷静下来，深入思考和认识发展中存在的问题，因为认识问题比认识成绩更重要。

一、关于解放思想问题

用全新的观念看待问题、解决问题，在当前形势下尤为重要。回顾绥芬河的发展，过去我们的发展主要靠什么？客观地讲，主要还是依赖于优惠政策，比如边贸“双倍抵扣”政策就是一个重要的促进因素；也正是靠这些类似于“特区”的个性化政策，构筑了绥芬河的竞争优势。那么，在新一轮沿边开放中，特别是很多优惠政策已逐步弱化的形势下，如何保持并继续扩大绥芬河的竞争优势？俄罗斯这些年发展得很快，但主要是靠能源、资源输出积累了一定购买力。俄罗斯靠能源、资源输出再重复前几年那么火的时代恐怕不容易了，金融危机给了俄罗斯一个教训。俄罗斯掌握资源，但却没有资源的定价权。油价不断上涨，俄罗斯误判是由于供需规律造成价格上升，但实际上这类价格波动基本都是由国际金融炒家所操控的，只是泡沫。由于政府、企业误判价格会持续上升，为了扩大生产规模，他们不断向国际银团借钱。俄罗斯本国的资金成本非常高，2008 年 12 月，美国基准利率接近于零，而俄罗斯是 13%。欧美国际银行借钱给俄罗斯是要抵押的。用什么做抵押呢？就用这些资源、能源类集团企业的股票做抵押。石油股票大跌，这个时候把股权都给欧美银行也不够。从绥芬河的情况看，金融危机使绥芬河产业结构单一等问题暴露得更明显，加上国家对边境贸易政策调整，导致财政收入缩减到同期的 1/3。

科学发展观是针对不科学发展提出来的。对我们来讲，最大的挑战在于还没有完全发展起来的时候又要求科学发展了。怎么能在门槛高了的时候还要发展、还能快发展，这考验我们的本事。从发展较好地区的发展模式看，南方的发展是靠土地，竞争力主要来自加工制造，通过廉价土地、人力等要素实现企业集聚，技术创新并不突出。绥芬河过去没有土地优势，今后也不可能有。决定绥芬河未来命运的只能是特殊功能区的支撑。绥芬河集聚、整合资源的能力从哪里来？边贸优惠政策没了，国内外的市场未来几年恐怕也不乐观。所以，我们提出要转型、要竭力打造特殊功能区，要转变经济发展方式。解放思想必须把这些问题真正看透、想清楚。

二、关于发挥“增长极”作用问题

我们应当回答好绥芬河怎么能发挥增长极作用这个问题。最近我看了一些资料，也在思考一些问题，现在的商流、物流、信息流、资本流，包括人力资本流，谁能成为这些“流”的中心和高地，谁就是经济运行重要的先导力量。排头兵的内涵是什么？我看核心就是要打旗、要当引擎、要成为增长极。要成为增长极，靠一般的交通走廊不行，我们的引擎还小、马力不足、体量也还不够，所以，将来把物流（或者更大范围讲叫流通）作为先导力量。现在这样的基础，是存量不大，但是流量很大，这是绥芬河的特点，将来要靠流量发挥增长极作用。

三、关于先行先试，发挥窗口和示范区作用问题

绥芬河这些年始终走在牡丹江、全省沿边开放的前列，思想理念、开放意识也同样排在牡丹江、全省前列。但客观地讲，我们的创新水平、开放水平还没达到能够整合俄罗斯资源和要素的程度，也没有达到能配置周边地区乃至产业带区要素的程度，影响能力还很有限。想要具备配置要素的集聚能力，关键要靠体制机制创新。我总是讲，农民为什么要进城啊？因为城乡有差别。中俄的跨境差异性效应还是没有释放出来，思想的解放、体制机制的创新仍需要转化、显化出来。城市管理创新，一个大的变化和进步就是由管理变治理的过程，管理和治理就差一个字，但管理是主动和被动关系，治理是大家共同遵守维护的关系，需要专项规划和技术手段支撑。比如数字城市，通过监控视频把车辆违章情形、车号录下来，把违章视频存到一卡通里面，并开出罚单，告诉违章者当时是如何违章的，然后从卡里划掉违章罚款。通过这样的监管手段，自己治理自己。再比如“帮帮干”摈缝问题，为什么始终不能从根本上解决问题？南方很多旅游城市，建立旅行社和商店利益共同体，直接把“买”和“卖”联系在一起，谁在中间夹进去想分“一杯羹”没有机会。还有融资难问题。贸易是一个资金密集型产业，即使争取到地市级银行贷款审批权限，也解决不了根本的问题。根本问题在于金融服务业跟不上。香港为什么很多生意都能做？什么担保问题都能解决？就是金融服务业发达。企业需要贷款，数家担保公司等着搭一把手，挣笔钱。我们只有海融城投公司这一家，能力又不大。贸易虽然是绥芬河的主导产业，但金融服务业如果不配套，这种资金密集型产业不会发展壮大起来。银行不缺钱，缺的是分担风险的一整套金融服务体系。要把招引金融担保公司作为招商引资的一个重点，否则，仍用过去的观念破解问题，是破解不了的。

四、关于城市建设问题

绥芬河的城市建设形成多版本规划，也确定了很多原则，但总的来看，城市特色越来越淡。建筑风格和别的城市差不多，历史建筑越来越少。绥芬河的亮化是一个亮点，但内涵不深，也就是晚上亮一亮，而且亮化要大量地耗电，有赞美，也有异议。过度亮化不行，这不是现代城市发展的方向，靠亮化来增添城市特色，这一页很快就要翻过了。那么，还能靠什么打扮这个城市？俄罗斯的规划理念和我们的规划方法怎么能更好地结合起来？至少在一定区域内要体现这个东西。过去的老房子都拆没了，虽然俄罗斯风情园还算是有一点，但构不成主基调。到过绥芬河的人讲，过去绥芬河城市很小，但是很“像”（中俄边境城市）；现在很大，但是却“不像”了，跟内地的城市没什么区别了。从1992年开始，发展步伐加快了，但城市建设管理问题却增多了。弃管楼问题、规划调来变去问题等造成很多深层次矛盾，这就是快和好的关系处理得不好，而贯彻落实科学发展观首要解决的就是快和好的关系嘛！城市建设当中的问题是最突出的，那么多没有手续的房子、那么多弃管楼，建设质量不过关就更不用说了。开发建设宁可慢点不要紧，很多好事不是一届政府、两届政府就能做成的，每一届政府能做的事是有限的。这些年我始终在想，要干就要干一些经得起考验的事情，多干打基础、利长远的事情，哪怕是一件、两件这样的事。客观讲，这两年我的主要精力，就是全力以赴把过去定下来的事抓到底、抓出头。今后我首要抓好两件事，一是五花山水库；二是综合保税区。我们财力有限，不可能一下做那么多事。我们确实需要冷静反思，否则，会遗留很多问题，别说科学发展观，社会稳定都会成问题。

五、关于优化产业结构问题

为什么这么多年我们产业结构单一的问题总是破解不了？我刚来的

时候跟干部谈话，大家都说绥芬河最大的问题是产业结构太单一。我们对外讲第三产业占 90% 以上，第三产业比例越高不是越好吗？不能片面地看这个问题，第三产业构成一定和第一、第二产业有关系，或者说看一个地区的产业结构是否合理，要看一个区域的经济比例才有说服力。从我在宁安当市长的那天起就研究这个事，但产业结构并不是你想调整就会随主观意愿轻易改变的。产业结构是由生产要素结构决定的，低层次的产业要素，决定低层次的产业结构。土地、人力资源便宜，有口岸这一优势，这是我们基本的要素构成，这种要素决定了会形成现在的产业结构。高层次要素是什么呢？有人力、有资本、有技术，还有先进的理念。解决不了产业结构单一问题，发展就会出现波峰波谷，某一天像蹦在弹簧上似的突然就上去了，一单买卖做成了，几千万利税进来了；但有时发展速度也会一下减下来。这是制约绥芬河的深层次问题，恐怕需要立足一个周期，逐个环节去研究、去突破。

六、关于出台政策问题

金融危机爆发以来，很多企业向我要政策。最近我要集中主持召开几个座谈会、协调会，降费减负方面、金融方面、解决房屋办照等具体事项，至少三个会。出台政策的核心就是帮助创业者承担风险，如果政策的核心偏离了，出台政策不会起作用。绥芬河政策的支点与别的地方不一样，它的支点就是共担风险。这是以贸易为主的产业结构决定的。特殊时期，出台这种承担风险的政策，能不能做？这是考验我们思想解放能不能达到这个程度！不做可能四平八稳，但不做也就发展不了。特殊时期必须把发力点放到保企业、保增长上，能解决一个企业是一个企业，能解决一个问题是一个问题，这些事不干，还能干什么？在出手支持企业过程中要引导相关服务业发展起来，让市场引导发展，缺什么补什么，这可能是未来推动发展的方法。咱们不是要成为“北方深圳”吗？深圳原来“特区”的东西也没什么了，但现在他们提出要融入港澳，与香港共建国际大都会。这是讲资源共享的理念，共同配置资源。其实质就是打特殊功能区的牌子，目标是瞄准建立自由贸易区，这是其核心价值取向。围绕建立自由贸易区，怎样研究独特的运作方式、管理方式、体制方式、运营机制，把各种战略意图逐渐通过一个一个特殊功能区体现出来。我们要深入学习挖掘这些东西，并作为出台政策的发力点。

今年的形势这么困难，必须把主要心思放在应对危机、迎接挑战上。作为绥芬河的中坚力量，我们的形象、言行、情绪和对未来的预期，对社会、对班子、对下属的影响特别大。越是特殊时期，就越要站位高一些、看得远一些，大家一定要精神头更足一点，针对调查摸底的问题研究整改意见，有一些需要做好解释工作，更多的应当认真加以解决。要明确创建示范区和争当排头兵的关系，把《关于争当沿边开放升级排头兵的决定》的要求具体落实到各个主管领导、各个具体部门，逐项进行细化，把各项工作分解下去。

通过学习贯彻科学发展观，可能看问题多一点，找差距多一点，但这不代表有悲观的论调。找问题、找不足可以，但绝不能把信心找没了。要正确引导舆论，宣传引导健康向上、积极创业、有良好预期的绥芬河！绥芬河仍然是绥芬河，不会因危机而改变经济的基本面，绥芬河仍然大有希望！

找差距　促整改

对照科学发展观要求，通过“六查六看”，查找宗旨意识、政绩观、责任心、事业心、艰苦奋斗作风、工作积极性和主动性、组织纪律观念等不足。

（一）查思想，看科学发展的观念好不好。我原来的认识是，科学发展观主要是针对南方一些地区发展很快，但是发展又造成很多环境问题而讲的。1998 年，我在无锡市挂职时，到乡下看到，小鸡吃了摘菜丢下的废叶会晕倒，觉得问题非常严重。南方一年种三季，每一季都打药，上化肥，菜叶中农药残留较多。现在看，大家都面临既要加快发展还要发展得好的双重压力和约束，这两个问题要同时解决。门槛高了，还要快发展，这需要本事。所以，我们这样的地区需要做好在加快发展中贯彻落实科学发展观这篇文章。实事求是地讲，“科学发展”比“发展是硬道理”更难了，但是进步了，这是两个不同阶段的主题。那个时候不讲硬道理，日子过不下去，不讲效率优先也没有现在的基础。用科学发展的观点看，经济增长不等于经济发展，经济增长可能 GDP 很高，但挣的钱治理污染都不够，这就等于没发展，经济增长是缩水的。当前正处于发展是硬道理向科学发展的过渡期。客观地讲，我们的产业结构、生产方式、社会生活不会一夜之间全部转到科学发展的要求上来，发展转轨需要一个过程。没有 GDP 肯定不行，GDP 核算由三四部分组成，包括税收、利润、工资、投资等，多项加起来就是 GDP，这几项指标哪项不重要？事物往往存在两个方面，转轨时期、过渡时期会带来新的机遇。对科学发展有抵触是不行的，要以积极的态度看待环保产业、节能产业、高新技术产业的大发展机遇。要及早谋划掌握产业转型升级发展所需要的各种要素，尤其是人才要素。贯彻科学发展观要做到有底线，比如高污染、高耗能产业和项目，其命运肯定是短期的，坚决不能做。

（二）查思路，看科学发展的路子对不对。我主持绥芬河工作以来，把主要精力放在抓落实、抓推进、抓完善、抓提高上。在这个基础上，提出了争当沿边开放升级排头兵、建设全省贯彻落实科学发展观示范区的目标。绥芬河的发展总体上不缺思路，而且谋划和策划是比较前卫的，有些还很高端，亮点不少。下一步应该把主要精力放在实现这些目标、措施和过程上，要注重破题目标实现路径，“有想法更要有办法”；对实现目标的环节、细节能够设计清楚，过程要预想得合理，结合实际，针对性要强。哪个干部能够把实现目标的过程说得好、做到位，这是我看重和欣赏的。绥芬河的干部在这方面是有缺陷的，不能落实的原因也在这。很多事情好定，但如果对落实过程和细节下功夫不够，对过程预想不合理，很多很好的事就办不好，落实不下去。争当沿边开放升级排头兵，这是我们的基本思路，需要做的事在《关于争当沿边开放升级排头兵的决定》中都讲到了，今年是推动转型年，明年是转型升级年，后年就是升级跨越年，每年的内涵、目标、突破口也要有所侧重。

（三）查措施，看科学发展的行动快不快。明显违背科学发展的事在绥芬河并不突出，急需纠正的任务也不是主要矛盾；需要尽快行动的是，应当更加关注社会建设和发展，多做一些关注民生的事。首先，继续完善医疗体制改革，要扩大医保覆盖面。全市现有 15 万人，仅有 1 万多人有医疗保险，这个面太小，不利于社会的稳定，也不利于医院的发展。医院改革存在一定问题，但在几个大的方面没问题，当初改革的设想，把三家医院整合成一家医疗中心，借助外来力量，这个思路没错，没做好是投资者能力的局限。我们收回来之后，也得继续往这方面发展，否则，三家医院都不会有什么发展。打破以药养医、部分医生吃回扣恶性循环的潜规则。其次，抓好社区建设。移民城市，如何把大家凝聚在一起，树立家园意识，需要做的工作很多。去年市里做了弃管楼改造，今年要从加强物业管理入手消化历史遗留问题，加强投入。第三，办好人民满意的教育。今年高中搬迁工作一定要做好。同时，对教育质量的评估要科学合理，要扶持民办学校发展，经贸翻译职业学校现在有影子了，一定要把他发展壮大起来。引进大学要有突破，绥芬河想把哈工大、黑大请来不太现实，但像牡丹江大学这样的学校，这几年没扩张，有可能在这里设立分校。

（四）查机制，看科学发展的动力活不活。机制问题实际上是深化改革的问题。发展依赖于改革开放、得益于改革开放。绥芬河一定要成为创业人员梦想成真的乐土，过去成就一批人，今后更要成就更多的人。围绕这个要有好的机制，他们来创业发展，核心是要有机遇，关键在于成本低、效率高。机遇加上成本低和效率高，这才能有吸引力。成本低和效率高必须要有良好的发展环境，其中成本低就是政府和部门少收税费。低税费应该是绥芬河的一个目标，不要以为税费低财政收入流失了就没法过日子。效率高就是政府和部门敢于担当风险，简化手续和程序。“只有简化才能效率高”，简化就要承担风险，不管出台哪个政策，核心的政策就是承担风险的政策，如果出台的政策什么风险都不担就等于没有含金量，有政策就有区别。要进一步深化完善过去已经实施的改革，比如公车改革、廉政基金、雇员制度等，而且每年都要研究出台新的改革措施，去年实施了廉政基金制度，今年要把重点放在实行弹性编制改革上，防止高薪养懒人。要防止财政开支人员膨胀速度过快，各个部门都缺人，都喊人不够。行政工作就这样，既缺人又不缺人，忙的时候雇人都忙不过来，闲的时候两个人都闲。要搞一个“蓄水池”，谁用谁就到这里来挑，新调入绥芬河的人员要在“蓄水池”储备，各个部门按需选人，用好了，上岗了，按照绥芬河的收入标准办理入职手续，在“蓄水池”期间保障其原有基本收益不减少。阻碍科学发展的机制要坚决进行清理，要把收费方面的政策压缩到最小空间。为了收费什么事都管，一管就出难题；不让他收费，他就不管事了。

（五）查实际，看科学发展的实效好不好。今年的各项指标出现了历史上从没有过的下滑，似乎贯彻科学发展观没有取得成效。不能这样看待事物，应当看到市委、市政府及时发现问题，并提出一系列解决问题的办法，这些措施已经或正在取得成效。经济指标同比虽然是下降，但环比是逐月增长，与其他重点口岸相比，下滑幅度是最小的，满洲里下滑 45%，珲春下滑 59%，二连浩特下滑近 40%。财政收入下降是由双因素决定的，其中由于取消“双倍抵扣政策”导致税款转移是主要因素。实行市场免税等休眠疗法，采取一个一个专题会研究解决矛盾，组织俄方万人游等，都是超常规突破性的措施。大家要看到信心，困难和不景气是暂时的、短期的，困难时期更要付出努力，想平时没有的办法，即使这些措施不能收到立竿见影的效果，也必须这样做。年初坚持这样做就是让企业看到信心，如果袖手旁观，那么企业信心就没了。下半年这些措施还要进一步推进。

（六）查作风，看科学发展的作风实不实。一个人的作风与其专业背景、思维方式有一定关系。我是学数学的，逻辑思维比较严谨，愿意抓住并正视主要矛盾，分析问题、讲问题力求有说服力，不愿说空话、套话。有定力，能够沉住气，做人做事经得起时间检验。心胸比较宽，不大计较个人得失。善于调动他人积极性及与别人沟通协调。存在的问题是缺乏活力和朝气，与创新创业激情和冲劲匹配的大度大气还不够，没能把大家拢得像一团火一样。绥芬河地方小，工作内容单一，党政工作内容基本交叉。必须解决好哪些需要管，哪些需要放手，把界线划定清楚。廉洁自律方面，自己能把握住不收钱财这个底线。对有人扔下“信封”就跑的，我都写封信给退回了。信的大致内容是，“心意领了，非常感谢，对我这个人你会慢慢了解，请千万不要有别的想法”，并对他进行鼓励。有时还写这样一句，“咱俩比较熟，要是别人，就退到纪检委去了”。觉得这样处理后，与同志不是很生分。如果不退回，当主官这么多年得收多少钱？积攒到那一天就是坐牢的时候。这类问题处理不好、把握不好一定会出大事。这也是当官必须要过的一关！

做好公立医院改革善后工作，确保市民满意看病

（2009 年 8 月 21 日）

今年 5 月 19 日，部分医务人员上访后，市里成立了工作组，对账目进行审计，审查和清大公司合同履约情况，收集调查医务人员反映的问题。通过对三年来改制情况的梳理，可以看到，改制对深化医药卫生体制改革进行了有益的探索，积累和丰富了医疗机构管理的理念和经验。三家医院收入逐年明显增加，职工平均工资福利逐年增长，医疗中心为职工按期缴纳了“三险”，医院总收入、职工工资收入增幅高于改制前，也高于周边地区医疗机构和医务人员的收入，医疗机构自身固定资产投入也比改制前提高了。应该说当时推进的改革取得了不少成果，包括打破吃药品回扣等不良规则。将三家医院合成一家，建成一个现代化、上规模的医疗中心，引进战略投资者的顶层设计也是符合发展趋势的。但改制后各家医院运行暴露出一些问题，这里既有改制后形成的，也有改制前就存在的。职工上访反映的问题，一部分已经得到解决，许多问题还有待于在深化改革中用改革和发展的办法加以解决。从投资方清大公司看，主要体现在缺乏投资实力，医疗中心建设迟缓，管理措施过于依赖经济指标，缺乏弹性，脱离人文实际，没有形成管理团队和骨干力量，没有很好地发挥技术骨干的作用，等等。当前，医疗中心的情况发生重大变故，由于清大公司负责人在未对市有关部门作出交代及未对医疗中心工作作出任何安排的情况下，突然离开绥芬河，给医疗中心所属三家

医院的工作造成了极大影响，医疗中心工程也因清大公司建设资金投入不足而停工。

面对这种情况，市委、市政府及时采取措施，进行了妥善处理，度过了最艰难的时期。目前，三家医院运转基本正常，大多数职工能够坚守工作岗位，职工情绪比较稳定。8 月 14 日，市委常委会研究了医疗中心的有关情况。会议强调，当前全市上下要统一思想，集中精力解决好绥芬河市公立医院改革中存在的问题，保证市民拥有良好的就医环境和秩序。

一是成立医疗中心理事会，即日起接管医疗中心的日常运行工作。徐宽同志兼任理事会理事长，理事由人大、政协、卫生局、医疗保险事业局、财政局有关负责人以及市医院、中医院、妇幼保健院三家医院现有负责人及医护人员代表组成。在没有正式同清大公司解除合同之前，由理事会负责医疗中心重大工作的决策。由卫生局负责，联系清大公司负责人，向其告知本次市委常委会关于处理医疗中心问题的各项决定。二是立即启动同清大公司终止合同的法律程序。由于清大公司负责人放弃了法定代表人的职责，所以不再具有资产处置、资金审批、人员调整等权利，也不再有举债、讨债的权利。此项工作由市政府法制办牵头，卫生局、财政局、劳动和社会保障局、审计局、建设局、人事局等部门配合。三是继续推进医疗中心工程建设。对医疗中心工程进行全面核查和清算，对于前期实际发生的工程费用由清大公司负责结算。今后医疗中心继续建设费用，经核算后，报市委、市政府进一步研究解决。此项工作由政府工程管理中心牵头，卫生局、财政局等相关部门配合。

市委要求，近期重点做好以下工作：

一是坚持改革方向。根据国家医药卫生体制改革方案精神，结合绥芬河市实际，在总结经验教训的基础上，积极稳妥地完善和推进绥芬河市医改工作，集中解决好公立医院改革中存在的问题。改革要坚持公益性，公立医院是公众的医院。完善法人治理制度，管办分开，政事分开；

要探索理事会制度，建立有效代表公众利益的应急治理模式。引导社会资本投入医疗机构，逐步形成多元办医的格局。积极推动挂靠成为医学高等院校附属医院。二是在没有正式解除合同前，继续维持三家医院统一管理的模式。三家医院现有的格局不变，人员不变；医疗中心现有的账目不变；现有的工资标准及来源、渠道不变，现有的绩效考核办法不变；要制定出最低工资保障制度。重大支出和日常支出，小的由分管院长负责，大额的经中心理事会讨论决定。三是现有三家医院院长要克服困难、大胆工作、提振精神、认真负责，要带领职工不断抓好医疗质量和服务质量，要保证医疗安全，保证医院正常运转，使医院尽快恢复到正常运行状态。四是医院中层领导和技术骨干要积极发挥骨干作用，力争在为病人提供优质服务前提下增加医院的收入，保证职工个人利益。医务人员一定要把自己的医院、自己的科室当成自己的日子过，要坚决杜绝推诿患者和消极怠工的现象。俄罗斯远东地区医疗条件落后，目前还没有核磁共振，下一步也要研究推进医疗旅游。五是市政府加大基础设施、大型设备采购和政策性补贴等的投入力度，促进绥芬河市医疗事业的健康发展。要扩大医保面，三年之内医保覆盖面要达到90%，大幅度提高市民的就医率。六是医疗中心理事会及各位理事要切实负起责任，积极工作，卫生、财政、医疗保险事业局等单位要从履行各自职能出发积极支持医疗中心的各项工作，为医疗中心发展创造良好的外部环境。

新官要用“四抓”理前任旧账

（2009年11月）

能不能把过去定下来的重点工作善始善终抓好，既有工作连续性问题，又有如何开拓创新问题，归根结底考验政绩观和执行力。要把抓落实、抓推进、抓完善、抓提高（“四抓”）作为主基调，既理旧账，又努力展新篇。2007年至2008年，全市地区生产总值年增32.6%；全口径财政收入年增17.4%，2008年全口径财政收入首次突破10亿元；外贸进出口总额年增长23.8%；工业总产值年增长47%；城镇固定资产投资年增长35.5%。2007年，绥芬河被省委、省政府授予“县域经济社会发展十强县”称号，综合实力居全省各县市首位；2008年，被中央确定为“改革开放30年中国特色发展之路18个典型地区”之一。

一、以“四抓”保持工作连续性

绥芬河作为快速发展变化中的边境城市，始终保持重点工作推进的连续性尤为重要。立足于发展的新阶段不断求变创新很重要，但十分专注地围绕已经定下来的重点工程（项目）抓落实、抓完善同样重要。上任书记在绥芬河工作期间，下大力气谋划推进了一批重点工程（项目），对于新一届班子来说，首要任务是集中精力抓落实、抓推进，破解资金、征地、动迁等制约性难题，切实把这些工程抓到底、抓出头。三年来，累计投入财政资金5亿元，共动迁301户、50 758平方米，经过不懈努力，西城区配套工程全部竣工；国际客运站建成投入使用；沿河街扩幅工程、通天路环形桥工程竣工通车；教育园区及配套工程全部完工，高级中学顺利搬迁。不回避矛盾和问题，坚持用改革的办法解决改革遗留问题。针对医院改革中出现的问题，果断决策，因势利导，坚持继续用改革的办法完善医疗中心管理体制与运行机制，着手制定了《进一步完善医疗卫生体制改革的实施意见》，探索过渡时期通过授权理事会的办法管理三家医院；积极推动挂靠哈医大成为其附属医院的发展模式。从战略角度看待与世茂集团的合作，按约履诺（整体承租商展中心，市财政一年拿出 1 400 万元，一共五年），支持世茂商展中心渡过难关。注重解决深层次历史遗留问题，妥善解决机关下海干部安置等问题，积极推进政府投资工程管理体制改革。前任班子定的重大事项一一得到落实，没有半途而废的。

二、从“四抓”中增创新优势、新亮点

既要始终保持绥芬河快速发展的连续性，不变调；又要统筹把握阶段性市情，不断应对新考验、创造新优势，吹响新号角。这是抓完善抓提高题中应有之义。

一是挖掘区域比较优势，高起点定位绥芬河新一轮沿边开放的思路和措施。根据绥芬河的特殊区域条件，为更好地释放“两种资源、两个市场”的体制性落差，进一步明确重点发展“商贸旅游、现代服务业、进出口加工”三个主导产业、倾力打造国际商贸旅游名城的发展目标；集中力量抓重点指标、抓城乡变化、抓重点项目和抓干部群众得实惠“四个工作着力点”；立足沿边开放新趋势，组织制定《关于争当沿边开放升级排头兵的决定》，提出了新一轮沿边开放发展构想，明确了由过去靠政策支撑到未来要靠综合保税区等特殊功能区驱动的发展新模式，这一发展理念的调整得到全市上下一致认可。深入研究提升城市功能等区域发展核心竞争力问题，在“一线带四区”的多组团串珠式发展基础上，进一步提出了重点建设以综合保税区为核心的现代服务产业区、环湖商贸区、俄罗斯风情区、文化教育区等更加符合绥芬河新时期发展实际的

布局定位，摆脱了在城市发展规划方面的困扰，清除了模糊认识。二是从推进绥芬河持久发展出发，竭尽全力抓重大战略项目。深入认识理解县域经济发展规律，抓住经济发展的主要矛盾，把推进重大项目建设作为打造绥芬河持久竞争力的根本战略选择；不求立竿见影，但求做事能够持久，经得起历史考验，做打基础、利长远的事情。2009 年 4 月，综合保税区正式得到国务院的批复，完成宽沟村的整体搬迁、新村建设以及一期围网工程等前期工作，入区项目招商工作全面展开。可以预期，未来综合保税区所产生的影响和带动作用将不亚于 1992 年绥芬河市被国家批准为首批沿边扩大开放城市所带来的机遇和效应。推进绥 - 波贸易综合体向跨境经贸合作转型升级，多次跑省进京，奔走协调；借势国家领导人对建立中俄跨境经贸合作区的关注和批示，把握历史性机遇，把中俄跨境合作区纳入国家试点。围绕打通黑龙江新的“出海口”，从战略高度认识和推动陆海联运大通道建设。多次带队赴俄罗斯考察论证，探索“中外中”的运输模式；策划组织了第一届中俄韩物流协作论坛，全力推进中俄韩三方物流项目合作，推动绥芬河成为新的区域性物流集散中心。把协调推进公路、铁路等重大基础项目建设看作绥芬河千载难逢的重大机遇，全力协调保障项目建设。牡绥高速公路全面开工建设；牡绥高等级电气化铁路即将开工；绥芬河支线机场建设得到省政府主要领导重视，纳入建设日程；致力于破解政策制约，重新恢复了异地办照政策，俄罗斯游客到绥芬河自驾游等政策有望突破。三是驾驭和应对复杂局势，不断用阶段性的发展成果激励和鼓舞士气。一方面，果断实施“七大措施、两项万人活动”，特殊时期敢于出台一批承担风险的政策，“休眠疗法”、扩大政府担保、“一帮一”包扶企业制度、整治涉外服务环境等特殊措施，很快显现出刺激拉动作用，企稳向好的势头日趋明显。另一方面，在如何凝聚人心、鼓舞干劲上下功夫，不断研究用阶段性成果鼓舞人心的办法，危机之年成为绥芬河干事、成事最多的一年。积极策划并成功举办了“两项万人活动”、名优商品展销会、第二届中俄政党论坛、中俄边境口岸城市市长论坛、第四届木博会等一系列重大活动，大大地提升了绥芬河的对外知名度；克服重重困难，推进总投资10.4亿元的五花山水库和污水处理厂项目全面开工建设；成功引进了总投资5亿元的大亚、圣象项目，向推动林木产业转型升级迈出重要一步；以创新思维和举措支持推进城乡一体化、建设数字绥芬河，组建绥芬河控股公司，开展资本运作工作；筹划建设中共六大纪念馆，进一步提升绥芬河的人气、扩大对外知名度。

三、在“四抓”中提高执行力

没有执行力肯定做不好“四抓”，不坚持“四抓”，执行力也无从谈起。要靠执行力保障“四抓”。我始终秉承“功成不必在我，功成必定有我”“众志成城才能成事”的带班子理念，以有利于绥芬河发展为判断标准，要求干部有新想法，但更要有完成任务的办法，包括破解历史遗留问题的办法，提高新官理旧账的执行力。注重营造团结和谐的工作氛围，调动班子成员积极性，班子整体上体现了积极向上、步调一致的精神风貌。反复告诫班子成员，前后任不协调，甚至发生矛盾，主要责任在后任。充分发挥市委核心作用，先后制定《市委常委会分工负责制度》《关于进一步完善市委工作机制的意见》《重大问题民主听证办法》等制度，进一步规范常委分工负责制和议事规则，确保正确决策。健全市委与人大、政府、政协等班子协调运行工作机制；强调市级各个班子都是一线班子，建立了“一项重点工作、一名市级牵头领导、一个责任部门、一个专题办公室”的“四个一”工作落实机制。淡化分管领导和战线分工概念，倡导对牵头领导授予协调权，形成了“谁牵头、谁协调、谁负责”的工作推进机制。工作中注意发扬民主，虚心听取意见，坚持贯彻落实民主集中制。坚持以绥芬河事业发展为先，以个人荣辱得失为后。

坚持“公开、公平、竞争、择优”的用人标准，不搞暗箱操作，不在干部问题上夹杂非正常渠道的影响和干扰。进一步完善了《贯彻执行〈党政领导干部选拔任用工作条例〉实施细则》，大力推行干部比选。扩大雇员制、聘任制范围。探索实行弹性编制管理，调动干部干事创业的积极性。以抓落实论英雄，全面推行新的绩效考核办法，探索实行领导班子和领导干部网上投票评议。尝试设立突破奖、贡献奖等创新抓落实的机制办法，对考核实绩突出的牵头领导和责任单位实行“政治上重用、经济上重奖”。

制定出台了《绥芬河市廉政基金管理办法（试行）》，从“名”“利”两个源头进行激励和约束。加大对与民争利案件的查处力度，经济发展环境得到不断优化。在集中精力抓发展的同时，倾心聚力为群众办实事，以亲民思想把实事办好、好事办实；对人民群众来信件件亲自拆封批阅，将重要来信来访列入督办内容。

推进落实的“突破性措施”在哪里?

（2009 年 11 月）

“一分部署、九分落实。”科学决策后，更重要的是花足够的精力在狠抓落实上下功夫，只有这样，好的思路、好的政策、好的措施才能达到预期效果。

一是决策和落实不能脱节。决策到落实的链条、环节不能过长、过多。决策的时候不能不考虑落实的难度和困难，决策容易落实难。一些同志愿意讲各种“战略”“工程”，听起来很鼓舞人心，让人很乐观，但一段时间后就销声匿迹了，不了了之。决策者决策之时，按照事物应该是什么样去决策，从让别人落实出发去决策，而不是对落实的可行性研究论证妥当后决策，结果往往半途而废。决策者对落实中的困难和问题研究论证不够，从主观上也不愿意让人讨论，对给自己决策作注释、论证正确的感到满意，偶有不同意见即被认为是消极态度。这些或多或少都隐含着“左”的思想或情结。因而，喜欢超前，急功近利，越快越大越好，层层加码等很少受到上级责怪。决策与落实两层皮，导致底下无法招架。一些干部专门研究成为“典型”的学问，这类干部主政的地方，多年停留在典型光荣、亮点光彩的水平而已，因为是“典型”而发生根本变化的实属不多。

谁决策谁落实是根本。有决策权的人最有本事落实。决策者亲自抓落实，推动各级领导一起抓落实，这是正路。一些应当“从我做起”落实的问题不能反复在几个层级的“批示”中转悠。只挂帅不出征，很难根治不落实的问题。管理体制上，必须破除“层级”多、环节多的问题。

决策和落实之间应该是扁平化的。必须从根本上建立起有利于抓落实的体制机制，真正形成决策、执行、监督、反馈的责权利机制。许多县（市）委书记主政县（市）游刃有余，既贯彻又决策，政绩很突出，但提任到市（地）担任副职就无所适从了，不知从哪儿抓起。一个重要原因就是“中间环节”多了，需要主导、协调、磨合的内容多了。

二是指挥棒要科学有力。上级的各种指标考核就如“高考”指挥棒，既有积极作用，又有不少负面影响。因此，目标、指标的确定一定要科学合理，切实可行，实事求是；处理好应当和可能的关系、当前和长远的关系、决策主体和落实主体的关系。加快发展，能多快就多快，无疑是欠发达地区的主要矛盾；如果不能实现科学发展，这种“快发展”“大发展”可能解决很多问题，但造成的问题同样也很大，处理遗留问题恐怕更难。以发展成果论英雄，这个“指挥棒”应当以百姓“收入”增长为主要内容，而且这个所谓的“收入”必须是百姓能够感受感知的，不能是官方统计加估计的。一些无法让百姓切身感受到实惠的数字，即使官方认为再好，自得其乐，也起不到鼓舞百姓人心的作用，有时候反而适得其反。指标数字真“好”，可以坚定信心、鼓舞士气，又可以赢得人心。既要由官方统计部门的权威方法认定，又要有民间中介评估机构的旁证、印证，两者出入大的应作进一步的考证。以“收入”指标倒推，其他 GDP、固定资产投入、财政收入等等都可以相应地得到确认；“收入”指标上不来，光讲其他指标如何如何，没有说服力；否则，就是分配出了问题，有了好的发展成果没有惠及百姓，发展成果未与百姓共享。百姓“收入”提高了，可以拉动消费，促进经济发展。“收入”多了，消费的选择性就会多，间接地又能促进经济结构的调整。有选择就会有满足选择的供给，市场容量自然增大。当年，人们工资收入几十块钱，只能购买柴米油盐等基本生活品；后来工资收入几百块钱了，开始购买收音机、手表等消费品了；电视机、电脑、汽车等产业发展应运而生。社会发展指标是看得见摸得着的，不必抽象成“数字”指标去考核，社会事业好不好，百姓最清楚。问明于百姓、结论于百姓，把评价权交给百姓；上级不做结论，只要抽样调查“准确率”即可。在这样的指标体系框架下，干部提拔升迁其实主要由百姓说话。干部为百姓做事得到认可，有用；现在往往是，如果上边对“政绩”（其实由一大部分数字构成）不认可、不了解，为百姓做多少实事、好事都决定不了干部的命运。这种导向，很多人自然把功夫用在让上级满意上，培养好“典型”“亮点”，主要指标要好看……谁愿意扑下身子抓落实呢？抓落实是苦差事，比起“桌面上功夫”好的人，实实在在抓落实的人要难得多了；否则，为什么“桌面上功夫”好的人、机关功夫硬的人多，而实干型、落实型干部难找？要素向一切回报率高的方向流动，什么事吃香干什么，最简单的道理。

三是抓落实必须突出重点难点。不能只发号召不出实招，只造声势不做实事。突出抓好重大工程、项目，选好切入点，集中力量，整合资源，在重点突破中实现整体推进；从具体事情抓起，把原则要求变成可操作的具体措施，把目标任务变成实实在在的工作项目，每项措施，每个项目都要针对关键环节、关键制约因素突破；明确责任主体、时间进度，决不能大而化之，更不能“带盖摇”。“拆机器使零件”是现有条件下一个很好的选择，也就是对重点工作组成专门（专职）团队进行专题推进，这也属人力资源重组。绥芬河市根据每年的工作重点，组成这样的“指挥部”“推进组”或“管委会”，“硬抽人”“抽硬人”，针对每个战役配齐配强人马刀枪，经费单列、单独审计，年度绩效考核单独进行，有奖有惩，类似于“项目班子”“攻坚战突击队”……干部想提拔就到这样的团队干点“硬事”，得到锻炼提升。在这样的环境下，这些人的政绩“看得见、摸得着”，有始有终，任务结束了，干部各得其所，表现好的优先提拔重用。大家对这种任用都服气，否则，机关里天天做相似的工作，谁和谁能差或能强多少？无奈，只好论资历、论关系……

推动科学发展，转变经济发展方式，创新社会管理，应对突发事件，妥善处理舆情，做好群众工作需要培养一大批干部熟悉基层、热爱基层、扎根基层、服务基层，善于抓落实的能人；要让想落实、会落实、真落实的人得到应有回报。这是促进落实的有效举措和导向。

推进全省对俄合作适应性战略调整的建议

（2009 年 12 月）

2009 年 10 月，省政府从转变对俄合作理念、明确对俄合作定位、调整对俄合作方向、扩大对俄合作领域四个方面，对今后一个时期全省推进对俄经贸合作工作进行了战略部署。绥芬河市是全省沿边开放的重要口岸，在对俄经贸合作当中具有“风向标”意义。对如何推进对俄合作适应性战略调整提出以下建议。

一、认清新形势下对俄合作暴露的深层次问题

2008 年以来，以绥芬河市为代表的口岸城市受国际金融危机和中俄两国政策调整的“双因素”影响，对俄合作受到严重冲击，外经贸发展减速，境外投资收窄，旅游市场不振，口岸加工业经营困难。对俄合作长期积累下来的深层次问题充分暴露。

（一）不规范的贸易方式难以为继。多年来，受俄罗斯巨大市场需求和利益驱使，“发包、打包”“手拎包”“包机包税”“灰色清关”等一系列不规范贸易方式迅猛发展。一方面，这种方式的确推动了双方边境地区快速发展；另一方面，这种方式已经不适应当前中俄贸易发展需要。俄罗斯加大力度整顿“灰色清关”，清理露天市场和零售业。这充分表明中俄贸易必须步入正规化发展轨道。

（二）粗放型外贸产业发展模式抗风险能力严重不足。从贸易结构看，边境贸易占比始终居高不下，加工贸易占比过低的问题还比较突出；从贸易品种看，进口商品一直没有脱离以资源类生产资料为主

的状况，出口商品也一直没有脱离以日常生活资料为主的状况；从贸易主体看，企业依赖边境优惠政策、依赖薄利多销、依赖短期效益的发展思路还没有根本转变，财务管理混乱、设备技术落后、产业链条短、加工品类少、商品附加值低等问题依旧存在。粗放型产业发展方式决定了口岸经济整体抗风险能力不强，无法有效应对“双因素”的影响。

（三）中俄企业之间的合作紧密程度明显不够。俄罗斯提高资源类商品出口关税，加大国内市场准入限制，受影响大的是中方企业。无论是境外企业还是境内企业（贸易企业或加工企业），中方多数是独资经营，在引入外国资本特别是俄罗斯资本开展合资、合作经营等方面十分欠缺，没有形成利益共同体，导致俄罗斯经贸政策频繁调整时，中方企业只能被动接受，缺少俄罗斯地方政府和企业的利益代言人。

（四）对俄合作的服务体系依然存在缺失。以绥芬河为例，尽管恢复边境贸易已经二十三年，但是不论政策、体制还是口岸城市的软硬件环境，这些对俄合作的配套服务体系依然没有得到足够的发展。沿边开放初期的边境贸易优惠政策正逐渐被淡化；国家转移支付资金有限，地方财力不足，扶持企业，加快发展的压力依然很大；基础设施建设相对滞后，通道运载能力严重不足，口岸和园区配套政策和功能十分欠缺；金融机构权限低，贷款总量小，缺乏适合边贸企业的金融产品；每年在口岸城市流通的大量卢布缺少与人民币的正规兑换渠道；异地办照优惠政策等审批手续冗长，实际效果受到影响；对俄罗斯游客自驾游、劳务输出、境外公民维权等问题，缺乏有力的协调机制。

二、对俄合作面临前所未有的机遇

在带来冲击的同时，金融危机也使中俄两国加强边境地区合作的愿望更加强烈。问题暴露的同时，前所未有的机遇正在涌现。

（一）中俄边境地区合作的战略地位更加突出。当前，中俄两国关系正处于从构筑政治互信为主转入充实经济内涵的阶段，两国都将以边境城市为节点的区域合作上升为国家战略。胡锦涛总书记在黑龙江省考察工作时指出：“要充分发挥地处东北亚腹地中心的区位优势，推动对俄经贸合作，使黑龙江真正成为我国沿边开放的重要‘桥头堡’和‘枢纽站’。”俄罗斯总统梅德韦杰夫、总理普京也多次强调两国经贸合作的重要性。2009 年，两国批准了《中俄投资合作规划纲要》《中华人民共和国东北地区与俄罗斯联邦远东及东西伯利亚地区合作规划纲要（2009—2018）》等一批重要的合作文件，这对黑龙江省推进对俄合作适应性战略调整工作意义重大。

（二）中俄两国经贸合作的潜力巨大。中俄两个市场具有很强的互补性，经贸合作不断上升的趋势不会改变。一方面，俄罗斯市场容量较大，而其国内生产总体下降，商品需求远未达到饱和，俄市场竞争程度相对低于西方发达国家市场。建筑材料、家具、纺织品、粮食、果菜等商品的缺口较大，国内企业在这些方面有强大的生产能力，产品具有较大的竞争优势。另一方面，俄罗斯拥有丰富的自然资源，原料和燃料价格比较便宜，生产成本较低，具有较大的吸引外资优势。同时，俄罗斯丰富的资源正是我国急需进口的。

（三）中俄边境地区合作具有良好的基础。沿边开放以来，经过两国“边民”的共同努力，经贸合作打下了良好的基础。一是两国地方政府交流频繁，合作密切；二是以绥芬河综合保税区为代表的特殊功能区开始发挥重要作用；三是两国边境地区的文化和理念正在交流互鉴中相互融合；四是以口岸改造、公路铁路建设为代表的基础设施建设推进迅速；五是企业和商户熟悉俄罗斯的环境并习惯与俄罗斯市场主体打交道；六是俄罗斯经济逐步回暖，居民消费能力开始恢复。

三、采取有力措施推进对俄合作适应性战略调整

全面贯彻实施对俄合作适应性战略调整的决策精神，必须把握机遇，应对挑战，尽快实现由依赖边贸优惠政策向依靠特殊功能区支撑转变；

由以口岸通道及简单物流为主向新型口岸经济区乃至国际商品集散中心转变；由以贸易为主向贸易与投资合作并重转变。

（一）转变发展方式，提高对俄合作层次和水平。一是规范贸易方式。主动适应俄罗斯经贸政策调整，正确看待俄罗斯打击“灰色清关”和“黑色贸易”，不断转变和更新合作理念。加大市场管理力度，规范市场经营秩序，打击“假冒伪劣”“以次充好”等不正当行为，强化“以质取胜”理念，力争在提升贸易质量上取信俄罗斯。加强通关监管，彻底杜绝不正规的贸易方式，重点支持正规清关公司，引导出口企业开展正规清关业务，搭建中国商品进入俄罗斯的正规渠道。二是调优贸易结构。优化进出口商品结构。继续扩大原木、板材、化肥、纸浆、铁矿砂等资源类商品进口量，突破重油、煤炭、化工产品等进出口限制。丰富出口品类，扩大瓜果蔬菜等农副产品出口，增加大米及肉类的出口额度，扩大对俄特色农产品出口。提高机电产品出口额度，扩大工程机械、农用机械、汽车及零部件出口，提升对俄出口商品档次。大力发展服务贸易，扩大商业网络服务、运输服务、金融服务和文化娱乐服务。三是壮大贸易主体。加强政策研究和宣传力度，扩大扶持资金的规模，完善奖励办法，综合运用贴息、奖励、补贴、减免和延期征收等有效手段，扶持企业渡过难关。倡导合法经营和诚信经营，对遵纪守法、文明经商的企业给予重点奖励。实施全民创业，切实降低门槛，放宽进入领域，激发全社会创业的源泉和动力。加大俄罗斯市场开拓力度，引导企业参与俄远东基础设施项目建设，切实加强边贸企业自身能力建设。四是加强各类平台建设。进一步强化电子商务平台功能，为促进中俄企业合作提供快捷高效服务；建立木材交易市场等专业化、标准化的交易市场，促进贸易标准的统一，改变传统交易方式，增加企业销售利润；加快发展会展业，提升哈洽会、中国名优商品展销会的影响力和辐射作用。

（二）整合优势资源，优先扶持重点口岸、重点功能区、重点产业发展壮大。加大中央转移支付资金的争取力度，扩大扶持资金争取规模，扶持重点领域先行做大做强。一是加大重点口岸的扶持力度。突出绥芬河口岸的战略作用，将其打造成全国沿边开放第一口岸。加快物流体系建设，推动牡绥高速公路和滨绥电气化铁路尽快建成，加快绥芬河支线机场建设。加强与俄、日、韩等国家运输部门的沟通联系，建立协调运营机制，促进“内贸货物跨境运输”常态化，积极推动中俄铁路部门和联检部门将俄境内26公里铁路改造工程列入双方合作项目。二是加大重点功能区建设力度。支持绥芬河综合保税区建设，发挥保税区的牵引和拉动作用。充分利用保税区的优惠政策和特殊功能，科学整合俄罗斯的丰富资源、日韩的先进技术和我国保税政策、劳动力等优势，吸引国内外大企业、大财团向保税区聚集，实现跨区域、跨国际的经贸科技合作，推动东北亚区域经济进一步融合，将绥芬河打造成东北亚区域国际贸易中心和进出口商品集散地。三是加大重点行业培育力度。优先发展木材加工业，提高木材加工发展水平。争取扩大专项资金的扶持比例，对资源回运给予更多资金支持。研究奖励政策，对进口板材并开展精深加工的企业给予一定资金奖励。加快建设林木产品质检中心和木材交易市场，提升木制品检测能力和交易方式。引导木材加工企业建立产品研发中心，开展技术创新，生产具有自主知识产权的专利产品。丰富家具配件生产种类，推动木材加工业向高、精、尖方向发展，延伸跨境木制品产业链条。

（三）加强合作力度，建立中俄更加紧密的利益关系。捆绑区域和企业间的利益，进一步挖掘合作潜力。一是捆绑中俄企业间的利益。在鼓励企业“走出去”的同时，要积极吸引俄、日、韩三方企业的资金和技术，以投资、合作、技术入股等方式共同建设哈牡绥东对俄贸易加工区，使中、俄、日、韩企业的利益有机地结合起来，达到牵一发而动全身，约束俄方不轻易调整政策。二是捆绑各地区间的利益。应该看到，完整的产业链条所涉及的上、下游产业往往会根据各地条件的不同而跨区布局，一个城市是无法独立完成的。因此，要建立一套区域长期合作的新机制，通过研究制定相应政策和措施，统筹利用和发挥区域资源及优势，跳出城市行政“辖区”时空观念，对外要协调行动，对内要加强协作，使区域内的城市都能在外贸链条上有位置、有收益，打造区域性、一体化大外贸发展格局。

（四）破解瓶颈难题，优化对俄经贸发展环境。逐项查摆对俄经贸合作存在的瓶颈难题，有针对性、有方向性地进行解决，为中俄合作创造优质的发展环境。一是完善口岸功能。支持绥芬河铁路口岸获得危险品经营资质和成为进出口大米试点口岸，支持有实力的公司获得进口原油非国营贸易资质和在俄煤矿开采权，简化边境旅游异地办照手续。二是强化园区功能。积极与俄方沟通，尽快落实 1999 年中俄外交换文的相关政策，力促中俄绥 – 波贸易综合体开通无障碍通道。允许俄公民持简化手续入区，携带 8 000 元商品免税和自驾车入区。积极推进中俄政府《关于边境经济合作区的协定》的谈判和会签工作，争取将绥芬河列为中俄两国边境地区跨境经贸合作的试点，推动互市贸易区功能升级。三是加强金融服务。提高金融机构贷款和授信额度，开发适合于中俄贸易的金融产品，推动人民币 – 卢布交易所项目建设。

中俄地方合作的开放特征

（2010 年 5 月）

中国所有周边国家中，与俄罗斯差异性最大，尤其在文化上没有过渡带，基本上属于两种不同的文化。差异性决定了双方的互补性，有了互补性就有了合作的机会，这是事物内在逻辑，也是中俄地方合作最明显、最基本的特征。挖掘和利用好这样的特征，当前需要把握以下问题。

一、中俄地方合作的阶段性回顾

中俄地方合作，不同的阶段有不同的特征。纵观中俄贸易发展的历程，大的趋势是规模和领域不断扩大；虽然始终在波动起伏变化，但是每次起伏之后，都拉近了中俄关系，这是基本判断，也是大的趋势。

——1991 年到 1993 年，中俄边贸的第一波高峰。那个时候主要是易货贸易，适应俄罗斯短缺经济；中俄贸易达到过 32 亿美元，黑龙江省占整个中俄贸易的 60%。

——1994 年到 1999 年，中俄贸易出现第一次低速和调整期，走入低谷。出口方面，劣质产品太多了，引起俄罗斯反感并进行制裁；进口方面，主要进口商品市场需求受到抑制，例如进口钢材，受到国内治理整顿政策的影响，钢材进口没有市场。1994 年到 1999 年，以绥芬河为代表的对俄贸易整体下滑 30%。

——2000 年到 2008 年 10 月，实现了很长时间的强劲复苏，保持了又一轮的热潮。当时胡锦涛主席和普京总统提出 2010 年双边贸易额达到600亿~800亿美元这样一个目标，受金融危机等因素影响没达到。这一时期的特征是中方企业在俄投资有很大增长，建立了几个工业园区；进口了大量资源能源商品及一部分机电产品。

——2008年11月开始一直到2009年12月，再次受金融危机的影响出现下滑。这次下滑得比较深，以绥芬河为例，对俄贸易整体下滑40%。其中也有俄罗斯资源性产品进口价格下降的因素。以木材为例，那个时候到了买方绝对控制的程度，木材进口到绥芬河，买方问每立方米700元卖不卖，700元不卖就变成650元了。绥芬河没有木材交易市场，不卖就得压在手里，车板交易，木材放在列车上卖不出去，承受不了成本。最低潮的那几天，绥芬河口岸一列车木材也没进口。但这个阶段境外园区及跨境产业链开始形成。

——2010年到现在，再次出现了恢复性增长。现在看主要指标基本恢复到金融危机之前的水平。

二、中俄地方合作的新特征、新变化

研究对俄开放，必须掌握开放的特征。明确可以干什么？应该干什么？怎么干？

（一）国家加大对边境地区的支持力度，鼓励先行先试。“改革开放前三十年看沿海，后三十年看沿边”是开放的宏观特征。这个判断越来越得到印证……在国家发展战略中，历史性地将“牡绥”地区作为重点发展区域写进了国家“十二五”规划，而且明确沿边陆路地区享受西部大开发政策；绥芬河等地还将被批准为重点沿边开发开放试验区。这是我们进一步发挥“沿边近海”优势（其他边境口岸不具备这一点），扩大开放的政策基础，也是进行中俄地方合作的一个新特征。

有了国家的政策支持，我们就可以大力组织实施沿边开放先导城市建设，特别是在重点开发开放试验区的框架下先行先试，形成制度优势和竞争力。比如，开办人民币－卢布交易所，扩大边境贸易人民币结算业务；形成边境地区“金融中心”，规范和方便民间有实际需求，事实上业已形成的货币兑换等；允许开办俄罗斯高校分校或实训基地，建立国际文化交流园区；引进俄罗斯人才到边境地区生活和工作，增加城市的俄罗斯元素，促进各项产业发展；放宽新闻媒体管制，加速信息交流；下放司法权限，给予口岸城市一般刑事案件和治安案件的办案权；从海关税和检验检疫费等口岸性收入中拿出一定比例资金建立口岸发展基金，用于外贸补贴和口岸基础设施建设，专款专用；还可以在政治体制改革方面先行先试；大力发展社会中介组织；等等。

（二）中俄地方正在把互动和合作共赢作为主题。中俄地方合作，互动是关键。不能单单看进出口量、市场占有率，而是更加关注互动和合作共赢，这也是由外向型经济向开放型经济转变的一个重要标志。互动和共赢越来越成为中俄合作实现大幅度提升的基础和前提。过去相当长时期，在中俄合作方面往往表现为我们一头热。中方热，俄方冷，互动不起来，这种合作不能持久。仅仅从我们的利益出发，不考虑俄罗斯的利益，俄罗斯不会跟进合作。当前，俄罗斯方面对中国企业和中国人的态度有很大好转，不断规范警察行为。据了解，俄方撤销了乌苏里检查站。中国企业在俄罗斯也由习惯于走“野路子”向规范经营、树立良好形象、回报俄罗斯社会转变。“灰色清关”基本消失，正规清关已成为主流。俄罗斯中央政府正在投资建设有利于中俄地方合作的基础设施项目。比如，最近启动了绥芬河对面的公路口岸建设，大幅度提升通道能力；俄方还积极与我们沟通，提出合作利用中方铁路和即将修建的飞机场等等，这些都是积极向好的迹象。可以结合俄罗斯远东开放与其互动，搞好绥芬河－满洲里开放经济带的基础设施建设，与俄罗斯远东大开发对接，实现共赢。

（三）中俄地方合作正在从边境口岸向腹地延伸。沿边（境线）开放是初级开放，沿边区域开放才是大开放。近年来，随着边境贸易优惠政策的取消，中俄双方大的采购商、供货商开始深入双方腹地。

众多人士呼吁，要像当年推动沿海开放那样推进沿边开放。沿边开放不等于沿“边境线”开放，沿“线”开放太单薄，缺乏腹地支撑力。绥芬河－满洲里开放经济带（其实就是历史上的中东铁路沿线），是一个通道产业带，对外与俄罗斯经济主通道对接，对内是哈大齐、哈牡绥东产业带的承载平台。俄罗斯很想利用这条铁路，运送他们的跨区货物。从俄罗斯海港到欧洲部分，走这条路比走俄罗斯西伯利亚铁路可减少里程 1 500 多公里。这个开放经济带会引起俄罗斯的共鸣，可以互相促进，互相支撑。中东铁路修建的时候，从绥芬河到满洲里、从哈尔滨到大连都是宽轨铁路，中俄之间的货物运输因为不需要换装，运量很大；20 世纪 20 年代，中东铁路货物有 80% 是从绥芬河口岸进出境的。日本占领东北后，1936 年宽轨被改成标轨。如果把这条开放经济带上升为国家战略，将带活整个龙江经济发展，有希望成为新的国际运输走廊，除俄罗斯海港的货物外，如果有日本、韩国与欧洲的物流从这条线路上经过，这条通道上的物流就会有巨大增长。从“几流”的关系上说，物流是前导，物流在哪儿，资金流就跟到哪儿；资金流在哪儿，人流就在哪儿；人流在哪儿，信息流就在哪儿。根据流量经济的规律，一个城市的竞争力，核心要素是竞争流量，即进出口贸易量和国际物流量。对于口岸城市来说，这当然是经济发展核心指标。物流量上来了，就能带活整个区域的经济活动。这条开放经济带的进一步延伸还应将中日合作、中韩合作与中俄地区合作统筹考虑，与利用俄罗斯海港联系起来。

（四）开展对俄服务贸易出现良好势头。货物贸易关系是有形合作，服务贸易合作是“魂”的融合。据世贸组织统计，服务贸易领域有 150 多个行业，但目前中俄贸易统计中，服务贸易还是零。俄罗斯数字技术落后，双方合作的机会点很多；俄罗斯建筑设计等方面有特长，在城市建设中可以请俄罗斯设计师来设计，增加俄罗斯建筑元素；俄罗斯的艺术教育办得很有活力，可以引进办学，从而牵动相关产业发展。过去对俄合作注重商品贸易，今后应加强对俄服务贸易。比如，在金融服务方面，随着本币结算业务的突破，离岸金融服务需求将进一步增长；俄罗斯金融资源紧缺，利率为13%，而中国金融资源，特别是外汇资源丰富。房地产业也应该“走出去”，俄罗斯居民住房硬缺口很大。市政服务方面，也有很大的发展空间，海参崴市正在招商引资，希望中国企业在那里经营公交车。

（五）顺应贸易方式转变，发展现代物流已迫在眉睫。物流形式对应着贸易方式，有什么样的贸易方式，就会有什么样的物流形式。灰色清关终结了，与其对应的传统物流的整合提升必须摆上日程。遍地开花的所谓“货代”已不能满足双方合作需求。中俄之间物流不对等，物流公司操作不规范，管理混乱，附加值低；标志现代物流的集装箱物流几乎处于空白。专业化、标准化运营的物流还没发展起来，一个货柜装多种货物，有的借此掩盖灰色行为，严重影响和制约清关效率。因此，必须建设新的物流产业发展模式和物流平台。比如，在俄罗斯建立保税仓库、保税中心，绥芬河正在成立道路运输服务中心，建立公共物流平台，发展集装箱物流等，对进出绥芬河的物流实行一条龙服务，所有的进出口物流都经过这个中心进行分拨，规范绥芬河的物流产业。

（六）中俄地方之间跨境产业链正在形成。中俄地方之间山水相连，最容易形成共同的产业板块。境外投资合作是国际贸易长远发展的基本方向。适应当今国际经济合作发展的需要，在做好商品贸易的基础上，注重从单纯的商品采购向投资合作转型，才能得到长远利益。中俄地方之间，从商品贸易到投资合作，使双方的合作进入更深层次，形成你中有我、我中有你的关系。

金融危机前后，境外园区发展形势越来越好，出现了建厂房的速度赶不上企业入驻速度的情况，康吉园区、华宇园区、跃进园区等都很成功。境内境外跨境产业合作的主要运作模式，一是将国内的鞋类等半成品，低关税出口到合作区进行组装加工，贴俄罗斯商标，由中国制造变成俄罗斯制造，再将成品鞋销往俄罗斯市场，避免反倾销制裁等。以皮鞋为例，按正规通关计算，一双成品皮鞋俄进口关税为33%，半成品为10%，每个集装箱成品鞋可装1.2万双，半成品鞋可装4.6万双，降低了运输成本，有效化解了灰色清关和成品进口的高关税。二是应对俄罗斯原木出口禁止性关税政策，在境外设厂，把原木粗加工后，将半成品低关税出口到国内。即“境外原料粗加工→低关税出口中国→在中国境内加工成品”。跨境产业链的形成有利于巩固双方的合作，密切利益联结，并逐步形成中俄地方跨境产业板块。

（七）对俄合作优势正在从依赖边贸优惠政策向打造特殊功能区转化。中俄地方合作虽然还会享受有差别的政策，但不会离开WTO等大的规则。最初的中俄边境贸易是靠国家的“双减半”边贸优惠政策支撑的，目前这些优惠政策已淡出；中俄合作已转向合作平台建设，发展特殊功能区。境外投资合作的园区实际上是投资风险缓冲区，其中含有缓冲机制；面对不规范的俄罗斯市场和多变的俄罗斯政策法规，过去那种小型、分散、自发、单一的投资合作风险很大，解决这类问题比较好的方式就是建立园区，中小企业抱团取暖，规避风险。境内哈牡绥东产业带、绥芬河综合保税区等，是融合了高含金量政策的平台，集聚和整合功能明显，过去做不了的贸易可以在这里应运而生。应当借此进一步把边境地区及口岸经济炒热，增加发展机会，提升竞争力。

（八）中俄地方合作需要标志性合作项目。标志性合作项目会带来一系列突破，更是中俄双方大局的需要。目前中俄合作投资项目很多，投资总额也很大，但缺少标志性项目。绥芬河在俄罗斯远东地区没有代表性的项目。韩国在海参崴搞一个现代宾馆，是海参崴最高级的宾馆，韩国形象一下子就在俄罗斯树立起来了。而我们搞的养猪场、锯房子，规模小，污染严重，加上赴俄人员素质参差不齐，一些人甚至有损中国形象。中方投资者必须转变观念，学习成功企业的先进理念，注重社会形象和社会担当，才能获得俄罗斯政府和社会的尊重，不能不顾环境和责任，一味地“打快钱”。下一步，我们应该在俄罗斯远东搞几个标志性的项目，例如，在纳霍德卡建立高标准的港口设施等。不要怕被俄罗斯人“黑去”，应该通过“高风险”项目的合作触动对方，促进俄罗斯管理和政策的转变。只要注意互利双赢，并遵守俄罗斯法律底线，让俄罗斯人得到实际利益，合作热情会越来越高，合作项目的前景自然会好。用“标志性”项目的影响，改变俄罗斯投资环境；小打小闹没有说服力。

（九）由注重政府间合作向加强与社会团体合作转变。务实合作是根本目的，找有话语权的人合作不是“势利眼”。我们的对外开放是政府为主导，企业为主体；与中方不同，俄罗斯的地方政府却缺少主导力度，影响力有限，不起决定作用。而俄罗斯社会组织正在发育，发挥着越来越大的作用，正在成为社会的主导力量。下一步应转变思路，从注重政府间合作，转向与俄罗斯有代表性的社会组织合作，比如，有影响力的商会、协会以及大企业，开放创新意识强的高等学校等都是很好的载体；从而达到更实际的合作效果。

（十）口岸竞争加剧。边境口岸多，并不能代表沿边开放水平高。两个国家的合作，不能哪里便利就在哪里开口岸。边境口岸过多，不仅浪费人财物，也不利于口岸的科学发展；也难为俄方同等对应发展。中俄边境口岸很多，但设施和管理标准都很低。近年来，周邻口岸加快发展，竞争激烈。阿拉山口、满洲里等发展速度很快，一部分指标超过了绥芬河；城市面貌焕然一新，口岸功能大幅升级，过货能力提高很大。这些口岸将发展成为中国沿边最大口岸。珲春口岸充分发挥自身优势，将国家赋予的互市贸易区政策用足用活，拉动了整个区域的发展。同江口岸正在跃跃欲试，利用即将开工建设的铁路跨境运输优势争夺绥芬河的阵地。抚远口岸对俄投资合作思路清晰，措施得力，起步快，见效大。绥芬河口岸虽然在交通运输方便快捷等方面有优势，但是因土地资源不足、进出口运能和前后方通路趋于饱和、旅游成本攀升等，在与周邻口岸的发展竞争中呈相对下滑的趋势，面临着严峻的挑战和考验。

三、中俄地方合作要把握的几个关系

在对中俄地方合作的开放特征把握上，还要把扩大人文交流作为双方增进理解和信任的基础。在俄罗斯不同的社会层面，都有对中国戒备和防备的心态，认为中俄经贸往来，俄罗斯方面只会成为中国能源和原材料的附庸；中国人大量进入俄罗斯远东和西伯利亚地区会引发不安全因素。因此，加强人文交流，消除误解，增进理解和信任任重而道远。

（一）中俄对边境地区的管理理念不同。中俄在发展理念上有很大差别。中方实施扩大沿边开放战略，俄方仍然以加强边境管理为主，对我们提出的合作要求往往不积极，对建立跨境合作区，他们会问，对俄方有什么好处？不就是你们好卖东西？对跨境基础设施建设，反应也很冷淡，他们认为，这只是更方便地把俄罗斯资源运到中国。可见，发展理念的输出迫切又重要。

（二）清醒认识中俄合作中的“冷”“热”。中俄制定了“振兴东北”和“远东开发”合作规划，足以看出双方战略合作的“热”。“规划”中的项目数量多、涵盖面广，几乎把应解决的问题都列入其中。但如何实施落实“规划”，俄方中央及地方一直处于不冷不热的状态，实施主体和措施均不清晰，进展突破不大，其中的原因，并非仅仅是经济因素。双方建立“国家年”及相关的机制性安排以后，各个层面交往频繁，但关注形式大于注重实质性问题的解决；有的就是“例行公事”做给别人看，具体承办者更不乏“作秀”的。这里隐含着深层次的“中俄柔术”。本不能做或不想做的事，还反复商谈、会谈，这种“冷”“热”交换关系对中俄地方合作影响非常大，把握不当注定事倍功半。

（三）在知己知彼方面尚需增加共同感受。俄罗斯人具有“两极性”，变化大，非敌即友，反复无常，有时自尊、骄傲、好强，甚至粗暴无礼，具有沙文主义情绪；同时，忧郁、感伤、孤独乃至苦难意识很强。他们大多信奉实用主义。另一方面又热爱生活，知足常乐，为人直率真诚，喜爱艺术，很有激情；民族性格中具有很崇高的部分，比如注重生态环保等，不能只说俄罗斯人懒惰等不好的一面。

在国家发展战略中找准定位

（2010 年 8 月 17 日）

一、沿边开放的重大意义

正像国务院参事构想“两带”中论述的，把对俄合作提升为国家战略，具有六个不可替代的战略意义；对于绥芬河来说，还有很大的现实作用。中国出口市场高度依赖发达国家，这种情况不会长期持续下去；对新兴市场、对周边国家的重视，需要这样一个支撑的平台。最近一段时间，一些权威人士讲了这样一些话：“改革开放前三十年看沿海，今后三十年看沿边。”对俄合作，对国家、对黑龙江省，特别是对边境地区来说，是离不开也躲不开的。中俄之间有天然的互补性，中国与所有的周边地区，唯有和俄罗斯是两个非常不同的，或者说共同过渡性很少的国家，在文化上也没有过渡带，差异性非常大。我也注意到，有的专家论证，差异性决定互补性，有互补性必然就有合作的机会，这就是相互离不开也躲不开的一个重要内涵。专家们对五大合作优势进行了分析，其中一些优势还可以有更广泛的内涵。比如语言优势，其实不仅仅是语言的优势，黑龙江拥有的是对俄综合人文优势；园区优势也不仅仅是园区优势，而是跨境合作机制丰富的内容。

关于“两带”的构想，有良好的基础，具有战略意义。“两带”，其中一个是沿边开放带，也就是黑龙江省多年来推动的沿边县市开放带，是沿边地区实现兴边富民、睦邻友好的重要内容。沿边地区得益于对俄合作、依赖于对俄合作。另一个是绥芬河 – 满洲里内陆产业带。这个带其实就是沿着中东铁路形成的战略产业带。这样的产业带建设，反映了满足固有需求的历史规律性（当年修中东铁路的时候，就有这个目的），又是哈大齐、哈牡绥东产业带的综合承载平台。这两个带一个带是边上的带，一个带是内陆的带。俄罗斯有关人士跟我讲过这件事情，他们很想借助中东铁路，实现其内贸货物由中国境内运输。在俄罗斯国内运输需要走 3 000 多千米，进入这条带的话，只需要 1 500 多千米。构建这个带会引起俄罗斯的共鸣，可以互相促进，互相支撑。

与俄罗斯人打交道，如果一头热，不能互动，就做不起来。按照各位参事的上述构想，特别是随着区域经济一体化的进程，随着中俄两国战略合作的不断深化，进而中俄有可能共建远东自由贸易区，这个是值得展望的前程，当然需要一个较长过程。先把“两带”建设好，具有样板意义，会取得示范效应。区域一体化是必然的，符合经济规律，跨境合作也都有成功的经验，是边境贸易发展的高级形式。哈牡绥东产业带已经具有成熟的基础，有代表性，希望能够率先上升为国家战略。

二、绥芬河在对俄合作中的战略作用

（一）基本情况。绥芬河辖区面积460平方公里，常住人口15万～16万人，其中户籍人口 6.2 万人。1975 年建市，成为计划单列市；1992 年被国务院批准为首批沿边扩大开放城市；1999 年，中俄两国外交部换文，批准设立互市贸易区（中俄的互动非常重要，互市贸易区目前的问题就是背靠背，不能互动）；2009 年，国务院批准设立黑龙江绥芬河综合保税区。绥芬河市距离哈尔滨 460 公里，距离滨海边疆区的首府符拉迪沃斯托克（海参崴）210 公里；有一条铁路、两条公路和俄罗斯相连。绥芬河与其他对俄边境口岸不同的有两点，一是有一条大铁路，物流量比较大；再一个是可以做出海口的输港通道。从其他口岸出去只能进入俄罗斯腹地，从绥芬河出去可以通过俄罗斯到达日本海。

（二）经历的开放阶段。纵观中俄贸易发展的历程，基本走向是合作的规模和领域不断扩大；虽然始终是波动起伏变化，但是每次起伏之后，都拉近了中俄的关系。中俄合作，正在发生四个转变：一是由后边贸时代向规范合作转变。易货贸易其实是没有标准的贸易，换东西嘛；后边贸时代有点标准了，但是还不规范，比如，过境货物按体积、按重量交关税；世界上没有这么一种标准，一般按价值缴纳关税。从今年开始，情况发生了变化，绥芬河的灰色清关基本没有了，都在正规报关，这是一个可喜的变化。二是正在扭转基础设施滞后状况，向构建现代基础设施体系转变。因为发展迅速，一直以来绥芬河基础设施滞后，进出境一票难求。高速公路、高速铁路同时开始建设，正在谋划建设机场。此外，绥芬河还缺水，今年又开工建设投资10亿元的水库，是一个企业投资的。这样，绥芬河未来的基础设施制约问题能得到解决了。三是由过去依赖优惠政策正在向依靠特殊功能区转变。边贸优惠政策，特别是减半征收进口环节增值税政策，现在统统取消了。依赖这个政策，绥芬河繁荣了十几年。那么未来靠什么来支撑？要靠特殊功能区，我们及早谋划，以综合保税区以及正在争取的沿边开发开放实验区这样一些特殊功能区来作为牵动。要依靠这些力量，找到新增长的办法。四是应对危机及俄罗斯政策调整变化的能力正在向管理创新、争得产业链中的有利地位转变，而不是抱怨和退出、退守。应对金融危机或者俄罗斯政策调整的能力发生了转变，绥芬河企业在整个应对金融危机过程中和上下游供应商、采购商没有断链，这是边境贸易能够这么快恢复的一个很重要的原因。即使亏损也保持基本的供求关系，一旦市场恢复，马上就能进入交易状态。这些企业除了贸易合作，也合作加工制造半成品或者成品，出现许多新的内容。

（三）当前发展的水平。2008年是改革开放三十周年，中央评选确定了18个中国特色发展之路的典型地区，绥芬河有幸成为18个之一。这18个地区包括深圳、浦东……这是改革开放水平的集中代表。总的来说，我们人均GDP达到14 000美元，第三产业占到92%，以服务业为主的产业结构基本形成。对国家的贡献越来越大。每年从绥芬河上缴关税、增值税10余亿元，边境地区不全是靠国家养活，是有贡献的。我们运回来的资源能源，对国家建设的贡献也是不可估量的。比如，进口的钾肥占全国的1/10，木材占全国的1/3，还有几个几分之一，不一定非常准确，都在动态变化当中。地方实力越来越强。被评为全国百强县、黑龙江十强县之首等。没有开放之前，绥芬河只有几百万的财政收入，这里当时是一盏灯、一条马路，一个旅店、一个饭店，什么都是一个，然后一个喇叭全城都能听见，说明他很小。人们互相之间都很熟悉，来个陌生人大家都会发现。那个时候家家是哨所，人人是哨兵。绥芬河的发展得益于改革开放，得益于对俄合作，依赖于对外开放。这个不光是我现在这么说，广大的市民，特别是年长一点的市民，体会非常深。增长极职能和跨境区域影响作用越来越明显。每年出口30多亿美元的东西，应该带动了很多工厂的生产。综合保税区越来越有新的内涵，跨境人文交流特色鲜明。在俄罗斯，绥芬河的影响很大，平时和他们的联系非常密切，比如上千名少年儿童暑假互访，住在对方家里，这么多年一直没断，历久弥新。

三、主要目标

在全省发展格局当中，要争当全省沿边开放升级的排头兵，树立冠军思维，这是我们的定位，事实上也一直在领跑对俄合作。从国内看绥芬河，绥芬河已经到了“口袋底”，但是从对俄交流合作看，特别是面向东北亚经济合作看，这是“口袋嘴”。在国际大循环格局中，往外看，这个地方优势非常明显。下一步，我们以综合保税区为牵动，挖掘和利用好中俄差异性效应，把差异性作为动力，运作和分享体制落差的红利。深圳为什么成为深圳，就是因为当年香港是市场经济，国内是计划经济，两个体制之间有巨大的落差，这个落差对集聚要素相当重要，落差吸纳各种要素向深圳流动。农民为什么要进城呢？因为城乡有差别。中国和俄罗斯之间的差别非常大，怎么把差异性带来的能量释放出来。有的领导人跟我说过，把差异性做出来了，你就是北方深圳。我们对体制机制转换当中的差异性效应很重视，争取运作出效应来。

通过综合保税区，要打造开放经济平台体系。外向型经济主要是出口，加上吸引外资。开放型经济是诸多要素的多元组合，进入综合保税区的东西可能是国外的也可能是国内的，生产出的东西可能回到国内，也可能出口。不能总是在出口上做文章，要走出去投资发展，这些都可以在保税区里解决。要把握好俄罗斯需求结构的变化，要探讨和挖掘其新的需求点。卖服装鞋帽已远远不够了，还要开展服务贸易。

争取建设沿边开发开放实验区。国家发改委把西部几个地方确定为首批重点沿边开发开放试验区，把一些问题放在实验区里解决。黑龙江因为是东部，没有纳入进去。恳请各位参事帮助呼吁建议。沿边开发开放试验区，沿边几乎一圈都有了，吉林延边自治州享受西部政策也算进入了，就差黑龙江 18 个口岸。需要解决的问题，比如人民币－卢布交易所的问题，这个迟早要解决。去年绥芬河结售汇 42 亿美元，至于私下交易的量，谁也搞不清楚。没有交易机构和清仓交割的通道，就只能是这样。大的环境下不便做，在实验区里可以考虑。再比如司法权限的问题，按照中国现行法律，办护照必须在户口所在地，异地办照走不通。外国人违法处理权限应下放或者委托口岸地方政府。俄罗斯人一年出入绥芬河百万人次，免不了发生违法问题，这类案件需要到牡丹江处理，俄方表示不满。进口环节的征税、取费是从价征收，价格越高，税费越高，但鼓励进口的重点资源能源应该例外。俄罗斯木材价格越高，海关、检验检疫的税费也越高，企业搞不懂国家是鼓励进口还是反对进口。基层海关、检验检疫部门解决不了这类问题，不上升到国务院恐怕解决不了。这里流动人口 9 万多人，多是下岗职工等，人力资源不合理；需要引进一大批大学生。大学生在其他地方不好就业，这里好就业，年年到高校去招人。我们还想创办一所大学，甚至俄罗斯的大学可以考虑在这里办分校。

四、推进措施

一是抓住机遇。中俄合作正在牵动最高层关注。胡锦涛同志指出，黑龙江要成为对俄合作的“桥头堡”和“枢纽站”。王岐山同志在第二次中俄政党论坛上指出：“绥芬河在中俄友好关系史上发挥着重要作用，又是新时期中俄边境蓬勃发展的象征。”普京给绥芬河题词：“俄中友谊就是相互理解、信任，共同的价值观和利益，我们将铭记过去，展望未来。”这些话都说到家了。《合作规划纲要》强调基础设施建设互动，过去不是这样，铁路不是接轨，俄方宽轨，中方标轨，列车通过双轨进入对方，进入后还需要换装。二是转变外贸发展方式。尽快实现由依赖边贸优惠政策向依靠特殊功能区支撑转变；由以口岸通道、简单物流向新型口岸经济区、国际商品集散中心转变；由以贸易为主向贸易与投资并重转变。粗放不规范贸易难以为继，面临巨大挑战，这次金融危机倒闭了一大批企业，也走了不少人。必须打造“你中有我，我中有你”的共同体，形成合作伙伴利益代言人。合资、合作的企业少，融不到一起，不能形成共同体，共担风险。三是加强跨境基础设施建设，完善重点口岸现代服务体系。今天看到的电子商务平台，是向口岸信息化建设迈出的一步；还要率先在中俄口岸上架设 IT 之桥，顶层设计基本做好了，下一步把信息平台项目做起来。口岸设施改造已经列入省政府议事日程。四是强化人力资源保障，开展人文交流。吸引更多大学生到这里创业就业，改善人力资源结构，招引南方有实力的企业共同开拓俄罗斯市场，这是正在下功夫做的。对来创业的大学生，市里给予档案管理、补贴、住房、失业保险等一系列优惠政策扶持。绥芬河过去是淘金的地方，很多人一无所有到这来挣了大钱，今后仍要把它建设成为寻梦之城，梦想成真的地方。在人文交流方面，要致力于消除俄罗斯人对我们不信任的问题，管控好俄罗斯人“两极性”问题。斯拉夫民族性格中有忧郁、感伤、孤独的一面，苦难意识很强，经常处于忧愁状态。有时自尊、骄傲、好强，具有沙文主义情绪，乃至粗暴无礼；合作中谈好的事情，签好合同的事情感觉吃亏了就不干了，特别信奉实用主义。另一方面又渴求真诚，很有激情，热爱自然生态，有很多高尚的东西。由于远东地区的特定情结，他们有特别戒备心理，有时候排斥中国人。他们喝酒喝多的时候说，我们不来远东地区，日本人也会来这里，他们担心远东成为中国原料附庸，怕远东中国化，怕远东在经济上与俄罗斯分离，怕引发与中国新的政治经济冲突；也有防止中亚和外高加索地区在俄之外的出海口通向大西洋、太平洋之考量。在发展理念上的差异性也很大。我们主张扩大沿边开放，他们是加强边境管理。在价值取向上也有不少麻烦，他们经常说，俄罗斯跟你们学坏了，也学会经常加班加点了。他们认为加班不是好事。人文交流必须解决好理念输出问题。中国人为什么能接受发达国家的一些东西？改革开放三十年，出国这么多人，培训这么多人，留学这么多人，现代化的东西自觉不自觉地就融入到我们的脑子里了。而我们对俄罗斯这方面的工作做得不够。

以综合保税区建设领跑沿边开放

（2011 年 2 月 11 日）

一、创造奇迹，奠定基础

综合保税区内施工条件复杂，工期短，战严寒，斗酷暑，22 天时间动迁完毕，5 个月时间施工完毕，一直是在倒计时的要求下干的。时间紧、任务重，边规划、边建设。在建设过程中，大家付出了很多辛苦，将来有一天会证明，这段历史是绥芬河历史很特殊的一段，这次会战也是很特殊的一次战役。

特别是动迁那段时间，全市很多部门都参与了，一个局包几户，上下协同、各负其责、各尽其职，可以说费尽了口舌。我们很漂亮地啃下了动迁这个硬骨头。后来市委、市政府开展了“暖冬行动”，帮扶单位认真负责，从实际出发，为动迁户解决了许多实际困难，送温暖活动有声有色、轰轰烈烈，对按时搬迁，维护大局稳定发挥了很大的作用。

联检部门以大局为重，克服大量困难，积极争取上级部门的理解和支持，保证了按时封关运营；中国银行、国家开发银行，还有财政部门关心关注综合保税区的建设发展，积极参与筹措资金，有效保证了动迁和建设的资金需要。数十个施工单位积极参与建设，服从总体安排，不等不靠，白天晚上一样干，以一流的战斗状态，圆满完成了各自的施工任务。

我们在座的各位和全市机关干部也参与了围网工程建设，留下了共同促进综合保税区发展的足迹。宽沟村的动迁户以大局为重，顾大局，讲道理，舍小家，为大家，总体上没有更多过分的要求，按时、按要求顺利搬出居住了三十多年的老家，这些都将铭记在绥芬河的发展史册上。

综合保税区对于黑龙江来说是个新生事物。管委会、指挥部的同志，上下协调、及时对接、全力以赴、边学边干，破解了一个又一个难题，每个环节当中都付出了巨大努力，应该说弄得这么像模像样真的不容易。

二、完善功能，丰富成效

建设综合保税区，从宏观上是中央战略、省里战略，但最主要的是提升沿边开放，搭建开放型经济发展平台。如果说 1992 年国家批准我们打开了大门，那么今天需要回答的是这门怎么开才好。这个“门”不是地理、物理概念的门，是一个政策平台，是由政策因素构成的。美国自称是自由经济体，其主要标志是国家的监管方式发生很大变化，通过“信息围网”建立起各类“门”，为其开放特殊区域服务。我们的资源配置、要素的流动，由行政权力干预配置的情况还不少，没有完全按照回报率最高的方向流动。对看得见的有形商品监管不成问题，但实体经济在现代产业当中，在财富增值当中并不代表全部。美国等发达国家把一些资源要素通过证券化、资本化，进行价值显化并实现巨大升值。而这个过程正是推动经济加速发展的过程。我们对证券化、资本化的东西还不大会监管，也不敢开放，开放程度大了怕有风险。

那么作为一个特殊区，这些就有可能试点了。谁在这样的地方起跑快，谁就在未来中国大开放格局中占有优势。中俄的过货量、贸易额基本在徘徊，绥芬河再不往下走也就这个水平了。需要一个什么样的支点再往上进一步，再上一个层次？就得寻找一个新的机会点。国家允许你先行先试，用好整合集成创新平台。允许你在既有特区的基础上，做“加减乘除”，做压力测试，然后拔高赋能。未来的支点，就是综合保税区这类东西。这些东西是最基本的支撑。一定要把综合保税区做成品牌，不断提升品牌的价值，不断给它加政策杠杆砝码。这样一定会有生存力、生命力。互贸区、边合区、贸易综合体等，政策特区也没少要，但是真正吸引眼球的东西还没有形成。综合保税区建设要注意总结经验和教训。

三、突出重点，合力攻坚

管委会做了很好的工作报告，特别是提出了挖掘展示功能、开展租赁金融业务、谋划建设俄罗斯保税仓储中心、跨国采购中心、建设俄罗斯产业园、开展转口贸易等内容，工作很有创新性。下面我再强调几个问题。

第一个是经济指标问题。报告中提出，2011 年，综合保税区企业固定资产投资 5 亿元，实现销售收入 10 亿元；招引贸易企业 50 家，工业企业 20 家；实现贸易额 1.5 亿美元。这些指标我完全同意。应该再加一条：加工贸易企业实现正常生产要达到 10 家。再一个问题，要进一步了解，全国综合保税区的经济指标拿什么来考核，服务指标拿什么来衡量，我们提出的这些指标，能不能把综合保税区的主要工作业绩概括起来，这个需要进一步研究。

第二个是形象进度问题。综合保税区是一个象征发展的特殊区域，得有形象指标。一段时期以来，所有的会议，所有的领导来绥芬河，几乎综合保税区是必看的、必讲的，综合保税区已经成了绥芬河乃至全省关注的焦点。2011 年，综合保税区北侧的宽标轨铁路争取铺设，南侧的厂房要建设好，这样就有形象了。要继续完善相关基础设施建设，兑现对企业的承诺事项。还要做好综合保税区品牌注册。招商是一个长期的过程，不是厂房建成了一定就装满企业的。

第三个是封关运营常态化。今年要尽快实现常态化，达到每天都有进出区货物，或者随时有进出区货物。

第四个是研究挖掘其功能和放大效应。黑龙江省把绥芬河综合保税区看成拉动经济发展的一个引擎，我们一定要认识到这个问题的重要性，而且这个旗帜一定要高举。要从理论上研究对整个区域经济、黑龙江经济发挥什么样的牵动作用，自己研究不透，要找外脑研究，组织开展综合保税区辐射作用论坛等，对拉动作用加以挖掘。

第五个是建立上报外宣的机制。综合保税区管委会一定要把上报的事弄好，不光报自己的，还要报全国各地综合保税区的做法，好的要报，坏的也要报，让领导有个比较，对绥芬河综合保税区有个正确判断。综合保税区要建立一套收集情报信息的机制，要参与到全国综合保税区信息资料交换机制中，及时把全国综合保税区的发展信息拿到手。全国如果有这种论坛、研讨，绥芬河综合保税区都不要落了，将来这就是一个俱乐部——综合保税区俱乐部，这些人呼吁什么、想什么，给我们工作都能带来很大启发，自己闷头干，还是不行。

第六个是加强自身建设问题。总的要求是要在领跑沿边开放中当先锋，争当“三优文明”建设的冠军团队。综合保税区这个团队要具备新形象、高素质，做到办事效率一定是最高的，能够代表绥芬河的最高水平。综合保税区驻区各部门，在选人用人上一定要精选，把业务精通、服务好的人选到综合保税区来。要做到，在市里各部门需要一天办理的业务，在综合保税区只要一个小时就能办好，要按这个标准来服务。下一步要完全正规化，包括形象标识、着装和服务规范上。同时，要建立综合保税区单独的绩效考核奖励体系。综合保税区从 2011 年开始，要有一套专门的考核奖励办法。刚才那些指标完成了，要进行什么样的奖励，比如招商有功人员，还有其他有功人员给予什么样的奖励，要有说法。要提高综合保税区工作人员的福利待遇。对于工作状态不佳、工作业绩不突出的干部，要进行淘汰。要把精干人才留在综合保税区，打好综合保税区这张品牌。考核和奖励办法，请组织部、财政局研究提出意见，不能按照一个部门来考核和奖励，保税区还是很特殊的。

综合保税区现在势头不错，已经有企业入驻了，而且要来的企业很多，以后在招商上要有选择，综合保税区的招商门槛要提高。要处理好综合保税区和配套区的关系，做好统筹兼顾，确保综合保税区充分发挥作用。

关于推进绥东穆经济一体化的构想与建议

（2011 年 3 月）

将绥芬河、东宁、穆棱区域作为“一核”，整合这一区域的各种资源，进一步增强这一区域的整体吸引力、辐射力、凝聚力，可以塑造沿边又一个具有一定规模的城市联合体。为此，提出以下构想与建议。

一、推进绥东穆经济一体化的客观条件和目标意义

（一）推进绥东穆经济一体化具有优越的自然地理条件。三地位于陆海联运大通道的关键节点上，是中国东北地区通往俄罗斯远东与东北亚地区的交通要冲，是全省发展开放型经济的桥头堡。301 国道和滨绥铁路横贯全区。

（二）推进绥东穆经济一体化具有较好的市场资源条件。绥东两地拥有众多的开放型经贸旅游企业，穆棱则具备较强的加工产业基础，聚集了一批产业人才，绥穆工业园已经成为省内跨行政区经济合作的一种产业发展模式。穆棱市在此基础上又提出了绥穆新城规划，为进一步扩大双方合作提供了更新更大的平台。不少企业和个体经营者跨市发展，经济联系紧密；这种格局为三市县发挥各自比较优势，合理配置资源具有较强的导向和推动作用。

（三）加快推进绥东穆经济一体化具有良好的社会基础。长期以来，三地经济、科技、教育、文化、艺术交流与合作一直没有中断过，民间交流、交往十分频繁，人们的生活习惯、思维模式、价值观念和民风民俗高度相似，交往密切，水乳交融。各市居民在购物、餐饮、

旅游、娱乐等方面尤为相似。推进经济一体化，是三地人民群众的共同心愿，是大势所趋，人心所向。

（四）加快推进三地经济一体化是经济发展规律的客观要求。按照生产力发展的一般规律，当经济发展到一定阶段后，必然要求打破行政壁垒，拓宽经济活动空间，扩张经济规模，提升综合竞争实力。绥芬河市有较强的开放型经济基础和众多的经贸人才，东宁、穆棱有丰富的土地、矿产、旅游、人力资源和广阔的发展空间，各方在资源配置、功能分区、产业布局等方面具有很强的互补性。推进三地经济一体化，可以实现市县生产力要素的优化配置，扩充经济要素配置空间，整合各种资源潜力，增强区域经济的规模效应，达到互利共赢的目标。

（五）加快推进三地经济一体化是加快哈牡绥经济发展带、实现“两核一带”发展战略的重大措施。通过经济一体化，三地可以在更高起点和更大范围内运用行政手段和市场机制配置各种资源，营造新的竞争优势，增强三地的综合实力，进而为加快“两核一带”总体战略实施作出更大贡献。

推进实施一体化计划，从实际出发，可以先行采取协作、联动的合作方式。用五至十年，建成50万人口规模的新型城市联合体，形成区域经济发展新的增长极、开放型产业聚集区和现代化、生态化的网状城镇群。

二、总体构想及对策

（一）指导思想。以党的十七大进一步扩大沿边开放精神为指导，紧紧抓住金融危机后的重要战略机遇期，以推进产业化、工业化、城市化、信息化和国际化进程为目标，以“两核一带”建设为依托，以基础设施建设为载体，统筹规划，重点突破，整体推进，努力实现一体化发展。

（二）总体思路。按照“统一规划，整体布局，设施共建，资源共享，优势互补，协调发展”的总体思路，逐步实现城市、交通、信息、市场、产业、科教、旅游、环保八个一体化，把绥东穆建成对俄远东合作最有活力的经济圈，形成增长区域。

（三）基本原则。一是优势互补原则：充分发挥各自优势和特色，在城市功能划分、产业布局和重点项目建设方面，做到区域化布局、合理化分工、专业化发展，增强聚合效应，实现优势互补，整合资源禀赋，促使三地弱势变强，优势更优。二是重点发展原则：选择关键领域和易于突破的行业，集中人力、物力、财力，实施重点突破，进而带动全盘。三是互惠互利原则：以构筑“你中有我、我中有你”优势产业链为中心，以促进三地经济融合为导向，深化分工与协作，互惠互利，共生共赢。四是行政推动与市场机制相结合原则：切实发挥上级党委、政府和三地党委、政府在组织协调、宏观调控、优化环境、促进创新等方面的重要作用，提高服务水平。遵循市场经济规律，善于运用市场机制，充分调动各类市场主体的积极性和创造性。

（四）发展重点。借鉴国内各地推进一体化方案，绥东穆一体化也应将以下方面作为实施重点：规划统筹。以实现一体化为目标，编制三地一体化总体规划纲要，加快核心区城镇建设，并向周边辐射延伸，尽快把三地城镇群联结为一体。交通同网。争取尽早建设绥东穆支线机场，协调三市县省道、县道和城市规划区道路的对接，力争同步升级改造。近期，应重点建设城市道路与乡村公路；加快三地相邻地域出入道路、断头道路、旅游道路的建设与改造步伐。信息共享。依托绥芬河市数码港，共同研究信息技术，联手发展信息产业，相互提供信息产品和网络服务，实现信息资源共享。加快三地公用通信网、局域信息网和广播电视信息网建设，加强电子政务系统、地理空间信息系统、智能交通管理系统、电子社区系统、社会保障信息系统等方面的合作建设。市场同体。互相开放市场，打破部门行业垄断、地区封锁和户籍限制，共同健全统一、开放、有序的现代市场体系，共同发展商品、资本、产权、技术、劳动力、房地产等市场，共同创造各类市场主体平等使用生产要素的环境，促进商品和生产要素自由流动。打造工业品和农副产品公共品牌和流通渠道，开放客运市场，允许出租车、旅游专线车相互入城，并设合理的停靠点；抓好综合劳务介绍场所建设，相互放宽户籍政策，促进劳动力的相互转移。产业协同布局。坚持以市场为导向，共同推进产业结构调整和升级，既打破地域限制，整合优势资源，又加强协调与对接，共同促进产业布局和结构优化升级，避免产业趋同和重复建设。绥芬河可充分发挥和利用综合保税区政策，重点发展商贸服务业、现代物流业、旅游会展业；木材加工业要逐步向东宁、穆棱转移。东宁可依托口岸和互市贸易区、境外工业园区，重点发展进出口加工业、商贸业、进出口运输业、种植养殖业；穆棱可依托绥穆新城，重点发展轻工纺织业、木业、建材业、农副产品加工业及种养基地，加大地产品出口份额。科教同兴。全方位、多层次开展教育卫生体育等领域的合作与交流，优化科教资源配置，形成开放、流动、竞争、互利的科教发展环境。鼓励和支持三地在研究开发方面的合作，积极创造条件，共同建立面向市场的教学和产业试验基地。不断扩大教育、文化、卫生、体育、艺术、新闻出版等交流与合作，经常开展学术交流、体育比赛、文化艺术节等活动。旅游同线。加强旅游业的深度协作，统一规划旅游线路，尽可能将三地更多的景点纳入一二三日游范畴。共同开展旅游联合促销活动，形成互惠优先的旅游促销机制。实行重点景区联票制，共同打造旅游品牌，建设旅游目的地。加强文物保护、利用、管理等方面的交流与合作，搞好展陈文物相互调剂，提高知名度。环境同治。立足于经济社会可持续发展，加大生态环境保护和治理的协作力度。

三、保障措施

（一）建立一体化架构。包括总揽、决策、协调、协作几个层次。三地党政主要领导联席会议作为总揽全局的统一领导机构，总揽区域发展战略及重大事项的决策。市县长联席会议是推进机制。由三地市县长和部门领导组成，主要职责是围绕一体化发展战略，制定各系统的工作目标和工作计划，在产业协调、规划引导、基础设施共建、生态环保等重大问题上展开讨论，提出对策，进行利益协调，形成共识。三地共同组建一体化协作办公室，作为协调办事机构。主要负责区域发展研究和综合督办推进。建立对口专业部门的对接协作机制。各对口部门和机构是具体落实一体化工作的责任单位，根据总体要求作出相应的工作安排并及时协调解决问题。

（二）实行一体化行动。由一体化领导小组统筹安排，组织国内外著名规划机构和专家学者，抓紧编制《绥东穆经济一体化总体规划》及《绥东穆产业一体化规划（2011—2020 年）》，尽快制定城市、交通、信息等 8 个一体化专项规划。建立统筹规划发展机制。从整个区域和三方的地理位置、自然资源、现有基础出发，制定一体化发展规划，明确分工和产业布局，形成一盘棋的格局，促进良性互动、共同发展。采取市场主导、政府推动的办法，整合各方的园区、土地等资源，整体运作、统一招商、打捆申报，尽快形成规模、形成品牌。建立规划、土地、环保、交通、外贸、旅游、市场建设、招商引资、开发区等层面的磋商协调机制。加强城市之间在重大规划问题上的协调衔接，促进基础设施、社会事业设施共建以及生态环境的协同保护，实现要素资源的深度整合和优化配置。建立经贸旅游、招商投资和环境推介等方面的会议共享机制。包括共同组办洽谈会、区域发展论坛、节庆活动，统筹安排绥－波贸易综合体与东宁互市贸易区功能协调等。建立文物风景资源共享和旅游、文化、体育互动机制。包括大型文体设施、高等院校等社会事业的协调共建、综合利用等。建立区域内上下游水环境保护利用机制。促进城市供水、污水处理等基础设施的协调共建。协商共同开发利用绥芬河综合保税区、跨境合作区、东宁互市贸易区、绥穆新城、境外工业园区以及其他对外开发投资合作项目等。在银行、电信等领域研究出台同城化的具体措施和办法，进一步增强区域凝聚力。

（三）形成利益共享机制。加强利益协调，这是联盟工作得以顺利运行的基础。首先谋求大的整体利益，同时相应考虑各方的具体利益。建立科学合理的利益分享机制，促进资源有效利用，形成合理的产业布局和分工体系，真正把各方面的积极性调动起来，让各地各部门在合作中都得到更多的实惠。按照“优势互补，利益共享”的原则，共同建设和管理工业园区，形成你中有我、我中有你的利益共同体。坚持“谁招商、谁受益，谁出力、谁得利”的原则，区域内的一切资源和政策为招商者所共有，各地各部门之间相互配合，功能互补，形成整体招商合力，招引来的企业或项目如落户异地，两地在利益分配上可实行比例分成。进一步完善政绩考核制度，引进的项目不论入驻哪个园区，都计入该引进的地方或部门统计考核。创新贸易政策，消除地方保护，从根本上解决市场分割和互相排斥、恶性竞争问题。整合现有的信息资源，成立对俄信息咨询中心，实现信息资源共建共享。

最是荣光绥芬河

2006年12月，我接任绥芬河市委书记时，“改革开放前30年看沿海，后30年看沿边”是舆论的热点。“后30年看沿边”，绥芬河让国人看什么？我感到这副担子起点高，压力大。

一进入绥芬河，你会看到很多“国”字头的门牌，比如中华人民共和国绥芬河海关……国家意识、国家形象油然而生。刚到绥芬河，就听到沿边开放、打开国门，与苏联做边贸的鲜活故事，用西瓜换化肥，用运动服乃至泡泡糖换皮夹克，等等。而且当地很多人都摆过地摊，做过边贸，都会讲一些不太标准的俄语。还有人向我介绍，绥芬河最主要一条大街叫“通天路”，意味着绥芬河的事都直通国家层面，特别神话般介绍时任市长向国家争取开放政策的过程。他们都很感激、认可这位老市长对绥芬河的贡献。后来我到北京拜访过他，代表绥芬河市对他表示慰问和感谢。他其实很平和、理性，对绥芬河有感情，想做大事。一位省委主要领导曾经说过，绥芬河小地方、大舞台。有幸走到这样一个岗位，注定要大干一场。

身在县（市）层面，心却要谋划国家大事。这是我主持绥芬河工作后形成的第一印记。另外，工作重心与一般县（市）大大不同，商务、口岸等成为主要工作内容，和海关、出入境检验检疫、边防检查、跨境铁路运输等打交道多，外事活动多。当地人开玩笑说，办“洋务”多。每天穿西装的场合多。进一步深入下来，就要研究边贸政策、综合保税、离岸金融、陆海联运大通道、东北亚经济合作等。接触对外开放，学了不少国际惯例之类的东西；与商务部、外交部相关司局工作接触不断。

商务部欧亚司的几位同志先后在绥芬河市挂职，等于绥芬河与商务部建立了直通车，给绥芬河带来了极大便利和支持。我也多次陪同商务部领导、省领导访俄，有幸参加过中俄两国元首出席的国事活动。国家主要领导人和我们有过面对面亲切交谈，了解地方开展对俄合作的情况。我出访（走访）俄罗斯 100 多次，大到参加两国国事活动，小到参加俄罗斯城市市长生日宴会。远东城市，甚至林场、村庄，大部分我都去过，留下了难忘的记忆。

绥芬河的发展思路非同一般县（市），有借助专业机构力量编制的一整套发展规划体系，谋划和策划比较前卫，有些还很高端。我对我自己的定位是，用主要精力抓落实、抓推进、抓完善、抓提高，把美好蓝图一个个变成现实。前任书记和后任书记往往会产生一些不愉快。我认为主要责任在后任，总是另起炉灶没有必要。抓落实同样是政绩，而且还是显绩。抓落实、抓推进的过程可能会遇到新情况、新问题，那就根据实际情况再完善、再提高。后来我提出，绥芬河要率先成为全省贯彻落实科学发展观的示范区，争当全省沿边开放升级排头兵的发展构想。市委还专门就此作出“决定”，把绥芬河打造成全省人均指标最优、优势产业最强、生态环境最好、城市特色最鲜明、和谐文明程度最高的城市，力争挖掘比较优势，高起点定位绥芬河新一轮沿边开放的思路措施。注重研究中俄两种资源、两个市场及两个国家制度、体制、规则的差异性。按照有差异性，一定有互补性，有了互补性，一定会有合作的机会这样的逻辑，谋划、部署、推动工作，奔走协调，积极呼吁。对打通“出海口”战略项目，我下了很大功夫。建立中俄韩物流合作机制，试运行过陆海物流发转等衔接各环节，分别在海参崴、釜山市举行过相关物流主体协调推进会。俄韩还合作注册了企业主体。理论上，这条通道可以走通。实际运行，却面临成本高、效率低，三国各方协调机制不完善等问题。加之需要陆海联运货物量有限，大连等港口也参与反向物流运输竞争。这条线路作为大通道地位作用尚不够成熟，需待东北亚环日本海经济圈的兴盛释放其潜力。绥芬河的沿边开放，与一般边境地区不同，就是因为它有一个通江达海的价值可以挖掘、释放。陆海联运，中俄互相借重的时候，这条线路就能丰满了。俄方境内从西伯利亚到远东约 3 000 公里，货物从海参崴进口，再运送到西伯利亚，运费和时间成本都远远高于从海参崴到绥芬河再到满洲里，然后进入西伯利亚这种运输模式的价格优惠。这是一条直线，距离约 1 500 公里。俄方需要借助我们的陆路，我们需要借助俄方的海路。出海口如能互相借重，则绥芬河口岸就会成为对外开放的“口袋嘴”，而绝不是边远的“口袋底”。这一理念和发展机会，我宣传过不止上千次，游说中、俄、韩各方，推动三方战略合作；只要有 1% 的希望，就付诸 100% 的努力。普京曾讲过，他有一个梦想，那就是在环日本海的远东打造一个类似欧盟的城市经济联合体。我非常赞同这样的构想。在这个区域，国与国之间建立联盟之类的组织架构很难。看似东北亚是环日本海不大的次区域，但背后有大国的博弈，牵涉地缘政治很多问题。如果从城市这个切入点下手，而且就搞城市之间经济文化交流合作、联合联盟，对谁都无害处。比如城市联盟之间可以允许自由行、汽车自驾游等，对活跃东北亚经济将是莫大的利好。我设想过，绥芬河在其中要扮演多种角色。

为了增强加快发展的信心和预期，我大力推进口岸、高铁、机场、高速公路建设。在我任职期间，绥芬河的这几个大项目得以破题，边境不再那么边远。我的工作着力点主要放在抓城乡变化，一年一个样；抓重点项目，尤其是发展的大项目，诸如综合保税区等；抓重点发展指标。当时绥芬河是全省十强县之首，各项指标排名靠前，人均指标几乎都数一数二；抓干部群众得实惠，财力好，事儿就好办。财政供养人口还不到 4 000 人。每年收入 10 余亿元，日子好过，大家都得实惠。绥芬河干部有两个特别收入，一个是制定出台了《廉政基金管理办法》，从“名”“利”两个方面深化激励约束源头治理，给每个干部存入一笔廉政基金，约为基本工资额的 10%。不犯错误，最终都是个人收入。犯错误则视不同程度从中扣除资金。多数不犯错误的干部，相当于涨了 10% 的工资。同时增加犯错误的经济代价。另一个是绩效目标奖。只要完成年初确定的指标任务，年底就发奖金。书记、市长最多，每年大约 24 万元。几个班子及市直部门也都大张旗鼓受到表彰，名正言顺取得这笔奖金，真是名利双收。

那个时候外贸形势很好，人们士气很足。绥芬河曾获得全国最具投资潜力中小城市百强，年度全国中小城市综合实力百强，这些评价的权威性不好说有多高，但对绥芬河的认可是一致的。慕名而来的，有各方面的高级领导干部，也有很多著名大企业家到绥芬河寻求战略投资机会，世茂集团就是其中的一个。每年的接待任务十分繁重。有一年，仅副部级以上干部来绥芬河就近 200 人。绥芬河还有一个更光彩的事，就是被树为改革开放三十年中国特色发展之路 18 个典型地区之一，也有的称之为 18 面红旗之一，是唯一的沿边开放典型。这个荣誉的授予最具权威性。省委向中央推荐后，是中央政策研究室一位副主任亲自带队调研考核确定下来的。当年，我和中央政策研究室的领导一同做客中央电视台新闻会客厅，与著名节目主持人李小萌一起回顾沿边开放走过的路、取得的成绩。中央其他媒体都作了相关报道。要说变化，绥芬河在俄罗斯人眼中，那是神奇般的。到过绥芬河的俄罗斯人都能如数家珍说出绥芬河原来是什么样，这几年都变化了什么？原来哪方面不如他们，现在比他们强多少？从内心很佩服。

举办名优商品展销会、“第三届中俄政党论坛”，大大提高了绥芬河知名度、影响力。特别是“政党论坛”属于国家级活动。两国各派一位副总理率诸多部级干部出席论坛活动。考察参观了绥芬河开展中俄合作情况。俄方的统一俄罗斯党是普京所在的党，相当于执政党，高官云集。他们来到绥芬河，看到并认可绥芬河的发展。记得一次参加莫斯科市的活动，俄方介绍来宾城市时，介绍北京、上海之后就介绍绥芬河，弄得我好尴尬，因为国内参加活动的还有很多大城市、地级市。但在俄罗斯人心目中，绥芬河是非常有名气的地方。他们让我代表中国城市发言，我只好顺势而为。

绥芬河在俄罗斯出名，不仅在民间，普京总统就曾为绥芬河题过词。事情是这样的，抗战期间，有一个会讲中、俄、日三种语言的中俄混血女孩儿嘎丽娅到日军营地劝降被害。绥芬河中俄友好协会发起民间捐款建起一个嘎丽娅塑像，这个塑像是请俄罗斯列宾美术学院老师设计制作的。绥芬河以民间人士名义给普京写信，请他就塑像题词。不久，普京接到了请求题词的信，便亲笔题词，还派驻华大使拉佐夫先生亲自送到绥芬河。我接待了大使先生并亲手接过普京总统的题词。普京的题词讲，俄中友谊就是相互理解、信任，共同的价值观和利益，我们将铭记过去，展望未来。他是政治家，有战略眼光。据说，之前普京从未给任何一个外国城市题过词。

绥芬河人很善于运筹两国之间的事。早已盛传一种说法，叫“以下促上，以外促内”，神通广大，思想活跃，敢想敢干，谁都敢去找。正验证了“通天路”的故事。运作中共六大纪念馆，也是我跳出一域谋划大事的一个例子。大家知道，1928 年，中国共产党被迫到莫斯科召开第六次全国代表大会。开会的地方在莫斯科郊区，叫五一村。现在复建了六大会址。恢复前后我都去过这个地方。之所以能复建莫斯科六大纪念馆，与绥芬河当年积极申请建这个馆有很大关系。去莫斯科参加六大的代表，途经绥芬河往返，给绥芬河留下不少六大史料，党史资料有不少记载。绥芬河建设红色旅游基地，多年前开始筹备建馆，专门到莫斯科收集到一些文物。请顶级党史专家当顾问，出谋划策，向中央请示建馆方案。最终，中央批准在绥芬河建六大历史资料馆，而在莫斯科五一村原址恢复建设了六大纪念馆。绥芬河六大历史资料馆在建党百年时已正式开馆。

推动跨境合作区建设，即在中俄边境线两侧各划一块地围合起来，打造“两国一区”特殊功能区，实施各自不同的法律政策，是一个极好的开放合作构想，是前任市委书记的杰作。我接过接力棒，继续往前跑。可惜的是，中俄两国对这个项目既看好，又担心失控。对“两国一区”“境内关外”的运作缺乏信心，就不了了之了。这样的项目才能算得上对外开放关键一招。沿边开放政策，最初还有进口环节增值税减半征收的优惠，加入 WTO 后，清理政策时都取消了，边境地区差异化促进发展的政策几乎没什么东西了。我曾经判断边境地区发展的动力将从差异化政策支持转入特殊功能区（如综合保税区、自由贸易区）驱动时代。这些特殊功能区要与国际接轨，要与俄罗斯设立的若干自由港、先行发展区等签订高度相互认证的绿色通道便利协定。也就是说，在中俄签字背书的特殊功能区之间，货物是可以自由流动的。用这样的方式集聚要素，形成发展高地。办“洋务”要有国际视野，大胆假设，小心求证，要能吸引眼球，学会制造热点。小地方因此才能成大舞台。

绥芬河对俄友好交往历史久远，从未中断过。这要得益于百年口岸和中俄跨境铁路，也依赖于这条铁路。这条跨境铁路每天 24 小时运行，以货物运输为主，大约每天出入境 15 列车，每列车 50~60 节车厢。以大宗货物，如木材为主；客车每天只对开 2 列。俄罗斯格城一位副市长告诉我，20 世纪 50 年代时，他以少年儿童代表团身份多次到绥芬河参加联谊活动，那时连护照都不要。他的意思是，现在中俄双方对边民交往管得太严了。也的确是这样，曾几何时，绥芬河可以为全国各地游客办理一次性护照，到绥芬河之后，去俄罗斯旅游非常方便，而今已没有这个待遇了。与绥芬河走动最多的就是对面城市——格城。其行政长官（也叫市长），对我们非常友好。他是老布尔什维克，曾担任过海参崴今符拉迪沃斯拉克市委组织部长。自苏联解体，苏共体制瓦解，他就在这个地方当市长。和绥芬河七八任书记、市长合作过。在他眼里，中国好、中国朋友好，根深蒂固。我每次赴俄必经格城，他总要到口岸迎接我，给予最高礼遇。

绥芬河的领导干部一般都有一年多次往返的签证，去俄罗斯说走就走。绥芬河一个农业公司在格城开展农业合作，组织农民耕种数千亩土地。他多年来每天早上去俄，晚上返绥；就如同到自家庄稼地一样方便。现在这种情况受到许多限制了。也有特殊的情况。有一次，俄罗斯远东边防局局长一行来访绥芬河。我们共同交流很愉快，晚餐吃到很晚，口岸已经关闭了。他当晚又必须返回。双方商量后，就直接从边境线步行过去了。这老兄还觉得未尽兴，又把我手拉手带到俄罗斯检查哨所，摆上美酒，再次表达谢意。然后，我们一行又大摇大摆地回国了。在边防军人监督下，“偷渡”又“遣返”。俄罗斯人就是这样，好的时候可以好得不得了。有一年，滨海边疆区行政长官（也叫州长）达尔金先生让其夫人在边境线上为我唱祝你生日快乐。他肯定做了功课，来访那天，恰好是我生日。第一个举动就在边境线见面时献上一首歌。他夫人是专业歌剧演员。我过不过生日，都是马马虎虎，忙的时候根本就想不起来。受俄罗斯影响，绥芬河人把过生日也很当回事，也献花，摆酒庆祝。

站在对外交往第一线，国家安全这根弦必须紧绷。我见识过俄罗斯克格勃的厉害。我一进入俄罗斯，俄方就安排一个警察给我开车，说是交警，为了我的安全。这个警察很随和，完全和我们打成一片，一路开车陪我们也很辛苦。有一次，我调研走访得很深入，走村串巷，又访问“中国村”村民，还去一个非常偏远的林场，记得叫白桦林场。这个林场没有几个人，几乎只有中国人在那里采伐。当晚有一个警察陪同我，就算官方代表了。他说，这里没有政府，他就代表政府，说我是自苏联以来到过这里的最大的官儿了。他还告诉我这里的森林，再采伐二十年也没问题，只是进入林区没有路，没有电。回到口岸要过境时，比平时多了一道手续，移民官问我们出访目的，去过什么地方？这实际上是克格勃掌握了我们的行踪轨迹。他们要登记造册，他们看似若无其事，但国家安全时刻不放松。对绥芬河各个层面，我要求每年都要进行安全教育，毕竟是国与国之间的事情。

和俄罗斯人交往，学点俄语非常必要。绥芬河的初中、高中都学俄语，当地很多人都会讲一些俄语，语言环境好，交流中有需求。我中学学的日语，大学学的英语，都没学到位，似是而非。到绥芬河以后又学了几句俄语。但我没学字母，就是反复学说日常用语，见面就说或不得不说的那些用语；基本可以掌握300句俄语。从此与俄方打交道，一下子觉得亲近了很多，同时也出过不少笑话。有一次在俄罗斯，我用俄语与一个4岁左右的小朋友打招呼。为试试自己学的俄语是不是正确，一连串把会说的俄语一下子说给小朋友，先数1234……又说白酒、红酒、上厕所，再说回宾馆，语无伦次。小朋友听了吓够呛，连忙跑着喊妈妈，告诉妈妈，这是疯子。翻译告诉我，你把互不相干的话一起说，前后又不搭界，小孩儿以为是疯子乱讲，害怕了。但证明了一点，你说的词汇，小朋友听懂了。小朋友的妈妈听了翻译的解释，也是哈哈大笑。以后，我更信心十足地时不时亮出几句俄语，拉近一下朋友关系。尊重俄罗斯人的生活习惯也很重要。绥芬河驻海参崴办事处规模不大，只有一个俄罗斯女服务员，接近50岁，周六、周日正常休息。我多次去海参崴，大都是利用周六、周日休息时间。办事处主任一再嘱咐服务员，周六一定要来加班，我们书记要来海参崴。她答应得很好，但到时就不来。有一次，我看到办事处主任训斥那位服务员："要你周六加班，为什么没来？"服务员理直气壮地辩解道："我多少天没喝酒了？周六在家喝酒有什么错误吗？"大家一下子全理解了。不能以我们的习惯要求别人。他们有自己的理念，他们经常说，不要过急，明天的事明天才能知道。

在口岸研究口岸，干沿边开放的事，就得学习借鉴全国其他沿边开放地区的好经验、好做法。除了西藏的边境口岸外，全国的边境口岸我差不多全部走到了。这样的机会要不是干我这行，是很难沿着国境跑那么多地方的，了解那么多边境线上的风土人情。在边境工作，还必须与内地兄弟县（市）合作，当好桥梁纽带。绥芬河过去不愿与内地交往，让人有一种骄傲的感觉。对此，牡丹江市的领导并不满意。我扭转了这个状况，和上上下下、方方面面都处得很好，得到了他们的理解与支持。

抓落实、抓推进、抓完善、抓提高，这是我自始至终把握的主基调。沿河路拓宽工程剩下 3 个钉子户，迟迟不能全面开工，影响进出城形象。绥芬河到牡丹江的高速公路征地，我们率先啃下了硬骨头。牡绥高铁如期完成征拆工作，我参加了奠基仪式。环形桥工程、医疗中心建设也都卡在动拆迁。组成专班一一推动，迎刃而解。综合保税区和五花山水库建设涉及三四个村屯整体搬迁。我亲自坐镇指挥，和老百姓一一对话，破解各种困难。西城区组团三配套工程，通过清理底账，依法打击骗取补偿款人员，全面竣工，动迁户如约回迁。国际客运站换建也遗留不少问题，进退两难，通过梳理，也找到了解决的办法。五花山水库动迁村屯移民安置，我坚持按当时最高标准补偿。这些村屯属于东宁县的，最终他们满意地来到绥芬河。今天的谷盈新村是我的作品，名字也是我起的。原来的村叫老菜营、北沟……用“谷”代表“沟”，用“盈”代表“营”，还有丰收之意。几个村屯合在一起，总不能各叫各的名字。这个新村实际按谷盈社区管理。其建设标准是很高的，有上下水，有集中统一供热，还有小菜园。水库建设，移民安置是老大难。稳定下来，安居乐业的为数不多。谷盈新村无疑是成功的。

绥芬河改革开放早期发展得快，建设了很多楼房，质量不过关，房盖漏雨，上下水不畅，物业处于弃管状态。市委、市政府投资 2 000 多万元，修缮弃管楼 127 栋。没人买单的事，又成为公共危机，市政府就得出手。这件事大快人心，老百姓非常满意。这算是潜绩，外人看不到，但在老百姓心目中却成为摸得着、看得见的显绩。我比较关注老百姓的倾诉，上访信件件件亲自拆封批阅，列入督办内容，亲自主持召开信访案件协调会数十次，接待上访人员 600 多人次。发展快的地方，往往有被遗忘的角落。他们的问题虽然不是主流声音，但却显得那么不和谐。

为了加强重点工作推进落实，建立了专题推进办公室，形成一项重点工作、一名市级牵头领导、一个责任部门、一个专题办公室。实施难点工作招标制度，把重大任务破题作为标靶，进行公开招标，引入能人搞突破。奖励能突破、有贡献的人，让既有想法又有办法的人名利双收。探索推进公益事业由政府直接经办，向政府购买服务。扩大雇员制、聘任制范围。发起组建了绥芬河控股有限公司，对口岸诸多独特资源进行包装，增加现金流，增强预期，培育上市公司。

自己坚定把握好诱惑与忠诚，夹着尾巴做人，警钟长鸣。告诫提示自己不辱使命，不负众望，多干好事，少干错事，不干坏事，真心做人，精心做事，平常心做官。相信老实人可能吃眼前亏，但最终不会吃亏的道理。对留下好口碑和好评价看得很重。把事业的成就感作为自己的追求。在离任时说，我对绥芬河这片热土充满了深厚感情，因为把公家事当作自己事，全身心在这付出过。今后，无论走到哪里，我都会尽自己的一切努力，一如既往关心关注绥芬河的发展，支持绥芬河的建设！并坚信“数风流人物”还看绥芬河！

附录1 我的身世、学习成长经历

我1963年5月11日出生在齐齐哈尔市第一医院。忠齐的“齐”字取意与这个有关。据母亲讲，怀我时胎位不正，所以到市里最好的医院分娩。父母都是达斡尔族。1952年前，达斡尔未划定独立民族，其发展活动轨迹多与蒙古族同行，父母在新中国成立后就进入黑龙江省立蒙古师范学校学习。1953年，达斡尔被确认为单一民族，有民族语言，没有文字。也有学者认为，达斡尔族与契丹人基因相似度较高，应是契丹人的后裔。据史料考证，达斡尔族的祖上应该在黑龙江流域生产生活，受沙俄欺压，才迁移到黑龙江以南，并逐渐沿嫩江向南迁徙，其中的一部分最后落脚现齐齐哈尔市梅里斯区一带。齐齐哈尔、梅里斯、卧牛吐等许多地名来源于达斡尔语。

我15岁之前是在梅里斯区的卧牛吐乡度过的。这是一个历史悠久的达斡尔村落。大约在1682年（康熙年间）开始建设宗屯。人们沿嫩江畔而居。姥姥家族是开拓进驻这里的先民。父母生育我们兄弟五人。他们对孩子的培养可谓用心良苦。有好人好事记事本，谁做了好事，自己记在上面。诸如为老人做了什么好事，在学校获得什么表彰奖励，等等。犯错误也被惩罚，甚至遭皮带打。在1982年父亲落实政策进城工作之前，我们家一直居住在嫩江支流岸边，按照今天的话说，那就是地道的“江景房”。父母对孩子下河游泳管教尤为严格，父母把他们的名章盖在孩子身上，回来检查是否被洗掉了，或者在孩子身上一划即辨知是否下水了。每年都有溺水身亡的小孩。对不知天高水深的“一群儿郎”也真得这么办。我们哥几个正因为有这样的看管，实现了“常在河边走，就是不湿鞋”，得以安全成长。

我们兄弟十分团结和睦。都想为大家庭多做贡献，从不计较谁为家多做了一些还是少做了一些。这与父亲灌输一奶同胞教育无不相关，也得益于各家妻子的共同理解与大爱。我上大学时，大嫂把她的上海手表送给我。二嫂说过，我们还拜什么佛？像老三这样善良的人，实际上就是佛，是我们学习的榜样。向上向善是家庭共同追求和认可的美德，没有心高气傲不着调的。更为可贵的是，无论兄弟还是下一代，从未给我找过麻烦，打着我的旗号办事。这一点非常重要，有多少人出问题，恰恰出在家人整事、惹事，而又没有管住。

纵观我的青少年时代，尽管生活艰苦，但并未给我埋下价值观扭曲的心理阴影，没有时代伤感，更没有伤痕；有苦有乐，自讨其乐更多一些。家族潜移默化的影响，给我留下了深深烙印。早年形成的“偏好”、吃过的东西、干过的活儿、喜欢的运动、读过的书……构成我的骨架；以后再接触新的，也时常会与之进行比较。我很注意观察分析家族的优缺点，努力在自己身上取长补短。父亲乐观，热心肠，喜欢帮助人，经常讲一些鼓舞人心的事；但在把握说话分寸方面，需要我们总结，过头的话、容易落空的事，要谨之又慎才好。再者，家中好客，把酒当歌，欢乐较多，放大民族风格中饮酒作乐的内容占有一定比例。母亲严管、严肃的时候多，没有兄弟记得谁和妈妈撒过娇，她不会像父亲那样把爱呈现出来，尽管心里很热，却表现得有点冷。我感到，与其说优点、缺点是基因的遗传，还不如说，生活习惯、生活态度、生活方式传承（遗传）带来的影响更大。这更符合进化论。

自 1970 年 3 月上学至 1978 年 7 月初中二年级毕业，我一直就读于齐齐哈尔市梅里斯区（曾称郊区）卧牛吐公社东卧牛吐学校。从上小学一年级到毕业一直是班长，每年都被评为校三好学生；学习成绩始终名列年级第一二名。加入少先队和共青团组织都是第一批。秋收时节，我们经常到收割后的庄稼地捡黄豆、苞米，卖了钱做学杂费和班费；冬天，经常拾粪，一筐筐挎到学校，最后交给生产队。那时学校要求做好事，我组织的学雷锋小组多年如一日坚持给五保户老人打水送柴；冬天一大早就到学校为班级点炉子，给老师做教鞭、粉刷黑板等。上初中一年级那年，正兴学工学农，学校办了木工厂，我去学了木工。结婚时，我竟用学到的手艺做了简单的碗架柜。我们学校文艺宣传队经常到农民修江堤、打场等劳动现场以及军烈属家进行慰问演出。我的节目是二胡演奏《翻身道情》，有时表演“三句半”等。我特别喜欢乒乓球、篮球运动，是校队队员。从二年级开始，体育老师让我做领操人，每天做广播体操时在台上为全校同学示范。校田径代表队参加公社运动会，我是检阅队领队，还是学校鼓乐队的鼓手。

1977 年，各类大中专学校录取学生恢复考试制度，我尝试着参加了中专考试。由于对所学知识掌握得不扎实，缺少考试经验，几乎每科考试都自我感觉良好，提前半小时甚至一小时离开考场，结果落榜。1978 年 10 月，我转入梅里斯一中。这里有个插曲，我有个表叔（奶奶的侄子），是区进修学校的老师。有一次，他来家里看望我奶奶，发现我爱学习，是个好苗子，就建议我到区里中学读书。我真正进入读书求学的正路是从那时开始的。在这所学校的前半年，我的学习成绩很糟糕，主要原因是前序课内容，原来学校因为没有师资力量而没有讲授。1979 年 4 月，又成立了梅里斯二中，把“一中”的好老师、好学生分过去一部分。我当时还算不上好学生，是作为试读生到“二中”学习的。这个学校的教学质量、学风都很好，为能考上重点高中，一批乡镇上来的优秀孩子拼命学习。新开办的学校条件很差，40 多人睡在一个大通铺，房顶还露着天，一周只能吃一两次细粮，没有细菜，也吃不到肉。冬天，我们经常在睡觉时被冻醒，冻得睡不着觉就起来看书。看书入了神，竟能把手冻坏。经过刻苦拼搏 3 个月，在当年 7 月份齐齐哈尔市高中统一入学考试中，我考了梅里斯区的第三名。同时，还参加了齐齐哈尔市民族中学复校后首批招生考试，总成绩排名全省第一。

1979 年 8 月考入齐齐哈尔市民族中学以后，我立志成为一个对国家建设有用的、能够干一番事业的专门人才，树立了考大学的目标。由于刻苦、努力、勤奋，我的学习成绩一直是全年级第一名。高中毕业前夕，我向党组织提出了入党申请。1981 年 9 月，我考入黑龙江大学数学系计算数学专业学习。上大学是我人生重要的转折。在黑龙江大学学习、工作的岁月，是我收获最大的十年。这段经历对我一生的事业和生活起到巨大的影响。大学期间，我多次被评为校三好学生和校优秀学生干部，1983 年获“哈尔滨市五讲四美积极分子”称号。毕业时，四年总成绩在班级名列前茅。

我们那个年代的大学生积极要求上进，学习马列主义著作，形成靠近党组织的浓厚氛围。1984 年 10 月 22 日，我光荣地加入了中国共产党。在发展我加入党组织的会议上，我谈到，我的父亲被错划右派近二十年，改造期间从事学校工勤工作，工资被下调，平反后上调了一些，补发了一小部分，最终也未能与同时代的同事拉齐。尽管这样，他也没有怨言，他常讲的话是，母亲打孩子打错了，母亲还是母亲。他对党的拥护就是建立在朴素的基础之上的。我对党的认识过程正是受到这样的影响。

我的大学可谓风波不少。入学不久，几个同学和食堂工人倒卖钱票，后来又赌博，以致被勒令退学。受西方民主思潮影响，1984 年 3 月，我们班级几个同学自发组织改选班级干部。我是班长，对我提出了组织班级活动少、和同学打成一片不够、有老好人思想等。我认真吸取了教训，振作了精神，经受了这次考验。1984 年 8 月，系里要我一边完成大四学业，一边做兼职辅导员。1985 年 8 月，我留校参加工作，做计算机科学系团总支书记兼 1984 级、1985 级辅导员。我主要抓学生的社会实践活动，开展深入细致的思想政治工作；和每个学生谈心，对每个学生的学习思想情况了如指掌。当时校内很多人都说，计算机科学系团总支办公室每天晚间都灯火通明。对于1985级学生采取的跟踪考核、建立档案的管理办法受到校系好评。我带的1984级软件班多次被评为省教委、团省委及校、系先进集体。

1986年10月，调入学校党委办公室工作。在此工作期间，文字综合能力有了一定提高，起草了一些文件、工作总结、调查报告、领导讲话等。还担任过校党委机关联合支部的党支部书记、机关工会副主席、机关一总支委员。1987年7月，学校认定我为副科级秘书。1988年12月，调到校长办公室工作。当时，我主要和有关人员一起研究起草校长工作条例等学校领导体制转换后所需的一系列文件和规章。还负责起草了《黑龙江大学“八五”发展规划》，针对学校领导关心和学校急需解决的问题，完成过几篇有一定价值的调查报告。多次在校刊或《信息与动态》上发表学校重要工作动态。受高校浓厚学术氛围的影响，我还尝试撰写并发表理论思考文章，如《“极限”理论与社会发展规律》，探索运用揭示自然规律的极限思想描述社会发展规律，这对后来养成知其所以然的习惯有很大帮助。1990年5月，学校认定我为正科级秘书。

黑龙江大学是我成长的摇篮，她给了我知识、给了我力量，也给了我不俗的精神品格。学校也给了我很高的评价：“在大是大非面前表现出政治骨干作用，政治上成熟较早；工作积极主动，踏实刻苦，有奉献精神，勤奋好学，谦虚谨慎，考虑和处理问题条理性强，严谨周密，头脑清楚，思想敏锐，性格随和稳重，具有良好的文化素养，为人正派，忠厚老实、心理阳光干净。”这奠定了我走向更广阔舞台的基础。在黑大的积分使得我在校内校友中小有名气，开始崭露头角，幸运也因此眷顾我。从黑大调入省委组织部，就是我走上仕途生涯的一件幸事。当年省委组织部借调我，我是积极向往的，但遇到时任学校党委书记的挽留，他好心劝我说，要是去省民委，你应该去，少数民族干部嘛，去省委组织部就不要去了，学校对你很看好，科研处的处长提出要你去当副处长。我那时只有29岁。在省委组织部工作时间虽然短暂，但我发现，在干部机构管理工作中，如果各级组织部门的同志不具备一定的经济素养，很难深入领会和感受各职能厅局及其领导干部的真实情况。不了解经济运行规律，就很难分辨各职能厅局对其职能设计是否有道理；不了解经济发展的复杂性与领导干部开展工作的思路、背景，就很难确切评价干部。我在这种实际感受基础上，写了一篇《组织部门应努力提高经济素养》的文章，发表在《党的生活》杂志上。

1993年1月至1998年3月，我先后任副省长秘书（副处级）、省政府办公厅六处处长。走到副省长身边工作，工作视野和格局得到大大提高，对全省大局、对经济社会运行规律有了较多学习和了解。五年多时间里，我能认真履行职责，较好发挥为领导、为机关、为基层服务和参谋助手作用。在办公厅开展的文明办公、优质服务活动中，六处受到表彰，还被评为先进党支部，我本人被评为优秀共产党员。能够及时准确把握主管省长一定时期关注的重点工作，并及时跟踪问效，督办检查，进行信息反馈，能够想基层之所想，急基层之所急，从不推诿，对领导交办的事项，在充分调查研究基础上提出解决意见。印象较深的有那么几件事。萝北县一家残疾人企业生产一种布料，来信请求省领导帮助宣传推销。虽然我与那些残疾人素不相识，但我时刻惦记着这件事，每逢有企业领导来办事，都积极帮助做工作，并且将有关情况告诉这个企业。北安农管局赵光农场有一个哈尔滨市下乡的女知青，丈夫不幸遇车祸身亡，自己又身患重病，生活陷入困境，我不仅将省领导的批示迅速转给有关部门，还几次跟踪催办，直到最后圆满解决。“科普之冬”活动，省科委、省科协在机构职能上有交叉、有联系、有矛盾，经过一年多的协调，使双方达成了共识，调动了双方的积极性，推动了全省科普活动的开展。哈尔滨地藏寺房产纠纷问题是多年未解决的难题，从落实党的民族宗教政策出发，经过与省、市、区有关部门多次协商，反复工作，使这一问题最终解决，受到信教群众的广泛赞誉。还协调处理了省建一公司职工上访事件及其所属二公司拖欠工资问题。“海尔－波普彗星”

观测活动，涉及国家、省政府十几个部门和单位；我负责协调安排有关活动，从行程、观测地到食宿、宣传、接待等，力争考虑周到、细致、全面，受到国内外专家学者及有关单位的好评，为顺利观测作出了贡献，也受到省政府奖励。

也有过牢记至深的教训，在一次全省性会议沟通中，由于三方误会出现差错。事后，我向组织提交了严肃认真的检讨，深刻认识到，秘书人员必须有一种“刨根问底，每个字句都要较真”的严谨作风，脑子想象确认的事，一定要用语言再次确认，一板一眼，有一是一，不能似是而非。以后工作中，我始终对严谨有另一番理解和把握。

秘书和秘书官岗位锻炼了我谦虚谨慎、思想敏锐、坦诚、随和、稳重的综合素质，也提升了一定的组织协调能力，养成了为人正派、表里如一、作风民主的工作作风。同时，这个岗位对事业心、责任心、奉献精神及任劳任怨、踏实刻苦的情操又有很高的要求。1998 年 3 月，我怀着干一番事业、造福一方的抱负，结束了秘书官生涯，下到基层第一线，由看人家怎么干、辅助别人怎么干，变成亲自上手干，承载起答卷人使命，开始赶考奔忙。

附录 2　如何成为进出境口岸“桥头堡”
——接受新华网和黑龙江省政府门户网站联合采访
（2007 年 4 月 28 日）

记者：鄂书记您好！欢迎做客新华网。省第十次党代会提出要积极推进陆海联运大通道建设，绥芬河作为这个大通道上的出境口岸和重要的桥头堡，在这方面会有哪些作为？

鄂：绥芬河有着独特的地缘和通道优势，有着多年对俄经贸合作的丰富实践，在全省乃至全国对俄经贸合作中发挥越来越重要的作用。当前我市对俄经贸合作工作的重点是，利用地处东北亚经济圈的中心地带和交通重要节点的优势，畅通联结哈尔滨、绥芬河到俄海参崴、纳霍德卡港、东方港再到我国东南沿海地区和日本海、太平洋沿岸国家和地区的陆海联运大通道。

记者: 陆海联运大通道建设,将给我省对俄经贸带来哪些积极影响?

鄂：我省受地理位置所限，内外贸货物南运或出口，大多需要走大连港或哈大线、京哈线。公路、铁路运输或海路运输，由于受山海关等天然地理屏障制约，造成运距长、线路忙、运输成本高。从哈大齐走廊经绥芬河、俄罗斯远东港口群发往我国东南沿海地区和太平洋国家这条陆海联运大通道，将为黑龙江省货物南运和出口开辟一条新的通道。今年 3 月国家海关总署已批准我省内贸货物可经过绥芬河口岸、过境俄罗斯港口运至东南沿海地区，这是国家对这条通道的认可和支持。黑龙江省内贸货物利用中俄陆海联运优势，将节约运费、降低成本。为此，我市将这项工作作为推动全省经贸发展，实现绥芬河经济再次跨越的一项战略性工作来抓。已经专门组成陆海联运大通道推进班子，由市委主要领导牵头，抽调相关部门主要领导专人专题推进落实。同时，市委拿出 50 万元作为启动经费，公开聘请能破解和完成这项工作的能人，调动各方面力量共同攻坚克难。目前，第一批货物 4 月 22 日已经通过这个通道发往韩国。我们已派出专人协调运输过程中的有关问题，掌握通关细节，详细计算有关运输费用，为下一步中俄会谈和更好的利用这一通道掌握第一手材料。这一通道成功开通后，将解决我省没有出海口的问题，对全省进一步扩大对外贸易创造良好的条件。

记者：近一段时期，俄罗斯为了规范本国市场秩序，相继出台了一系列政策，您如何看待这些政策调整？

鄂：规范经营、合法经营是华商在俄发展的必由之路。俄罗斯国内政策调整，有利于推进中俄经贸合作，有利于推进由“灰色清关”的民间贸易形式向产业合作转变，推动中俄经贸合作向更高层次和更高水平转变，促进中俄贸易向规范化、正规化发展。

记者：绥芬河作为重要口岸城市，针对俄罗斯的政策变化采取了哪些积极的应对措施，效果如何？

鄂：为应对这些政策出台带来的不利影响，我市积极采取措施，帮助在俄华商渡过难关，推动边境贸易向规范化过渡。作为口岸城市，应对俄罗斯的政策变化，绥芬河出台了相应的扶持政策。

一是到俄罗斯招商，帮助归国华商在绥芬河第二次创业。在俄罗斯刚刚出台“禁售令”时，我市即组成政府代表团赴俄召开华商代表座谈会，向华商表示，绥芬河是华商的坚强后盾，有意回国经营的我们愿意给予全力支持。随即出台了《关于在俄华商返乡经营的优惠政策》，对返乡经营的企业在税费、购房及办理相关手续方面给予优惠和提供便利。目前，已经有一部分商人选择回到绥芬河发展。

二是进一步整顿报关公司，组建规范的清关公司。由海关牵头，请专家对物流企业经营者进行培训，讲解国际贸易规则，并进一步健全、完善和畅通国际贸易结算渠道和方式，鼓励和引导企业走正规报关程序，减少因非正规贸易方式给中俄双方带来的不利影响。从一季度起绥芬河所组建的报关公司全部是正规的，只有遵守国际惯例，才能双方互赢，从而进一步提高贸易合作层次。

三是在俄口岸筹划辟建境外保税仓库，变零售为批发，帮助在俄开展对俄贸易的企业规避俄罗斯市场的价格风险和有关税费、贸易管制等，以促进对俄贸易的健康发展。

四是筹建远东工业园区，我市已投资 2 000 多万元，在俄滨海边区米哈依洛夫卡区辟建工业园区，园区占地 145 公顷。项目前期准备工作已经基本完成，待与俄方共同完成规划设计方案的审批及办理完毕劳务引进许可相关手续后即可动工。

五是为企业发展创造宽松环境。针对目前企业发展的实际，绥芬河出台了《百强企业管理办法》，在收费、管理、礼遇和扶持等方面，制定了非常具体的服务政策。初步计算，这些政策的落实，每年可为企业减少支出 4 000 多万元。

通过这些措施的实施，使我市对外贸易继续保持增长势头，第一季度对外贸易实现 9.3 亿元，同比增长 6.9%。

记者：省委、省政府对绥芬河的发展十分重视，“北方深圳”的口号已叫响三年，您如何理解“北方深圳”的含义。

鄂：近年来，黑龙江提出把绥芬河作为全省对外开放的主通道和加快发展的龙头，2003 年底又提出要把绥芬河打造成“北方深圳”。那么如何打造“北方深圳”，或者说要向深圳学什么，一直是我们思考的问题。深圳之所以成为深圳，就是充分利用了体制优势。深圳外面面对的是香港发达的市场经济体系，而内地实行的是计划经济，这两种体制之间有很大的落差。深圳正是利用这种体制落差形成的优势，吸纳和整合国内外各方面优势资源发展起来的，这种体制优势是决定性的因素。我们建设“北方深圳”的核心概念，是体制创新。因此，如何发挥优势，运用市场机制推进各种资源和要素的整合，是打造“北方深圳”的重要内容。绥芬河面对的是俄罗斯，俄罗斯不仅是政治大国、军事强国，而且是世界上资源最丰富的国家之一。目前中俄战略协作伙伴关系不断加深，在政治、经贸、文化方面的合作不断加深，双方互办“国家年”活动。中俄两国经济的互补性在一段时期内不会改变。绥芬河将按照省委的要求和期望，充分发挥体制优势，利用地缘优势、多年的贸易经验优势，与俄方各级地方政府建立的良好公共关系优势，学习深圳敢闯、敢试的创新精神，努力在全省乃至全国对俄经贸科技合作中发挥更大的作用。

记者：结合贯彻落实省党代会精神，今后绥芬河在加快发展上有哪些重要举措。

鄂：今后绥芬河在加快发展上要做的工作很多，重点要抓好以下几件大事：

一是坚定不移地抓好经济工作。一方面对现有外贸企业进行整合，出台政策扶持企业发展。市委决定对贡献较大的前100强企业给予更优惠的保护和扶持，我们自己画个圈将它们保护起来，让它们发展壮大。另一方面要引进战略投资者，改善我市产业结构，积蓄经济发展后劲。目前，大亚集团、中隆木业、海都机电城等一大批投资近亿元的企业已相继开工或落成投产。

二是采取新举措推进对外开放战略升级。今年，除上面谈到的陆海联运大通道建设外，我们还要在贸易综合体建设上实现突破。这是实现新的贸易形式的一个重要载体。通过我们的努力，首先要实现俄罗斯公民自驾车到绥芬河。这件事俄罗斯人很关注，前几天俄罗斯记者来我市采访时，还专门问我们什么时候能让他们开着自驾车来绥芬河，这项工作已经有了实质性的进展。

三是大力加强环境建设，促进社会和谐发展。要营造良好的政策环境，以开明、开放、优惠的政策促进生产要素向绥芬河聚集；要营造良好的政务环境，以高效、快捷、优质为目标，加快政府职能转变，增强责任意识，改进服务方式，提高服务水平；要营造良好的法治环境，坚持公开、公正、规范的原则，规范执法行为，为经济快速发展提供法律保障；要营造良好的人文环境，在全市形成讲文明、讲诚信的人际环境，凝民心、聚民力、集民智，谋发展、创大业，让绥芬河这方热土成为老百姓的福地，投资者的乐园。

四是切实解决好群众关心的民生问题。这几年，绥芬河经济发展较快，群众也充分感受到了经济发展带来的实惠。最低生活保障我们在全省最高，达到每月 280 元 / 人，率先在全省实现农村低保应保尽保，职工工资收入也排在全省前列。这些都充分体现了发展成果由人民共享的以人为本的原则。但按照省第十次党代会的要求，我们还有很大差距，社会服务水平低，小区环境脏乱，物业服务跟不上，医疗保健网络不健全，等等，都有待我们去努力改善。今年，我们重点解决群众关心的热点难点问题，让绥芬河成为天蓝、水美、环境宜人、生活舒心的城市！

附录 3　领跑沿边开放，升级跨越发展
——做客人民网
（2010 年 3 月 1 日）

主持人：各位网友大家好，欢迎收看人民视频访谈，今天来到我们演播室做客的嘉宾是绥芬河市委书记鄂忠齐，请您跟我们网友打一个招呼吧！

鄂：大家好，非常高兴到人民网做客，和各位网友进行交流。

主持人：今天我们交流的主题是“领跑沿边开放、升级跨越发展”。请您向我们介绍一下绥芬河。

鄂：绥芬河是与俄罗斯远东滨海边疆区接壤的城市，也是黑龙江省发展最快的城市，人口有 15 万。绥芬河对俄贸易额占中俄贸易额的 10%，是从俄罗斯进口木材、钾肥等资源能源的重要口岸。这几年我们得益于沿边开放、依赖于沿边开放，经济社会发展速度很快，由二十年前的边陲小镇，发展到现在初具规模的现代化沿边重镇。绥芬河最大特点是边境对俄贸易和广泛的对俄合作，在对俄贸易和合作中处于领先地位，今后，我们将进一步领跑对俄合作。改革开放三十年我们获得了特殊称号——中国特色发展之路 18 个典型地区之一，人民生活很富裕，人均 GDP 超过 14 000 美元，人均主要指标在黑龙江省都是最高的。

主持人：绥芬河作为面积 460 平方千米、人口 15 万的边境城市，

它的优势在什么地方？

鄂：绥芬河是面向日本海重要的边境口岸。用我们的话说，改革开放以后，我们由沿边的“口袋底”，变成了开放的“口袋嘴”，沿边近海，成为大通道重要的节点。其次，绥芬河有很好的政策优势，国家沿边开放政策这些年密集落地绥芬河，如批准建设跨境合作区、综合保税区，还有正在推动的沿边开发开放重点试验区，等等，应该说绥芬河在对俄合作方面具有独特的政策优势。我们虽然是边境，但是并不边远，具有很好的交通优势，高速公路、铁路和机场正在修建。另外，和俄罗斯合作已经形成了很深的人文关系，在对俄合作，整合俄罗斯资源、能源、市场方面，绥芬河积累了很多的经验。一位国务院领导在第三届中俄政党论坛上讲过一句话，他说绥芬河在中俄合作历史上发挥了重要作用，又是新时期中俄边境蓬勃发展的象征。去了绥芬河，你会感受到这是很特殊的城市，是俄罗斯特色很浓的城市。

主持人：现在我们来讨论一下今天的主题，您作为这个城市的掌舵人，提出跨越发展的战略背景是基于什么样的思维来考量的？

鄂：绥芬河有冠军思维，敢想敢试，敢为人先，创造了很多绥芬河模式，比如，我们搞中外中运输模式，中国货物通过俄罗斯海上运输，再回到国内；还有过去通过“西瓜外交”打开大门等。绥芬河应该说进行了很多创新。党的十七大要求提升沿边开放，沿边开放进入新的阶段。有一个说法，就是改革开放前三十年看沿海，主要在沿海这些地方做文章，未来三十年要看沿边开放，沿边开放要成为未来的经济增长点。时机已经成熟，我们充满信心。俄罗斯是一个新兴经济体，市场容量潜力非常大，应当高度重视沿边开放，要像当年抓沿海开放一样抓沿边开放。2009 年国家批准了绥芬河综合保税区，它是提升沿边开放的政策平台。如果说当年沿边开放是把门打开了，那个门更多的是地理、物理概念的门。综合保税区是各种政策集聚区，不仅打开国门，而且要便利进出，可以用“门槛儿更低”来比喻。

主持人：您对于发挥绥芬河综合保税区的作用是如何思考的呢？

鄂：综合保税区是一个集成了开发区、物流园区的特殊功能而形成的特殊平台，我们是把它作为绥芬河发展乃至沿边开放的总牵动来推动的。在这个特殊的平台里，自由组合各个要素。在绥芬河综合保税区，可以把俄罗斯的资源能源、中国的劳动力优势以及日本、韩国的先进技术和管理经验等这些东北亚区域内的要素组合起来，对要素自由流动持最包容规则，是一个最好的开放平台。绥芬河综合保税区对中俄合作会起到非常大的作用。从初期发展情况看，形势非常好。摩尔多瓦有一个最好的红酒分装线已经进来了。俄罗斯企业借助中国的产业链配套优势条件，依自己的设计搞组装加工，然后再回到俄罗斯市场。

主持人：您给我们介绍了沿边开放的背景情况，我想问一下您对于推进沿边开放，着眼点和关键点落在哪里呢？

鄂：首先应该像当年推进沿海开放那样推进沿边开放。目前看，这一点我们还有差距。我们认为，第一，沿边开放不能局限于仅仅是做边境贸易，沿边的概念也不能仅仅局限于沿线，沿绥芬河、牡丹江、哈尔滨这么一条经济走廊，都应该开放。第二，要充分挖掘和利用差异性效应，中俄之间有很多差异性，有差异性就有互补性，有互补性就有合作的可能，有合作就有机遇。第三，要发挥跨境整合作用，边境和沿海有点不同，边境地区人员联系非常密切，你中有我、我中有你的事情很多，要发挥促进中俄友好的影响。我们边境城市要“一手托两家”，努力在两个国家合作中发挥整合作用。

主持人：我想请您再具体谈谈您对于确立领跑沿边开放，升级跨越发展的理念，它的总体构想、具体目标和其中的内涵究竟是什么呢？

鄂：总的思路是发挥绥芬河窗口、平台和增长极作用，挖掘和利用好中俄差异性效应，通过升级、创新和提升区域功能，加快推进城市化、国际化步伐，构建大通道经济带和沿边经济带，把绥芬河打造成东北亚国际商旅名城，争当沿边开放的排头兵，这是我们的目标。第一，要做到五个最优，即主要发展指标最好、城市特色最鲜明、产业结构最合理、生态环境最好、社会和谐文明程度最高。确立了“12345”的发展目标：一是一个同步，居民收入增长和经济发展要同步，经济发展多快，老百姓收入也要增长多快；二是两个领跑，进出口贸易额领跑全省，进出口货物量领跑全省；三是固定资产投资三年翻一番；四是财政收入四年翻一番；五是 GDP 五年翻一番。第二，以战略眼光加快城市发展，把绥芬河打造成一个国际化的城市，经济要国际化、城市要国际化、文化要国际化。第三，要以更实惠的举措保障和改善民生，建设和谐幸福的绥芬河。绥芬河生态环境好，气候也好，沿边又近海，所以这个地方吸引力很大，很多人都看好这个地方。

主持人：我们也知道了您对于领跑沿边开放、升级跨越发展的思路，您关于如何落实这些思路，有哪些措施和具体的办法呢？

鄂：为了领跑沿边开放，要增强五个力量，也算是五个给力，实现五个突破。第一，要增强领跑沿边开放的硬实力，这要靠做大做强优势产业来实现，主要是发展现代服务业、商贸旅游业和进出口加工业。绥芬河虽然存量不大，但是流量非常大，一定意义上是俄罗斯远东地区的消费中心，每年绥芬河市场上面向俄罗斯的消费在 100 亿 ~160 亿元人民币，消费拉动了经济的发展。我们觉得消费中心其实就是经济中心。第二，要增强领跑沿边开放的辐射力。绥芬河不仅是沿边口岸，而且要做“出海口”文章，要畅通入海大通道；跨国物流网络建设、配送中心建设已经有了很好的基础。第三，要增强领跑沿边开放的市场竞争力。这要通过境内外互动，依靠完整的客户网络——绥芬河有一个最大的财富，就是在俄罗斯有一大批客户资源，具有自己的营销网络。同样的中国商品（实际并不同样）放在其他地方销不出去，放在绥芬河就能销出去。我们不光做服装等一般商品的销售和一般有形市场建设，还正在建设中俄电子商务平台，要建设好网上旺市，引导他们在网上消费，进行物流配送、法律咨询，要建成网上商城；木材集散中心等也要发挥好更大辐射带动作用。第四，要增强领跑沿边开放的支撑力。虽然边贸政策逐渐淡出，主要依赖边贸优惠政策的时代过去了，但通过特殊功能区的建设找到了支撑发展的原动力，这也是我们转变发展方式的具体措施。刚才我介绍了综合保税区和跨境合作区，包括境外园区等特殊功能区，这些载体作用肯定是非常大的。我们和俄罗斯的合作在这些载体中得到了很好的体现。比如境外园区，其实就是中国企业到俄罗斯投资的缓冲区。这些缓冲区以及形成的缓冲机制，在目前俄罗斯投资环境下发挥了很特殊的作用。各地企业要通过绥芬河引介，在俄罗斯注册企业，介绍俄罗斯合作伙伴，建立你中有我、我中有你的共同体。第五，要增强领跑沿边开放的影响力。这要通过人文交流来实现，文化交流多了，会形成相互融合的文明。这样的文明对中俄的合作作用是非常大的。当然，通过提高绥芬河的知名度也是在营销绥芬河，提升绥芬河的价值，绥芬河的价值提升了，绥芬河人民的财富也就随之提升了。

主持人：绥芬河民贸市场特别有名，这个民贸市场在推动边贸转型方面有什么样的作用？或者您有什么样的思考？

鄂：您说的民贸市场，也就是我说的市场竞争力在国内的这部分。你到绥芬河就会看到，最活跃、最有生命力的就是民贸市场，主要是对俄罗斯人销售的。绥芬河经过二十几年跟俄罗斯的合作，非常了解俄罗斯人的生活消费习惯，比如，同一款鞋在国内和在俄罗斯销售是不同的，出口的商品完全是按照俄罗斯人的消费习惯来定作。俄罗斯人说到中国其他城市买不到合适的服装，还得到绥芬河来买。比如，手机一个月销售 1 亿多部，其实就是加入了一个俄文软件，绥芬河的销售商可以通过联合协作，找一个开发商做一个俄文软件放进去，这样的开发过程在绥芬河遍地都是，如此，市场的生命力就非常旺盛。大家可能很关注这样的市场是不是有不规范的问题，实际上，民贸市场也在不断地转型升级。

主持人：它转型往哪方向去转？有什么趋势？转型完以后变成什么样？

鄂：要规范化、规模化、特色化、专业化。我们每年都搞一个中国名优商品展销会，让俄罗斯人看到中国有很多非常好的名优商品，树立中国人和中国商品的新形象。还有专业化，你到绥芬河，到处都是专业市场：家具市场、鞋帽市场，每个市场都是专业化的，过去那种传统的集市已经取消了。

主持人：绥芬河作为一个边贸城市，我想请鄂书记给我们介绍一下它的文化氛围和绥芬河在推动中俄文化交往方面有哪些举措？

鄂：人们到绥芬河以后，会感到好像是在国外。大多数商场都有俄文标识、俄文牌匾，售货员都会说俄文。绥芬河这里的文化确实是一个互相交流的产物，形成了互相交流融合的东西，文化交流多了就会成为中俄融合的文明。应该说绥芬河最了解俄罗斯，同时俄罗斯也最了解绥芬河。我们每天都在想，一言一行代表的是中国，所以对中国文化的宣传、中国理念——特别是改革开放成功发展理念的输出，每天都在进行，这一点很重要。

每年的文化交流活动都非常丰富，比如，“万名俄罗斯公职人员游绥芬河”，与俄罗斯打交道，和他们公职人员交流很重要，要请他们来了解我们这些理念；还有每年暑假的“中俄家庭互访”活动，居住到对方家里，绥芬河的百姓可以住到俄罗斯家庭，俄罗斯百姓也可以住在我们家庭，每年都在搞，多少年都在这样搞。此外，每年都要举行文化节、体育比赛等，非常频繁，而且每年不搞还不行，他们都作为节日来惦记这事儿，每年正月十五是绥芬河最热闹的时候，很多俄罗斯人都来参加。

主持人：有一句话叫决策容易落实难，实现这些目标和任务，我觉得关键是看如何去落实。最后我想请问一下鄂书记，您对于推进落实有哪些突破性的措施？

鄂：确实是这样，决策容易落实难，我想根本的办法就是谁决策谁去落实，有决策权的人最有办法去落实！而且决策和落实之间应该是扁平化的，这中间的环节和链条不能过长过多，我这几年也是亲力亲为。

围绕重点工作，组成了专门的团队抓落实，每年都要组织若干指挥部、推进工作组，而且是相对独立的，是“硬抽人、抽硬人”；用我的话说是拆开机器用零件，在现有体制下也是人力资源的优化组合。对这类团队单独进行考核，单独给经费，也单独进行审计，效果还是不错的。像打一个攻坚战，我们组成突击队一样，干好了确实有说法，政治上重用、经济上重奖。用老百姓话说就是“是骡子是马拉出来遛遛”，你做不好就不要埋怨，否则都在机关差别不大，谁好谁强都看不太出来，最后就论资排辈，甚至各种关系都出来了。这几年通过这样的方式确实取得了很多突破，综合保税区、高速铁路、公路、机场建设等都是通过这样的形式完成的。

主持人：因为时间的关系，访谈到现在已经接近尾声了，我们也再次感谢鄂书记，通过您的介绍我们也了解到绥芬河确实是有潜力、有活力、有实力的沿边城市。在未来发展道路上，我相信绥芬河会更好更快地大步前进。

附录4　诗歌两首

感　怀

四十八岁不算小，
但还未到白发老。
人生奋斗虽过半，
良好状态永不涣。
淡泊名利淳净盼，
记牢鼓励与祈愿。
十三载基层历练，
深有感慨和留恋。
最值炫耀好妻子，
多有歉疚惜家趣。
不断调整争朝夕，
把握风程创新局。

2011年5月11日

不　易

李洪波

别妻离子奔仕途，
静夜酒醒心自孤。
辗转三地十三载，
笑挥妙笔是雅儒。
今朝悬念去何处，
壮志未酬迷茫路。
不管东南西北中，
沉稳随缘是幸福。

（和鄂忠齐诗）
2011 年 5 月 12 日

附录5　贺信原文

ГУБЕРНАТОР ПРИМОРСКОГО КРАЯ

Секретарю парткома КПК
города Суйфэньхэ

г-ну Э Чжунци

Уважаемый г-н Э Чжунци!

Разрешите мне от имени Администрации Приморского края и от себя лично выразить Вам поздравления по случаю дня рождения. Желаю Вам крепкого здоровья, добрых перемен в жизни, мира и благополучия!

В последние годы отношения между Приморским краем и городом Суйфэньхэ продолжают успешно развиваться по всем направлениям. Осуществление совместных проектов сотрудничества помогает нашим народам сблизиться, стать добрыми и верными друзьями.

Вы внесли выдающийся вклад в дело развития приграничного сотрудничества и обменов между нашими регионами. Мне приятно отметить Вашу активную позицию в развитии отношений с Приморским краем, Ваше стремление всячески содействовать укреплению двусторонних связей.

Еще раз примите мои самые искренние и сердечные поздравления по случаю дня рождения и пожелания здоровья, счастья и благополучия Вам и Вашим близким.

Губернатор края **С.М. Дарькин**

ул. Светланская, 22, г. Владивосток, 690110, тел.. +7-4232-20-92-20; факс: +7-4232-20-92-69. E-mail: gubernator@primorsky.ru

贺信译文

致：中共绥芬河市委书记鄂忠齐先生

尊敬的鄂忠齐先生！

请允许我代表滨海边区公署和我本人在您生日之际表示祝贺。祝愿您身体健康，心想事成，平安顺利！

近年来滨海边区和绥芬河市在各个方面的关系稳步发展。很多合作项目的实现有助于我们的人民更加亲近，成为善良和忠实的朋友。

您在发展边境地区合作和区域交流的事业上作出了卓越的贡献。我非常高兴地看到您在发展同滨海边区的关系中所持的积极立场和您为协调巩固双边关系千方百计所作出的努力。

请再次接受我最诚挚和最衷心的祝福，祝愿您和您的家人健康，幸福，平安。

滨海边区省长 谢·达尔金